Frieden als katholische Aufgabe

DOMINIKANISCHE QUELLEN UND ZEUGNISSE
herausgegeben von
Thomas Eggensperger OP
Ulrich Engel OP
Institut M.-Dominique Chenu Berlin

DOMINIKANISCHE QUELLEN UND ZEUGNISSE

Band 26

Frieden als katholische Aufgabe

Leben und Werk von Franziskus M. Stratmann OP

Herausgegeben von
Laurentius Höhn, Thomas Nauerth und
Egon Spiegel

HERDER
FREIBURG · BASEL · WIEN

MIX
Papier aus verantwortungsvollen Quellen
FSC® C014496
www.fsc.org

www.herder.de
Umschlagkonzeption: Verlag Herder
Satz: Barbara Herrmann, Freiburg
Herstellung: GGP Media GmbH, Pößneck
Printed in Germany
ISBN Print 978-3-451-39257-3
ISBN E-Book (PDF) 978-3-451-83257-4

Franziskus Maria Stratmann (1883–1971).
Quelle: Archiv der Dominikaner-Provinz Teutonia.

Inhalt

II. Aufsätze von Franziskus M. Stratmann OP

Einleitung

Der Dominikaner Franziskus M. Stratmann OP war seit seinem Buch „Weltkirche und Weltfriede“ (1924) der zentrale Theoretiker der frühen katholischen Friedensbewegung in Deutschland: „Mit dem Kampf gegen den Krieg verhält es sich genau wie mit dem Kampf gegen die Sünde, Krankheit und soziale Missstände: es ist Pflicht, das menschenmögliche Maß von Widerstand gegen sie aufzubieten.“[1] Stratmann zeigte als erster in detaillierter Auseinandersetzung mit der katholischen Lehrtradition auf, dass jeder moderne Krieg de facto mit den strengen Kriterien der kirchlichen Lehre eines „bellum iustum“ nicht vereinbar ist. Gleichzeitig rezipierte er schon 1924 die Erfahrungen Mahatma Gandhis in einer bis heute wegweisenden Weise: „Dass die gewaltlose Methode als solche dem Geiste Christi mehr entspricht als die gewaltsame, kann nicht bestritten werden.“[2] Er gehörte zudem zu den frühen katholischen Stimmen, die entschieden gegen den Nationalsozialismus Stellung bezogen. Auch nach 1945 blieb er der von ihm als katholische Aufgabe erkannten Arbeit am innerweltlichen Frieden treu, war an der Gründung

1 Franziskus Maria Stratmann OP, Weltkirche und Weltfriede. Katholische Gedanken zum Kriegs- und Friedensproblem. Neu hrsg. und eingeleitet von Thomas Nauerth (Kirche & Weltkrieg – Bd. 5), Norderstedt 2021, 336.

2 Franziskus Maria Stratmann OP, ebd., 249.

von Pax Christi in Deutschland beteiligt[3] und arbeitete bis ins hohe Alter publizistisch zum Thema des Friedens.

Seine Arbeit fand international ein stärkeres Echo als bislang in Deutschland. Schon das Buch „Weltkirche und Weltfriede" wurde sehr rasch in die englische Sprache übersetzt, es beeinflusste nicht nur die „Catholic Worker"-Bewegung in den USA um Dorothy Day[4], sondern gilt bis heute international als Referenzwerk für die katholische friedensethische Tradition.

Das hier vorgelegte Buch, geplant 2021 anlässlich des 50. Todesjahrs von Franziskus M. Stratmann, besteht aus zwei Teilen. In einem ersten Teil werden ausgewählte theologische Aspekte von Werk und Leben dargestellt, analysiert, kontextualisiert und auf aktuelle Diskurse bezogen. Die Aufsätze dieses ersten Teils gehen im Kern zurück auf Vorträge, die auf einem Symposium an der Universität Vechta gehalten wurden. Hinzugefügt wurde zur biographischen Vertiefung der hier erstmalig auf Deutsch erscheinende (und mit einigen klärenden Anmerkungen versehene) Aufsatz des Dominikaners Thomas Heath über Leben und Werk von Franziskus M. Stratmann.[5]

---

3 Vgl. dazu jetzt Jörg Seiler, Friedensbund deutscher Katholiken oder Pax Christi? Das friedenspolitische Engagement von Franziskus Maria Stratmann 1947–1951, in: Detlef Bald / Wolfram Wette (Hrsg.), Friedensinitiativen in der Frühzeit des Kalten Krieges 1945–1955 (Frieden und Krieg. Beiträge zur Historischen Friedensforschung Bd. 17), Essen 2010, 92–112.

4 Vgl. Tom Cornell, The Roots of Dorothy Day's Pacifism: Solidarity, Compassion and a Stubborn Hold on Truth, in: Houston Catholic Worker Vol. XVII (5/1997) (=http://www.cjd.org/paper/cornell.html) [abgerufen am 11.05.2022]. Vgl. ansonsten Dorothy Day, Our Stand, in: The Catholic Worker, June 1940, 1+4 (=Dorothy Day Library on the Web at www.catholicworker.org/dorothyday) [abgerufen am 11.05.2022].

5 Thomas Heath OP, Francis Stratmann. Forgotten Prophet of

Im zweiten Buchteil werden ausgewählte und bislang schwer zugängliche Aufsätze Stratmanns neu veröffentlicht, die nicht nur die Vielfältigkeit seines theoretischen Interesses zeigen, sondern auch für heutige theologische Diskurse wichtige Anregungen geben können. Sie werden in unveränderter Form abgedruckt, lediglich einige Anmerkungen wurden ergänzt.

Ziel dieses Buches ist es, in der aktuellen Situation friedensethischer Neuorientierung in der katholischen Kirche – die zum einen durch Anstöße von Papst Franziskus gegeben ist (Verbot von Atomwaffen, Aufruf zur aktiven Gewaltfreiheit als Lebensstil u. a. m.) und sich zum anderen hier in Deutschland im aktuell laufenden Prozess der Erarbeitung eines neuen Friedenshirtenwortes der Deutschen Bischofskonferenz zeigt – das vielschichtige Werk Stratmanns neu zu erschließen, in die laufende friedensethische Debatte einzubringen und so deutlich zu machen, was Stratmanns innerstes Anliegen immer gewesen ist: Frieden ist eine bleibende christliche Aufgabe und insofern immer auch eine zentrale katholische Aufgabe.

Peace, in: Doctrine and Life 26 (1976), 408–428; die Übersetzung wurde dankenswerterweise von Ingrid v. Heiseler (http//ingridvon heiseler.formatlabor.net) besorgt. Vgl. zur Biographie Stratmanns ansonsten vor allem Alke Timmermann / Dieter Steubl, Pater Franziskus Maria Stratmann OP (1883–1971). Die Biografie eines unermüdlichen Friedenskämpfers, München 2009; Paulus Engelhardt, Franziskus Stratmann. Der Friedenskämpfer, in: Wort und Antwort 24 (1983), 111–120; Dieter Riesenberger, Franziskus M. Stratmann – Zur Grundlegung katholischen Friedenshandels, in: Christiane Rajewski / Dieter Riesenberger (Hrsg.), Wider den Krieg. Große Pazifisten von Immanuel Kant bis Heinrich Böll, München 1987, 126–132 (eine englischsprachige Version findet sich in: Biographical Dictionary of Modern Peace Leaders, Westport 1985).

Als dieses Buch geplant wurde, war nicht abzusehen, in welch weltpolitischer Krisen- und Kriegssituation es erscheinen würde. Manche Gedanken Stratmanns lesen sich nun wie Beiträge zur aktuellen ethischen und politischen Debatte, man vergleiche nur den Aufsatz „Krieg gegen Rußland" von 1931. Mögen sie in der aktuell emotional aufgeheizten Debatte zur dringend nötigen sachlichen Klärung der anstehenden ethischen wie politischen Fragen beitragen.

Laurentius Höhn OP / Thomas Nauerth / Egon Spiegel

I. Zu Leben und Werk von Franziskus M. Stratmann

„Viele denken oder tun so, als ob die Welt fertig sei.
Metanoite! Sie ist nicht fertig! Macht sie fertig!
Gerade fromme Leute lieben es, Welt und Gesellschaft
als unabänderlich anzusehen.
Sie glauben wohl an eine Reform des Innenlebens
bei sich und anderen
und von da aus wohl an eine leise Ausstrahlung
auf das Außenleben,
aber die Dinge selbst anpacken, umbauen und ausbauen,
das liegt ihnen nicht."

(Franziskus M. Stratmann OP, 1932)

Franziskus M. Stratmann, ein vergessener Prophet des Friedens

Thomas Heath OP

Mit dem deutschen Dominikaner Franziskus M. Stratmann starb ein alter Mann, der in seinem Leben vier fundamentale Veränderungen der Regierung seines Landes, zwei Weltkriege und dazu vielfältige Umbrüche in seiner Kirche erlebt und erlitten hat. Am Ende des Ersten Weltkriegs war er als Studentenpfarrer an der Berliner Universität aufgrund der Lehre vom gerechten Krieg zu einem Pazifisten geworden („just war pacifist"). In den Zwanzigerjahren predigte, sprach und schrieb er über den Frieden, in den Dreißigerjahren wurde er von der Gestapo ins Gefängnis geworfen, dann wurde ihm die Staatsbürgerschaft aberkannt und in den Vierzigerjahren wurde er von den Nationalsozialisten gejagt, doch er entkam ihnen, indem er sich in einem Nonnenkloster in Belgien verborgen hielt. In den Fünfzigerjahren kehrte er nach Deutschland zurück, schrieb ausführlich über seine Erfahrungen, seine Reflexionen und sein Studium in Hinsicht auf den endlosen Konflikt zwischen Kirche und Staat. In den Sechzigerjahren kehrte er zu seinen tiefsten Ursprüngen zurück und kam am Ende zur Betrachtung über das Wirkens des Heiligen Geistes in den Seelen derer, die an Gott glauben. Er starb am 13. Mai 1971.

Peter Stratmann wurde am 8. September 1883 in dem kleinen Dorf Solingen bei Düsseldorf geboren. Im Dorf lebten überwiegend Protestanten. Dieser Umstand verhalf ihm wahrscheinlich dazu, dass er später in seiner Lebensarbeit mit ganzem Herzen mit Protestanten zusammenarbeiten konnte. Das protestantische Umfeld beeinträchtigte offenbar den Wohlstand seiner Familie durchaus nicht. Sein Vater war ein wohlhabender Bankier in Düsseldorf und seine Mutter kam aus derselben wohlhabenden Mittelschicht. Aus seiner Familie brachte er zwei oder drei Grundhaltungen zum Leben mit: Wichtig war, Gott auf irgendeine unmittelbare Weise zu dienen, für diesen Dienst war wie für jeden angemessenen Dienst am anderen Selbstdisziplin notwendig, und man musste sich immer um Würde und Zurückhaltung bemühen. Einer seiner Freunde sagte mir einmal: „Um ihn war immer ein Hauch von altem deutschen Adel, immer eine gewisse Distanz."

Er war ein durchschnittlicher Schüler, schloss die Schule erfolgreich ab und ging zum Rechtsstudium an die Universität Luzern in der Schweiz. Nachdem er dort ein Jahr studiert hatte, erlebte er eine religiöse Bekehrung und trat 1905 in den Dominikanerorden ein. Er legte seinen Taufnamen „Peter" ab, wie es damals üblich war, und bekam den Namen „Franziskus". Er nahm diesen Namen mit einem gewissen Sendungsbewusstsein an. Dazu wurde ihm noch der Name „Maria" gegeben. Das entsprach einer Sitte aus dem Hochmittelalter, als „Unsere Liebe Frau" überall als Königin betrachtet wurde. Auch diesen Namen nahm Stratmann ernst, schrieb zwei Bücher über seine Namenspatronin und seine Unterschrift enthielt immer die Initiale „M". Sein letztes Buch veröffentlichte er unter seinem vollen Namen: Franziskus Maria Stratmann.

In seinen philosophischen und theologischen Studien beschäftigte er sich vor allem mit Thomas von Aquin, denn damals kehrten die Dominikaner zum Gedankengut von Thomas zurück, da Papst Leo XIII. darauf drängte. Er wollte, dass alle Konvikte den damals weit verbreiteten Cartesianismus aufgaben und zur bewährten Tradition zurückkehrten. Zwar war Stratmann ein guter Gelehrter, doch seine Neigung und sein Talent bestanden mehr im Predigen und Unterrichten. Nach seiner Priesterweihe 1912 lehrte er am Gymnasium in Trägerschaft der Dominikaner in Vechta und predigte gelegentlich in der Gemeinde. In beidem hatte er so viel Erfolg, dass der damals berühmteste dominikanische Prediger in Deutschland, Bonaventura Krotz, den Provinzial bat, Stratmann zu seinem Nachfolger als Studentenpfarrer an der Berliner Universität zu ernennen. Als Krotz 1914 starb, wurde Stratmann zu seinem Nachfolger bestimmt.

Jede Woche hielt er seine „akademischen Predigten“, die meistens theologische Fragen zum Thema hatten, über die die katholischen Studenten in Berlin damals sprachen. Und er hielt in einem erstaunlichen Programm der Erwachsenenbildung, das von dem unternehmungslustigen Priester Dr. Karl Sonnenschein gefördert wurde, Theologiekurse ab. Sonnenschein war Generalsekretär für Katholische Bildung in Berlin und ließ Kurse in allen erdenklichen Fächern abhalten.

Am 1. August 1914 brach dann der Krieg aus. Das Leben an der Universität begann sich auf Frontereignisse zu konzentrieren. Stratmann sah es als eine seiner wichtigsten Pflichten an, den Studenten, die einberufen worden waren, so etwas wie spirituelle Hilfe zu leisten. Sein erstes Buch, um das ihn Sonnenschein gebeten hatte, schrieb er ausdrücklich für diese Studenten. Anfangs sollte es „Von der feldgrauen Hochschule“ heißen, doch Stratmann änderte den Titel in letzter Minute zu „Veritas“, denn der Herausgeber wollte eine deutlichere Zuordnung zur Tradition der Dominikaner. Im Buch gibt es einige Hinweise auf Stratmanns spätere Einstellung zum Krieg, worauf er selbst im Vorwort seines dritten Buches „Regina Pacis“ hinweist, doch hauptsächlich vertritt er in dem Buch die Überzeugung, die deutsche Sache sei gerecht. Er geht von der Tradition der katholischen Lehre vom gerechten Krieg und von der Spiritualität von Liebe und Opfer aus und rühmt das Opfer des eigenen Lebens als höchstes und ruhmreiches Opfer.

Als er dann aber die Briefe las, die einer nach dem anderen von seinen Studenten an der Front kamen, begann er an seiner Einstellung zu zweifeln. In der Zeitung konnte er die Verlustlisten lesen und das Ausmaß des Schlachtens ermessen. Allein in Verdun starben fast eine halbe Million Deutsche und ebenso viele Franzosen. Und das war nur eines der Schlachtfelder! Aus den Briefen, die er bekam, erfuhr er zudem von einigen Gräueltaten. Er war vom Schrecken übermannt. Vieles kam da zusammen und schließlich änderte Stratmann seine Einstellung. Im Studienhaus der Dominikaner in Walberberg bei Köln trägt ein Exemplar seines Buches „Veritas“ die auf das Vorsatzblatt von Stratmann selbst geschriebene aufschlussreiche Bemerkung:

> „Die Ausführungen sind beseelt von jenem Patriotismus, der jeweils die eigene Sache für gerecht hält und der Auffassung ist, der Krieg sei das gerechte Mittel, um ihr zum Siege zu verhelfen, ja er sei eine Schule hoher Moral. Erst das Dabeisein, das kriegerische Mittun, offenbart seine Scheußlichkeit. Das wurde mir auch durch Zuschriften von Frontkämpfern klar. Ich erhielt aus dem Schützengraben ein Exemplar dieser Schrift mit wütenden Randbemerkungen zurück, die meine idealistischen Auffassungen angesichts der schauderhaften kriegerischen Tatsachen scharf zurückwiesen, ja verhöhnten. Die Wahrheit dieser Kritik habe ich mehr und mehr einsehen gelernt, so dass ich sehr bald zu einem scharfen Gegner des Krieges und der hinter ihm stehenden Ideologie geworden bin.“

Noch etwas anderes kam hinzu. Am Ende des Krieges wurden Informationen zugänglich, die Stratmann daran zweifeln ließen, dass die deutsche Sache wirklich gerecht gewesen sei. Er erkannte, dass das Säbelrasseln der deutschen Militärführer und ihre allzu große Bereitschaft, das Prinzip „si vis pacem para bellum“ („wenn du Frieden willst, bereite den Krieg vor“) wörtlich zu nehmen, einer der Gründe für den Krieg gewesen waren. Die Kriegsvorbereitungen in Deutschland brachten andere Länder dazu, sich ebenfalls auf einen Krieg vorzubereiten, und die Spirale drehte sich, bis die Ermordung des österreichischen Thronfolgers Erzherzog Franz Ferdinand durch serbische Nationalisten das Ganze in Gang setzte. In welche Lage sah er sich da versetzt! Er, der die Sache seines Landes zuverlässig unterstützt hatte, der patriotische Prediger, der Autor eines Buches mit dem Titel „Wahrheit“, fand sich nun mit einem veränderten Herzen und Bewusstsein wieder!

Am 13. Oktober 1918, also einen Monat vor dem Waffenstillstand, bestieg er die Kanzel der Maria-Viktoria-Kirche und sagte der Gemeinde, er habe sich hinsichtlich des Krieges geirrt, sein Buch enthalte mehr Rhetorik als Wahrheit und er widerrufe es. Wenn irgendjemand ein Exemplar davon habe, möge er es bitte verbrennen. Jetzt sei die Zeit dafür, dass die Nation ihre Schuld zugebe, eine Zeit für nationale Buße.

Der Inhalt der Predigt war für die Universitätsgemeinde ein Schock. Professoren und Studenten waren außer sich. Sie denunzierten ihn beim Bischof. Voller Entrüstung veranstalteten sie Protestversammlungen. Alles das ertrug Stratmann geduldig und er blieb bei seiner Meinung. Er konnte die Tatsachen aus dem Krieg, die Briefe, die Enthüllungen einfach nicht vergessen. Zwar machte er deutlich, dass er durchaus die anderen Nationen nicht von ihrer Schuld freispreche, doch er denke, dass es nun nicht die rechte Zeit sei, sich auf die Schuld anderer zu konzentrieren. Jetzt sei es Zeit für Reue. Zwar hielt er an seiner Einstellung fest, doch nach ein oder zwei Jahren wurde ihm klar, dass die Feindlichkeit der Studentenvereinigung ihn ernstlich daran hinderte, das Evangelium des Friedens weiterhin zu predigen. 1923 gab er sein Amt als Universitätspfarrer auf, um seine gesamte Zeit der Friedensarbeit zu widmen.

Er ging nach Köln, um die historischen und theologischen Grundlagen der katholischen Lehre über Krieg und Frieden zu studieren und zu überdenken und um ein Buch zu schreiben. Angesichts der weltweiten Verheerungen des großen Krieges, der Fehleinschätzungen und der Gräueltaten wollte er hinsichtlich der klassischen Lehre vom gerechten Krieg neue Wege beschreiten. Er trat auch dem neu gegründeten „Friedensbund Deutscher Katholiken“ (FDK)[1] bei und wurde eine zentrale Person in dieser Bewegung. Häufig schrieb er für dessen kleine Zeitschrift „Der Friedenskämpfer“, die bis zu ihrem Verbot durch die Nationalsozialisten in den frühen Dreißigerjahren monatlich erschien.

---

1 Vgl. zur Geschichte des Friedensbundes Deutscher Katholiken die Übersichten bei Dieter Riesenberger, Die katholische Friedensbewegung in der Weimarer Republik, Düsseldorf 1976; ders., Der „Friedensbund Deutscher Katholiken“ und der politische Katholizismus in der Weimarer Republik, in: Karl Holl / Wolfram Wette (Hrsg.), Pazifismus in der Weimarer Republik, Paderborn 1981, 91–112; Beate Höfling, Katholische Friedensbewegung zwischen zwei Kriegen. Friedensbund Deutscher Katholiken 1917–1933, Waldkirch 1979; Konrad Breitenborn, Der Friedensbund Deutscher Katholiken, Berlin (Ost) 1981; Klaus Grosse Kracht, „Die Menschen geistig mündig machen“. Der Friedensbund Deutscher Katholiken im politisch-religiösen Gefüge der Weimarer Republik, in: Birgit Aschmann / Heinz-Gerhard Justenhoven (Hrsg.), Dès le début. Die Friedensnote Benedikts XV. von 1917, Paderborn 2019, 219–245.

In Berlin hatte Stratmann einen Mann kennengelernt, der sein Denken stark beeinflussen sollte. Friedrich Wilhelm Förster war ein international anerkannter Professor der Pädagogik an der Berliner Universität. Von seinem Vater hatte er eine tiefe Abneigung gegen den Geist des damals so zügellosen preußischen Militarismus übernommen. Später nannte Förster seine Lebensarbeit sowohl im Bereich der Bildung als auch im Bereich des politischen Denkens einen Versuch, für ein humanes und internationales Deutschland einzutreten. Es ging ihm um ein Deutschland, das im Gegensatz stand zu der pangermanischen militaristischen Manie, die Bismarck ins Leben gerufen hatte, die dann mit Ereignissen fortgesetzt worden war, die zum Ersten Weltkrieg geführt hatten, und die Hitler in den Zwanziger- und Dreißigerjahren mit der Idee der Vergeltung neu belebte. Förster sah seine Aufgabe darin, an der Organisation einer Konföderation der europäischen Staaten mitzuwirken. Diese sollte nicht durch das Schwert, sondern durch Austausch auf den Gebieten Kultur, Technik und Politik geschaffen werden. Aufgrund der geografischen Lage in der Mitte Europas sah er Deutschlands besondere Berufung darin, zum Zentrum dieses Austauschs zu werden. Wie weit das von dem entfernt war, was Hitler als seine Rolle ansah! Hitler sagte einmal zu einem Freund: „Napoleon war ein Esel. Dschingis Khan gefällt mir." Förster meinte, mit dieser Bemerkung habe Hitler gemeint, dass man ein Weltreich nicht auf Menschenrechte, wie sie die Französische Revolution befürwortet habe, gründen könne, sondern dass nur ein Barbar die Welt beherrschen könne. Das war der Geist, den Förster bekämpfte. Aber bedauerlicherweise hörten nur wenige auf ihn. Zweifellos hatte Stratmann einige von Försters Stellungnahmen gelesen, bevor er seine berühmte Predigt hielt. Denn auch Förster wies auf die Schuld Deutschlands bei seiner Beteiligung am Krieg hin und rief zur Umkehr und zur Rückkehr zum historischen und wahren deutschen Geist auf. Ihm wurde mit Feindseligkeit und Morddrohungen begegnet. Ein sehr guter Freund im Bayrischen Oberkommando, der vollkommen mit Förster übereinstimmte, schrieb ihm 1926: „Lieber Förster. Sie sind Ihnen auf der Spur. Sie wollen Ihnen durch Einkerkerung den Mund stopfen. Nehmen Sie den ersten Zug nach Basel. Werfen Sie sich nicht vor den deutschen Autobus, der auf den Abgrund zufährt. Gehen Sie ins Ausland. Klären Sie das Ausland über Deutschland auf!" Das tat Förster, doch auch dort hatte er keinen Erfolg. Hitlers Stern stieg, doch das deutsche Volk und die Welt brauchten eine lange Zeit, um die Wahrheit zu erkennen.

Stratmann sagte, er verdanke seine wahre Bekehrung Förster. Försters Vision stellte für ihn eine Alternative zum Krieg dar, denn er wusste, dass es nicht genügte, einfach nur gegen den Krieg zu sein. Man musste sich einen glaubhaften Ersatz einfallen lassen, einen Staatenbund, der als Forum für kulturellen Austausch dienen könnte. Deutschland könnte bei diesem Austausch eine zentrale Rolle spielen. Förster war jedoch kein Pazifist. Er drängte Frankreich und England, sich bis an die Zähne zu bewaffnen, um einen weiteren Weltkrieg zu verhindern, denn er wusste, was in Deutschland vor sich ging. Sie glaubten ihm nicht. Während Förster sich im Ausland darum bemühte, predigte Stratmann, der Försters Kritik am preußischen Militarismus vollkommen teilte, innerhalb Deutschlands Frieden. Försters Mission war es, die Alliierten dazu aufzurufen, sich zu bewaffnen, Stratmanns Mission war es, die zunehmende Aufrüstung in Deutschland zu bekämpfen. Förster veränderte Stratmanns Pazifismus. Wie er sagte, veranlasste Förster ihn, alle unverblümte sentimentale „Friedfertigkeit" wie die Pest zu meiden und in seinem Ansatz beim Thema Frieden hartnäckig, stur und durch und durch theologisch zu werden. Das Emblem des Friedensbundes Deutscher Katholiken waren zwei muskulöse Arme, die ein Gewehr zerbrechen.

Auch Dr. Max Josef Metzger, der 1916 in Österreich eine Friedensbewegung gegründet hatte und der später die ökumenische „Una-Sancta"-Bewegung gründen sollte, übte Einfluss auf Stratmann aus. Metzger schrieb während des Zweiten Weltkriegs an den Bischof von Schweden, er möge nach dem Krieg den Deutschen zu Hilfe kommen. Die Nazis bekamen den Brief in die Hände, klagten ihn wegen Defätismus an und töteten ihn. Metzgers Einfluss auf Stratmann bestand in der Vision, dass alle Christen für den Frieden zusammenarbeiten und einen gemeinsamen Standpunkt vertreten sollten, anstatt dass die unterschiedlichen Konfessionen verschiedene Positionen verträten.

Stratmanns Buch „Weltkirche und Weltfrieden" erschien 1924. Die englischen Quäker übersetzten es sofort und brachten es 1926 unter dem Titel „The Church and War" in England heraus. In den Vereinigten Staaten erschien es 1928 unter demselben Titel, erst kürzlich wurde es neu herausgegeben.[2] Stratmann erfuhr von der Übersetzung erst durch einen Freund, der ihm per Post ein Exemplar zuschickte. Er erhob keine Einwände, denn er war der Meinung, es sei im Interesse des Friedens, einfach für den Erfolg des Buches zu beten, ungeachtet der Tatsache, welche persönlichen Rechte missachtet worden seien.

In dem Buch plädiert er dafür, dass die Katholiken in der Friedensarbeit eine viel größere Rolle als bisher spielen sollten. Es sei „die katholische Aufgabe […], einer im Stadium der ‚Anarchie' befindlichen Welt wieder zur Ordnung zu verhelfen […] und jenes besondere Leid, unter dem die heutige

---

2 Gemeint ist die Ausgabe bei Garland Publishing vom 1. April 1972.

Welt zusammengebrochen ist, zu heilen: die Friedlosigkeit, die wildeste Form der Anarchie überwinden zu helfen: den Krieg!" (45)[3]

Das war in der Tat nicht nur das Ziel des Buches, sondern auch das Ziel seines ganzen Lebens. Doch in derselben Zeit schrieb auch ein anderer ein Buch und das sollte größeren Einfluss haben als das Stratmanns. Auch in diesem Buch werden Ziele genannt, die sich im Leben des Autors ausdrückten. Im Sommer 1924 diktierte Adolf Hitler in der Nähe von München Rudolf Hess den ersten Teil von „Mein Kampf". Darin fordert der Autor die vollkommene Zurückweisung des Versailler Vertrages und ein um jeden Preis vereinigtes Deutschland. „Das Gesetz der Selbsterhaltung tritt in Kraft. Was uns auf gütlichem Wege verweigert wird, müssen wir mit der Faust nehmen." Es muss eine „letztgültige wirksame Abrechnung mit Frankreich geben, einen letzten entscheidenden Kampf", und danach muss Deutschland sich ostwärts nach Russland ausweiten. Der Plan des Zweiten Weltkrieges ist eindeutig und genau, wie William L. Shirer in seinem bedeutenden Buch „The Rise and Fall of the Third Reich – A History of Nazi Germany" (1960) feststellt. Aber auch das erkannten nur wenige. Das Einzige, was Hitler innerhalb Deutschlands hätte aufhalten können, seinen blutigen Weg zu beschreiten, wäre gewesen, wenn die Deutschen seine Kriegspolitik streng zurückgewiesen hätten. Stratmann tat sein Bestes, um das Gewissen seiner Landsleute in diese Richtung zu lenken. Und er begann damit bei seinen katholischen Schwestern und Brüdern.

---

3 Thomas Heath zitiert nach der englischen Übersetzung „The Church and War", hier wird bezüglich Text und Seitenzahlen nach der deutschen Neuauflage von 2021 zitiert.

„Weltkirche und Weltfriede“ schrieb Stratmann speziell für Katholiken. Der Untertitel heißt im Original „Katholische Gedanken zum Kriegs- und Friedensproblem“. Der erste Teil des Buches ist eine Analyse der katholischen Kirche als mystischer Leib Christi. Dann folgen Überlegungen über die Bedeutung, die dieses Dogma auf das ethische Leben der Katholiken haben sollte. Ein Katholik sein bedeutet, in Willen und Liebe und Tat und Opfer eins mit allen anderen Katholiken zu sein. Das größte aller katholischen Gesetze ist das, was aus der Realität des mystischen Leibes folgt: Liebe zum Haupt dieses Leibes, zu Jesus Christus, und zu allen seinen Gliedern. „Es gibt nicht mehr Juden und Griechen …; denn ihr alle seid einer in Christus Jesus.“ (Gal 3,28) Doch Stratmann erkennt, wie tragisch weit Europa von diesem Ideal entfernt ist. Der Nationalismus erzeugt ganz andere Gefühle. In seiner extremen Form wird er zum Fluch der Welt. Das ist vielleicht Stratmanns wichtigste Einsicht in seinem ganzen Leben. Extremer Nationalismus war der Hintergrund von Christi Tod im 1. Jahrhundert. Er ist der Hintergrund der furchtbaren Wunden am Leib Christi im 20. Jahrhundert. Albert Speer zitierte einmal Hitler: „Siehst du, es ist unser Unglück, dass wir die falsche Religion haben. Warum haben wir nicht die Religion der Japaner, die das Opfer für das Vaterland als das höchste Gut ansehen?“ Man mag hinzufügen: und auch die religiöse Verehrung des Kaisers. Katholiken dürfen zwar weder ihr Land noch ihren Kaiser religiös verehren, doch nichtsdestoweniger erscheinen ihre Taten oft so, als täten sie es.

Eine zweite Einsicht taucht in Stratmanns meisten Schriften auf. Es ist die Notwendigkeit einer persönlichen, spirituellen Reinigung des Einzelnen durch christliche Askese und die Praxis grundlegender, persönlicher Nächstenliebe als Vorspiel zu einer nationalen und internationalen Reinigung, die für den Frieden notwendig ist und die gleichzeitig das Mittel dazu ist. Stratmann erkennt, dass sich eines der wichtigsten Anliegen der Kirche hinsichtlich der Frage des Krieges aus der Tatsache ergibt, dass Gier oder eine ähnliche Haltung für gewöhnlich der Grund dafür ist, einen Krieg zu beginnen, und dass zu dieser Gier dann andere Formen der Unmoral kommen. Auch wenn eine Nation sich verteidigt, kommt es, unabhängig davon, wie gerecht die Sache ist, gewöhnlich zu schlimmen unmoralischen Handlungen. Jeder wird durch das entfesselte Schwert befleckt. „Krieg ist [...] aufs engste mit der Sünde verknüpft [...]. Und die ihn führen, sind [...] Christen, die in das Meer von Wut und Hass und Rachsucht hineingerissen werden, [...] Glieder des mystischen Christus, die [...] Glieder Christi zerfleischen." (189)

Stratmann ringt auch mit der Frage der direkten Teilnahme der Kirche an politischen Friedensplänen. Er weiß, dass politischer Frieden und gesellschaftlicher Wohlstand nicht vorrangige Aufgaben der Kirche sind. Die Mission der Kirche ist die Fortführung der Mission Christi, und Christus kam in die Welt, um die Menschen mit Gott zu versöhnen. Die Welt kann uns nicht den Frieden bringen, den uns Christus gebracht hat, da dieser ein innerer, ein verborgener, selbst mit Leiden und Tod vereinbarer Frieden ist. „Ihre erste und größte Aufgabe ist die Förderung der Ehre Gottes und des Friedens Christi. Sie wird gelöst durch die Verkündigung des Evangeliums, durch Werke der geistigen und leiblichen Barmherzigkeit und Ausspendung der Geheimnisse Gottes." (186) Doch da *diese* Mission vom Krieg bedroht ist, muss sich die Kirche dringend mit politischen Friedensbemühungen beschäftigen. Allmählich kommt Stratmann auf diese Weise zu der Einstellung, dass die Kirche alle politischen Ereignisse, die den Frieden gefährden oder fördern, öffentlich beurteilen sollte, selbst auf die Gefahr hin, sich gelegentlich zu irren. Zwar würde man Stratmann, um einen neueren

Ausdruck zu gebrauchen, niemals einen Säkularisten nennen, doch war er auch kein „körperloser Engel".

Wenn er in seinem Buch auf das moralische Problem Krieg zu sprechen kommt, akzeptiert er zwar die traditionelle katholische Lehre, doch er überdenkt und verfeinert die für das Führen eines gerechten Krieges notwendigen Bedingungen. Die Zerstörungen durch den Krieg, der eben hinter ihm lag, und die vielen Fehlurteile, die die nationalen Führer gefällt hatten, die noch dazu dachten, sie könnten den Krieg in kürzester Zeit beenden, veranlassten ihn dazu, auf der Bedingung zu bestehen, dass eine sich verteidigende Nation sehr gute Aussichten auf einen Sieg haben müsse, bevor sie in einen Krieg eintreten dürfe. Das begangene Böse dürfe das erreichte Gute auf keinen Fall übersteigen. Aber was an Bösem war in einem großen Krieg erlaubt? Hat irgendjemand auf lange Sicht hin gewonnen? Haben nicht alle wirklich verloren? Stratmann legt zehn Bedingungen für den gerechten Krieg in unserer Zeit fest und kommt zu dem Schluss, dass ein moderner gerechter Krieg fast eine Unmöglichkeit sei. Einen einzigen Fall sah er als gerecht an: Die bewaffnete Intervention eines Weltbundes der Nationen zur Bestrafung einer rebellischen Nation, um die Regeln des internationalen Rechts durchzusetzen.

Im Buch gibt es einen interessanten Teil über Friedenstheorien. Darin beweist der Verfasser eine recht gründliche Kenntnis der Geschichte der Versuche, durch andere Formen der Beilegung von Konflikten [als Krieg] einen friedlichen Zustand unter den Menschen zu erreichen, besonders durch internationale Gerichtshöfe. Voller Sympathie, doch auch kritisch, schreibt er über die damals laufenden Friedensbemühungen der Quäker, Humanisten und jungen Leute überall in Europa und findet warme Worte für Papst Benedikt XV., dessen Enzyklika „Pacem Dei" vom 20. Mai 1920 er als Charta des katholischen Pazifismus ansieht. Was Patriotismus angeht, so ruft Stratmann dazu auf, der Weltgemeinschaft der Menschen mehr als dem eigenen Land die Treue zu halten. „Dann wird die ganze Welt unser Vaterland sein." (vgl. 281ff., Kapitel V., Vaterlandsliebe). Und das schon 1924!

Das ist im Wesentlichen die Botschaft Stratmanns, über die er in den Zwanzigerjahren schrieb, die er lehrte und über die er Vorträge hielt. Er unternahm Vortragsreisen in den gesamten deutschsprachigen Raum, also auch in die Schweiz und nach Österreich. Doch diese Botschaft war nicht sehr beliebt. Ein alter Dominikaner, mit dem ich einmal sprach, erinnert sich an einen Vortrag, den Stratmann 1930 aus Anlass der bevorstehenden Genfer Abrüstungskonferenz in Düsseldorf gehalten hatte. Stratmann sprach offen (wie immer) und appellierte an Papst Pius XI., seine ganze Autorität für die Abrüstung der Welt in die Waagschale zu werfen. Die Reaktionen nach dem Vortrag, als Fragen gestellt werden konnten, waren vorhersehbar. Ein deutscher Armeemajor widersprach heftig, dann widersprachen diesem die Kommunisten, und Kommunisten, Militaristen und Pazifisten schrien sich gegenseitig an. Die Versammlung endete im Chaos. Und diese Versammlung war nur eine von vielen, die ähnlich abliefen.

Stratmanns drittes Buch hieß „Regina Pacis". Es ist eine spirituelle Betrachtung über die Mutter Gottes als Frau des inneren und äußeren Friedens; eine Reihe von Evangelienmeditationen über die Frau, die Gottes Barmherzigkeit in Fülle empfing und die seinen Willen bis zum bitteren Ende annahm. Das Buch ist kein theologisches Werk, sondern ein Werk volkstümlicher, sogar poetischer Spiritualität. Für den privaten Gebrauch veröffentlichte er damals ein weiteres Buch, das aus Meditationen über Psalmen bestand, die im kleinen marianischen Offizium standen. Er schrieb es sowohl für dominikanische Novizen und Studenten als auch für Nonnen, die das Offizium verrichteten. Ein Priester erzählte mir jedoch, dass niemand es las. Damit bestätigte er meinen Verdacht, dass Bücher, die in Ordenshäusern ganze Schränke füllen und die für Meditation und Andacht geschrieben wurden, niemals gelesen werden.

Ich erwähne das nur, um ein Paradox in Stratmanns Leben zu verdeutlichen. Er wechselte ständig von hartnäckigem Engagement für die Probleme der Welt (zum Beispiel bei dem Vortrag in Düsseldorf) zu weltfernen Betrachtungen der spirituellen Wirklichkeiten. Auf dem zuerst genannten Gebiet war er erfolgreicher. Doch er konzentrierte sich niemals so auf das eine, dass er das andere ausgeschlossen hätte. In seinen Achtzigern nahm er an einem von den Kommunisten in Köln organisierten Friedensmarsch teil[4] und zur selben Zeit veröffentlichte er ein Buch über die Gaben des Heiligen Geistes.[5]

---

4 Es handelt sich um einen der ersten Ostermärsche. Vgl. zur damaligen Situation in Köln Guido Grünewald, Die Friedensbewegung in Köln nach dem zweiten Weltkrieg, in: Reinhold Billstein (Hrsg.), Das andere Köln. Demokratische Traditionen seit der Französischen Revolution, Köln 1979, 446–485. Ausweislich einiger erhaltener Briefe im Nachlass von Stratmann hat die Unterschrift für den Orden von politischer Seite aus „peinliche Unannehmlichkeiten" gezeitigt, sodass Stratmann von sich aus anbot, an der „kampagne für abrüstung. ostermarsch der atomwaffengegner" nicht mehr aktiv teilzunehmen (vgl. Provinzarchiv der Dominikanerprovinz Teutonia).

5 Hier wäre allerdings anzumerken, dass in diesem Buch über die Gaben des heiligen Geistes auch sehr deutlich zur Frage des Friedens Stellung bezogen wurde; die „Seligpreisung derer, die Frieden schaffen" sei „von der alten Theologie der Gabe der Weisheit zugeordnet" (Franziskus M. Stratmann OP, Gaben und Aufgaben. Über die religiöse Bedeutung der Sieben Gaben des heiligen Geistes, Frankfurt/M. 1962, 239).

1930 bat er um Erlaubnis, Köln zu verlassen und nach Berlin zurückzugehen. Er war überzeugt, in dieser Stadt, die inzwischen zur kulturellen ebenso wie zur politischen Hauptstadt Deutschlands geworden war, werde er eine bessere Basis für seine Friedensarbeit finden. Er arbeitete mit Freunden aus dem Friedensbund Deutscher Katholiken und der Deutschen Friedensgesellschaft zusammen. In späteren Jahren sagte er, er sei als jemand betrachtet worden, der zur katholischen Linken gehöre (ich denke, das stimmt vollkommen), dabei habe er sich doch immer zur Mitte gehalten. Er glaubte, die wahre und gemäßigte Einstellung der Kirche zum Frieden zu vertreten. In „Weltkirche und Weltfriede“ schreibt er, Benedikt XV. sei Pazifist gewesen, und diejenigen, die nur mit den Achseln zuckten und die Friedensbotschaft nicht beachteten, seien in Wirklichkeit die Außenseiter [und nicht er]. Allgemein war es die Meinung der Vertreter der katholischen Soziallehre in dieser Zeit, dass sie und nicht ihre Kritiker die Mitte in der Lehre der Kirche verträten.

Jedenfalls fand Stratmanns Arbeit ein schnelles Ende. Am 20. Januar 1933 wurde Adolf Hitler als deutscher Reichskanzler vereidigt. Er machte sich sofort daran, seine Macht zu festigen und zu erweitern. Am 27. Februar fand der berüchtigte Reichstagsbrand statt. Einige Historiker meinen, Göring habe dahintergesteckt, andere sind anderer Ansicht. Wer daraus Vorteile zog, ist jedoch eindeutig. Es war Hitlers Vorwand, um gegen die Kommunisten vorzugehen, von denen sich tatsächlich einer in der Nacht, als das Feuer ausbrach, im Reichstag aufgehalten hatte. Am nächsten Tag brachte Hitler eine Verordnung „zur Abwehr kommunistischer staatsgefährdender Gewaltakte“ auf den Weg. Damit wurden die in der Weimarer Verfassung garantierten Grundrechte außer Kraft gesetzt. Durch die Notverordnung wurden persönliche Freiheiten, das Recht auf freie Meinungsäußerung – damit auch die Pressefreiheit – sowie das Versammlungs- und Vereinigungsrecht beschnitten. Über die rechtlichen Beschränkungen, die sonst galten, hinaus waren dadurch die Verletzung des Post-, Telegrafen- und Telefongeheimnisses, dazu Hausdurchsuchungsbefehle und Anordnungen für Einzug und Beschränkung von Eigentum zulässig.

Der Verteidigungsminister[6] Hermann Göring sagte am 3. März in Frankfurt am Main, er brauche „keine Gerechtigkeit zu üben, hier habe ich nur zu vernichten und auszurotten, weiter nichts!“[7] Interessanterweise sagte er, er brauche die Macht der Polizei nicht anzuerkennen, da er seine Braunhemden habe, die seine Befehle ausführten. Zur selben Zeit eroberte Hitler das Land mit seinem Versprechen, „die Marxisten und linken Parteien gnadenlos auszumerzen!“

Wenn schon seine Freunde Stratmann für „links“ hielten, was dachten dann erst seine Feinde von ihm!? In den Jahren 1932/33 hatte er in Berlin Vorträge gehalten und für den „Friedenskämpfer“ geschrieben. Im Oktober 1932 schrieb er zum Beispiel einen Artikel mit dem Titel „Militarismus und Katholizismus“ und zeigte auf, wie Militarismus gegen den Geist der katholischen Kirche verstoße. Im Juli desselben Jahres schrieb er den Artikel „Der Nationalsozialismus und wir“. Er gab zu, dass dessen Wirtschaftsprogramm durchaus seine Verdienste habe, doch er schrieb leidenschaftlich gegen die dämonische Macht, die in ihrem rücksichtslosen Drang nach Verwirklichung der Drittes Reich genannten Utopie den Menschen zerstört: „Jeder Tag ist ein Fest zu Ehren von Hass, Ge-

---

6 Hier liegt ein Irrtum vor, Göring war Reichsminister ohne Geschäftsbereich, Reichskommissar für den Luftverkehr und Reichskommissar für das preußische Innenministerium.

7 Das Zitat findet sich u. a. auf https://www.bpb.de/izpb/137194/machteroberung-1933 [abgerufen am 11.05.2022].

walt, Macht, Gier und Hetzreden." „Selbst die Religion muss der ethischen und moralischen Bestätigung der germanischen Rasse weichen."

Im April 1933 rief er die Nazis in seinem Artikel „Unser Friedensbund und das Dritte Reich" dazu auf, den Bund als gültiges Werk der katholischen Kirche anzuerkennen. Im Mai/Juni desselben Jahres schrieb er über Christus und seine politischen Gegner und wies (erneut) darauf hin, dass der extreme Nationalismus die Krankheit gewesen sei, die schuld an Christi Tod war. Über dieses Thema sollte er später ein ganzes Buch schreiben. In allen diesen Artikeln machte er deutlich, dass der „Friedensbund Deutscher Katholiken" weder eine romantische linke Bewegung innerhalb der katholischen Kirche sei noch dass er den Umsturz plane, sondern dass er das logische Resultat katholischer Lehre sei. Er zitierte Hitlers Versprechen, er werde die Kirchen nicht behelligen, und bezog dies auf den Bund. Im letzten Artikel vor seiner Verhaftung schrieb er, kein Christ könne eine politische Ideologie so annehmen, als wäre sie ein religiöser Glaube. Das war ein Schlag gegen die Nazis. Jedoch, schrieb er, müsse jeder Christ auch mit seinem politischen Gegner liebevoll umgehen.

Anfang Juni las Stratmann in den Zeitungen, dass alle Friedensorganisationen aufgelöst worden seien. Er war der Ansicht, dass, wenn Menschen, die für Frieden eintraten, sterben müssten, sie das mit Würde und in Schönheit tun sollten. Am 4. Juli schrieb er einen Brief an die Gestapo und protestierte gegen die Auflösung der Friedensorganisationen. Am 5. Juli wurde er verhaftet. Er verbrachte sechzehn Wochen im Gefängnis, das heißt: in vier verschiedenen Gefängnissen. Er wurde wegen Landesverrat angeklagt. Ein freundlicher Untersuchungsbeamter sagte ihm aber, wie er die wichtigen Fragen beantworten müsse, und aufgrund dieser Antworten wurde die Anklage fallengelassen. Sie ließen ihn unter Bewachung gehen und verboten ihm, über das Thema Frieden zu predigen. Am Christkönigsfest predigte er über den Gehorsam, den alle staatlichen Behörden, auch die deutschen, Christus schuldeten. Er wurde erneut angeklagt. Stratmann überquerte die Alpen in Richtung Rom.[8]

In Rom war er in der Kirche „Santa Maria Maggiore" Beichtvater für deutschsprachige Pilger. Er hielt Kontakt mit Freunden aus Deutschland, von denen ihn viele in Rom besuchten. Damals bekehrte er viele Menschen zum Katholizismus, darunter einige Juden, die zweifellos in ihm einen treuen und mutigen Boten von Gottes Wahrheit sahen. Unter diesen Konvertiten und Konvertitinnen war die Jüdin Dr. Lisamaria Meirowsky aus Österreich, die sich der Friedensarbeit widmete. Stratmann und sie hatten die Absicht, eine Ordensgemeinschaft von Schwestern zu gründen, deren Hauptaufgabe das Eintreten für den Frieden sein sollte. In einem ersten Schritt trat Meirowsky dem Dritten Orden der Dominikanerinnen bei. Sie ging nach Österreich zurück und fiel dort den Nazis in die Hände, die gerade den „Anschluss" vollzogen hatten. Sie wurde als Jüdin aufgegriffen, nach Auschwitz gebracht und dort getötet. Stratmann veröffentlichte später ihren letzten Brief an ihn. In diesem Brief schrieb sie, sie akzeptiere ihren Tod im Geiste des Friedens und der Vergebung. Es treibt einem die Tränen in die Augen.[9]

---

8 Es waren wohl im Wesentlichen Interventionen des damaligen Provinzials Laurentius Siemer OP, die zur Freilassung und auch zur Sendung nach Rom führten, vgl. die detaillierte, quellengestützte Darstellung bei Rainer Maria Groothuis, Im Dienste einer überstaatlichen Macht. Die deutschen Dominikaner unter der NS-Dikatur, Münster 2002, 405–420, bes. 415f.

9 Möglicherweise ist hier gemeint: Franziskus Stratmann OP, Eine Todesgefährtin Edith Steins: Lisamaria Meirowsky, in: Christ in der Gegenwart 19 (1968), 286f. Die Ausführungen von Thomas Heath sind

In diesen Jahren schrieb Stratmann „Peace and the Clergy“. Es geht darum, bei Priestern Interesse für die Frage zu wecken, was sie für den Frieden tun können, von der Kanzel aus und durch persönliche Kontakte mit Laien, die zur Friedensarbeit bereit sind. Das Buch wurde niemals auf Deutsch veröffentlicht. Und es kam auch niemals unter Stratmanns Namen heraus. In der englischen Übersetzung heißt es nur „by a German Priest“, publiziert 1938 bei Sheed and Ward. Stratmanns Freund in Rom Conrad Bonacina übersetzte es ins Englische.

Während seines Aufenthaltes in Rom veröffentlichte Stratmann einen Artikel auf Deutsch unter seinem eigenen Namen in einer Wiener Zeitschrift. Der Titel war „Die Juden und wir Christen“. Zwar bewies er darin nicht gerade die liberalste Denkweise über die „jüdische Frage“, denn er hatte seine eigenen irrigen Vorstellungen und Vorurteile; aber im-

---

hier ansonsten nicht korrekt, Meirowsky ist mit Stratmann von Rom aus in die Niederlande gegangen, nicht nach Österreich: „Wie viele getaufte Juden ergriff auch Lisamaria Meirowsky im Herbst 1938 die Flucht in die Niederlande; zugleich wurde sie im Hilfswerk für jüdische Flüchtlinge tätig. Als der Krieg 1940 auf die Niederlande übergriff, versteckte sie sich im Trappistinnenkloster Berkel-Enschot in Brabant, wo sie als Pförtnerin bescheidene Dienste leistete. Am 2. August 1942 wurde sie durch die Gestapo verschleppt. An ihren Beichtvater schrieb sie: „Ich will Ihnen einen letzten Gruß senden und Ihnen sagen, dass ich voll Vertrauen und ganz ergeben in Gottes heiligen Willen bin. Ja mehr noch: Ich betrachte es als eine Gnade und Auserwählung, unter diesen Umständen wegzumüssen, um so einzustehen für das Wort unserer Väter und Hirten in Christus“. Am folgenden 9. August wurde sie mit weiteren jüdischen Gefangenen, unter ihnen die Geschwister Stein, im Konzentrationslager Auschwitz vergast.“ (https://thema.erzbistum-koeln.de/koelner-maertyrer/Dr_Dr_Lisamaria_Meirowsky.html [abgerufen am 01.04.2022]) Mit dem Beichtvater dürfte Franziskus Maria Stratmann gemeint sein.

merhin war es ein Appell an die Katholiken, sich gegen den Wahnsinn, der in Deutschland und Österreich vor sich ging, zu wenden.[10] Stratmann greift die Vorurteile der Katholiken gegen die Juden unverhohlen an. Sein Hauptpunkt ist, dass er daran festhält, die Juden seien Menschen mit Menschenrechten, die geachtet werden müssten. Er zitiert aus dem katholischen „Lexikon für Theologie und Kirche" über die Menschenrechte und fordert die Katholiken auf, an die Juden zu denken, wenn sie das Folgende lesen:

> „*Menschenrechte,* im Gegensatz zu den erst geschichtlich entstandenen positiven Rechten jene im Naturrecht verankerten Grundrechte u. Befugnisse, die jedem Menschen auf Grund seiner körperlich-geistigen Natur u. seiner Lebenszwecke zukommen, die darum durch jeden Mitmenschen anzuerkennen u. durch die Gesellschaft zu schützen sind. Natur und Offenbarung fordern bes. das Recht auf Leben u. Selbsterhaltung (im Notfall durch Unterstützung), auf Freiheit, Unverletzlichkeit u. Sicherheit der Person, auf Streben nach Glück u. Eigenwohl (unbeschadet des Gemeinwohls), auf Erwerbsmöglichkeit, Wahrung des redlich erworbenen Besitzes, das Recht auf menschenwürdige Erziehung u. Elementarunterricht, Schutz der Ehre, genügende Freiheit in Standeswahl u. sonstiger Selbstbestimmung, auf private u. öffentl. Religionsübung, [...] auch das Recht auf Denk-, Rede-, Presse- u. Koalitionsfreiheit [...]. Diese [...] Grundrechte müssen Voraussetzung jedes positiven Rechts bilden u. auch von Staats wegen gesichert werden."[11]

---

10 Vgl. diesbezüglich auch den in diesem Buch abgedruckten, ebenfalls zuerst in Österreich veröffentlichten Aufsatz „Die Judenfrage als Friedensfrage".

11 In der deutschen Übersetzung zitiert nach: Art. Menschenrechte, Rupert Angermair, LThK. Bd. 7, Freiburg/Br. 1935, 94f.

Als die Gestapo Stratmann später mit aller Kraft verfolgte (er konnte sich ihrem Zugriff zum Glück entziehen), geschah das sowohl wegen seiner generellen Friedensgesinnung als auch wegen seiner in diesem Artikel geäußerten Gedanken. Er greift in klaren Worten die Dummheit der Nazis an. Leider konnte Stratmann selbst nicht all das falsche Denken über die Juden ablegen, z. B. schreibt er ihnen die Schuld an Jesu Kreuzigung zu, ohne die nötige Differenzierung vorzunehmen, und das ist falsch. Und er schreibt, dass die lange Geschichte der Judenverfolgung ihrem Mangel an Bescheidenheit zuzuschreiben wäre! Und doch werden es ihm faire Leser trotz solcher Irrtümer hoch anrechnen, dass er klar und mutig gedacht und geschrieben hat, und sie werden ihm seine Vorurteile verzeihen.

Im Herbst 1936 unterzeichneten Italien und Deutschland ein geheimes Abkommen, in dem eine gemeinsame Außenpolitik gefordert wurde. Mussolini bezog sich am 1. November darauf als auf „ein Abkommen, das eine Achse schuf, um die herum die übrigen europäischen Mächte zusammenarbeiten können". Auf diese Weise wurden ein Begriff und eine Realität erzeugt. 1937 veröffentlichte Stratmann seinen Artikel über die Juden. 1938 wurde ihm die deutsche Staatsbürgerschaft aberkannt. Stratmann wurde klar, dass er nun Rom verlassen musste.

Er ging nach Venlo in den Niederlanden, wo seine heimatliche Dominikanerprovinz Teutonia ein Haus hatte. Venlo liegt sehr nahe an der Grenze zu Deutschland. Stratmann arbeitete dort mit dem Jesuiten Friedrich Johannes Muckermann bei der Unterstützung deutscher, mehrheitlich jüdischer Flüchtlinge aus Hitlerdeutschland zusammen. Er lernte auch Edith Stein kennen und half ihr, die ihrerseits in den Flüchtlingslagern half, die die niederländische Regierung entlang der Grenze errichtet hatte. Am 10. Mai 1940 marschierten die Deutschen in die Niederlande ein. Die Gestapo wandte sich sofort an das Dominikanerkloster in Venlo, denn ihr war bekannt, dass sich Stratmann dort aufhielt. Er war zu der Zeit jedoch nicht dort, sondern gab Exerzitien für Flüchtlinge in einem Lager in Sluis.

Doch es war ihm, den jüdischen Flüchtlingen und der niederländischen Regierung durchaus bewusst, dass die Nazis auch bald an ihre Tür klopfen würden. Die Regierung stellte drei Lastwagen bereit, um sie aus dem Lager nach Belgien zu bringen. Sie hofften, sie würden nach Frankreich weiterreisen und von dort ein Schiff nach England nehmen können. Sie flohen also aus den Niederlanden und nach mühseliger Reise kamen sie endlich im belgischen Hafen Nieupoort in der Nähe der französischen Grenze an. Die französische Regierung verweigerte ihnen aber die Einreise und also mussten sie wieder zurück. Um sie herum herrschte Chaos.

An der belgischen Küste fanden sie ein Hotel in der Stadt De Haan. Doch inzwischen hatte der belgische König kapituliert und die Nazis waren auch in Belgien an der Macht. Sie kamen nach De Haan und suchten Stratmann. Die anderen Flüchtlinge forderten ihn auf zu fliehen, damit nicht auch sie gefährdet wären. Zwei Freunde setzten ihn in ein Auto, das Kranke nach Brügge brachte. Von dort aus gelangte er in das Benediktinerkloster „Saint-André de Bruges“, wo er für ein oder zwei Wochen Zuflucht fand.

Den Benediktinern wurde bald bewusst, dass Stratmanns Gegenwart dem ganzen Kloster großes Leid bringen könnte, und deshalb baten sie ihn, bei den belgischen Dominikanern Hilfe zu suchen, die dann auch bereit waren, ihn aufzunehmen. Er war für etwa eine Woche im Haus der Dominikaner in Gent, doch dann sagte man ihm, er könne nicht bleiben, es sei zu gefährlich. Die Brüder schickten ihn zur dominikanischen Provinzialverwaltung in Antwerpen, denn sie dachten, die Dominikaner dort könnten ein Versteck für ihn finden. Sie fanden eins, als bekannt wurde, dass die Dominikanerinnen von Bethanien in Lint, das ein paar Kilometer außerhalb von Antwerpen liegt, einen Hausgeistlichen suchten. Ob sie wohl einen deutschen Priester, der von den Nazis gejagt wurde, aufnehmen würden? Das taten sie. Also fand Stratmann am 25. Juni, genau vierzig Tage nach dem Beginn seiner langen schwierigen Flucht von Sluis, ein Zuhause. Dort blieb er, solange der Krieg dauerte.

Kurz nach seiner Ankunft allerdings hörte die Mutter Oberin in Frankreich von der Lage im Kloster in Lint. Sie schrieb in großer Sorge (und man muss sagen, in berechtigter Sorge!) um die Schwestern dort und überall in Belgien und Frankreich, die in große Gefahr geraten würden, wenn man Stratmann entdeckt. Sie teilte der Oberin in Lint mit, sie solle einen anderen Ort für ihn finden. Die Oberin geriet in einen Gewissenskonflikt und bat den befreundeten Jesuiten Fr. Bergh um Rat. Er lehrte damals Kirchenrecht in Leuven. Seine Meinung war, dass Nächstenliebe Vorrang vor Gehorsam habe. Stratmann blieb also.

Später sagte er immer wieder, dass ihm die Schwestern in diesem Kloster das Leben gerettet hätten. Während er dort war, schrieb er aus Dankbarkeit ein kleines Buch über ihr Leben. Es wurde zuerst 1943 auf Niederländisch unter dem Titel „Bethanie in de wereld“ anonym veröffentlicht. Später erschien es auf Deutsch und Englisch. Es war eine schöne Anerkennung der Arbeit der Dominikanerinnen von Bethanien, die im Wesentlichen ein kontemplatives Leben führten, doch mit einem besonderen Apostolat für Frauen im Gefängnis. Stratmann führte in diesen Jahren ein Tagebuch, das erst viel später (1962) unter dem Titel „In der Verbannung“ veröffentlicht wurde.

Die Leitidee für das *opus magnun* seines Lebens kam ihm in den Sinn, als er sich bei den Schwestern versteckte. Er hatte über sein Leben und sein politisches Engagement nachgedacht. Viele seiner Freunde hatten ihn gebeten, sich nicht in die Politik einzumischen. Sie sagten, für Laien sei das in Ordnung, aber nicht für einen Priester, es wäre besser, nicht so politisch zu sein. Das Problem quälte ihn. Schon in „Weltkirche und Weltfriede“ unterscheidet er zwischen Haupt- und Nebenaufgaben der Kirche. Die Hauptaufgabe ist die Versöhnung des Menschen mit Gott durch Sündenvergebung. Stratmann benutzt einen älteren Ausdruck und schreibt: es gehe um Seelenrettung. In der Nebenaufgabe geht es um alles im Leben, das die Beziehung des Menschen zu Gott fördert oder bedroht, das sein Seelenheil bedroht. Krieg und Frieden gehörten dazu. Die Kirche und die Männer der Kirche, die Priester, müssten sich daher für derartige Themen interessieren. Aber auf welche Weise? Sollten sich Priester, die dazu verpflichtet sind, das Evangelium zu predigen, direkt in die Politik einmischen? Oder indirekt? Sollten sie über politische Angelegenheiten predigen? Wenn nicht, dann hätte es den Anschein, als ob der Priester ein ganzes Gebiet des moralischen Lebens vergäße. Wenn also doch, dann war die Frage: Wie? Wie wäre Jesus die Sache angegangen? Wie war es mit den Heiligen? Könnten sie etwas lehren?

Stratmann beschloss in diesem Kloster in Belgien, ausführlich zu untersuchen, wie sich Menschen, die für die Heiligkeit ihres Lebens bekannt waren, in der Geschichte mit derartigen Problemen beschäftigt hatten. Ich weiß nicht, wie umfangreich er sich die Arbeit zu Beginn vorgestellt hatte, aber jedenfalls wurde daraus schließlich ein fünfbändiges Werk mit dem Titel „Die Heiligen und der Staat“. Der letzte Band hatte den eigenen Titel „Die Heiligen in der Versuchung der Macht“. Wahrscheinlich begann er mit seiner Forschung schon bald, nachdem er nach Belgien gekommen war. Der letzte Band wurde 1958 veröffentlicht. Das bedeutet, dass das gesamte Projekt achtzehn Jahre in Anspruch nahm. Zwar fing er in Belgien mit der Arbeit an, doch im April 1947 kehrte Stratmann nach Deutschland, in das dominikanische Studienhaus Walberberg, zurück. Hier vollendete er sein Werk. Doch mittendrin unterbrach er seine Arbeit und veröffentlichte ein weiteres Buch über „Krieg und Christentum heute". John Doebele übersetzte es ins Englische und es wurde von Blackfriars in London und von Newman Press in den USA veröffentlicht.

In diesem Buch ist die Erfahrung des Zweiten Weltkriegs deutlich zu erkennen. Zwar stellt es keine Neufassung seiner Einstellung zum Krieg dar, doch der Verfasser zeigt mehr Verständnis für Leute, die wie Förster dachten, Krieg sei die einzig mögliche Antwort auf Hitler. Die Terrorherrschaft der Nazis über das deutsche Volk, das Abschlachten der Juden, die gnadenlose Ermordung aller, die sich Hitler widersetzten, und auch die rücksichtslose Politik, die in den besetzten Ländern Österreich, Tschechoslowakei und Polen angewandt wurde, dazu die Pläne für England und Russland, wenn sie erobert worden wären – dies alles hat Stratmann anscheinend davon überzeugt, dass die Möglichkeiten für einen gerechten Krieg weiter zu fassen waren, als er gedacht hatte. Und angesichts der drohenden Haltung, die Russland in der Nachkriegszeit Europa gegenüber einnahm, liest sich Stratmanns Text wie ein Text Försters, als er die Alliierten auffordert, sie sollten sich bewaffnen, um Krieg zu vermeiden. Zum Beispiel schreibt er:

> „Durch den absoluten Verzicht auf Gewalt wird nämlich diese selbst nicht aus der Welt geschafft. Oder wird deswegen, weil ich meinen Mitmenschen nicht überfalle, auch dieser mich nicht überfallen? Ein solcher Optimismus ist gleichbedeutend mit der Annahme, dass es keine

> Verbrecher gibt oder dass vorhandene Verbrecher einfach dadurch gebessert werden, dass man ihnen nichts tut. Die unbestreitbare Wahrheit ist doch, dass Verbrecher zu größeren Verbrechen ermutigt werden, wenn man sie gewähren lässt." (73)

Vielleicht offenbart dieser Satz seine ehrliche Wahrheitssuche mehr als der Widerruf seines ersten Buches von der Kanzel der Maria-Viktoria-Kirche aus. Warum? Weil er, als er dies schrieb, bereits mehr als dreißig Jahre lang pazifistische Theoriearbeit geleistet hatte. In diesem Satz scheint mir Stratmann zu sagen, dass die einzige Möglichkeit, mit der Hitler aufgehalten werden konnte, der Krieg gewesen sei.[12] Er war ein ehrlicher Mensch auf der Suche nach Wahrheit. Ein weiteres Anzeichen dafür ist, dass er in seinem Vorwort zugibt,

12 Was Thomas Heath hier erstaunlicherweise unberücksichtigt lässt, ist die Tatsache, dass nach damaligen Ordensregeln Veröffentlichungen eine vorgängige ordensinterne Prüfung zu durchlaufen hatten; was im Normalfall eine brüderliche Hilfe für den Autor darstellt, wird in Fällen eines durchaus umstrittenen, zudem politisch heiklen Themen- und Handlungsfelds nicht ohne Auseinandersetzungen und Änderungen möglich gewesen sein. Gerade für das Buch „Krieg und Christentum heute" gibt es Berichte über die Verärgerung Stratmanns wegen einiger wesentlicher Textänderungen; vgl. dazu Paulus Engelhardt, Der Friedenskämpfer. Zum 100. Geburtstag von P. Franziskus Maria Stratmann OP, in: Wort und Antwort 24 (1983), 111–120, hier 119f.: „Ein entscheidender Satz wurde gestrichen: in der Diskussion um eine mögliche Lösung des durch das sowjetische Expansionsstreben entstandenen Problems ‚durch Krieg' oder ‚durch Verzicht auf Krieg' hieß Stratmanns Stellungnahme im Ms.: ‚Wir selbst sprechen uns aufs Entschiedenste für den Verzicht aus, ja wir halten ihn für sittlich geboten.'" Auch im Archiv der Dominikaner noch erhaltene Unterlagen bezüglich der Veröffentlichung seines Tagebuchs aus der Zeit seiner Flucht zeigen, wie weitgehend in den Text hineinredigiert werden konnte.

„dass es mit einer temperamentvollen radikalen Ablehnung des Krieges und seiner Vorbereitungen nicht getan ist“ (8), und dass er schreibt, Schwarz-Weiß-Urteile über die verschiedenen Möglichkeiten, die andere gewählt hätten, seien unzulässig. Über sich schreibt der Autor:

> „Aus jahrzehntelanger Erfahrung weiß er, wie sehr er [...] zu einem Zeichen des Widerspruchs geworden ist. Vielen Alten war er zu neu, manchen Neuen zu alt, den einen war er zu ‚links‘, den anderen zu ‚rechts‘. Das wird man vielleicht auch von diesem Buch sagen. Aber bevor man Schlüsse zieht, entschließe man sich einfach, der Wahrheit näher zu kommen.“ (9)

Das Buch ist also noch einmal ganz von vorn eine bescheidene Suche nach der Wahrheit, ebenso wie seine Bücher „Weltkirche und Weltfriede“, „Die Heiligen und der Staat“ und viele Artikel, die er geschrieben hatte und die er weiterhin schreiben würde: All das waren Versuche, eine sehr schwierige und schwer erreichbare Wahrheit festzuhalten. Während er in diesem Sinne feststellt, dass seine Bücher eine Suche nach der Wahrheit seien, räumt er ein:

„Auf dem Gebiet der Religion und Ethik kann eine klare Erkenntnis auch darin bestehen, dass eine letzte Unerkennbarkeit sichtbar wird, eine These neben einer Antithese, die Möglichkeit einer Zustimmung und die Möglichkeit einer Ablehnung.“ (8)

Trotzdem steht er nach wie vor für die Sache des Friedens und ist immer noch sehr aktiv in der Friedensbewegung. In seinem Buch verfolgt er sehr schwierige Themen: totaler moderner Krieg, Probleme der Sicherheit und der Erhaltung des Friedens (zum Beispiel die NATO), Atomkrieg und Kriegsdienstverweigerung; und obwohl er sorgfältig Unterscheidungen trifft, Differenzen zulässt, besteht doch am Ende kein

Zweifel daran, wo er steht: gegen den Irrsinn eines totalen Krieges und auf der Seite der Kriegsdienstverweigerer. Letztlich, so Stratmann, muss der radikale Friedenskämpfer sich um die persönliche Heiligung bemühen, um sein Herz von aller Unordnung zu befreien, damit er ein würdiger Fürsprecher des Friedens Jesu Christi sein kann.

In den Fünfziger- und Sechzigerjahren schrieb er über diese Fragen und nahm in Deutschland an der Kontroverse über die Verteidigung des Rechts auf Kriegsdienstverweigerung aus Gewissensgründen teil. Dieses Recht sollte nach dem neuen Grundgesetz der Bundesrepublik Deutschland auch den Verweigerern zugesprochen werden, die keine Mitglieder der traditionellen Friedenskirchen, der Quäker oder der Mennoniten, waren. Er schrieb gegen Hochhuts Darstellung Pius' XII. in dessen berühmtem Theaterstück „Der Stellvertreter".

Doch mitten im Schreiben über Konflikte betete er, las er und dachte er über das christliche Leben nach, insbesondere darüber, wie dieses Leben durch die Gabe Gottes, die der Heilige Geist ist, gefördert wird. Sein letztes Buch mit dem Titel „Gaben und Aufgaben", das 1962 veröffentlicht wurde, handelt von den Gaben des Heiligen Geistes. In der „Summa theologiae" des Thomas von Aquin erscheinen am Ende seines Traktats über allgemeine moralische Prinzipien drei Fragen. Diesen gelingt es immer, die Seelen zu berühren, die dem mystischen Leben zugeneigt sind. Ich weiß nicht, warum das so ist. Vielleicht weil der Wunsch nach Heiligkeit des Lebens so oft durch eigene Schwäche und Dummheit frustriert wird. Und hier in der sehr förmlichen Prosa Thomas von Aquins wird eine ganz andere Seite der Heiligkeit gezeigt, nämlich die Seite Gottes, der den Geist, den Tröster, den Fürsprecher, die Taube, das Feuer schickt, um uns einen kräftigen Anstoß zu geben. Vielleicht war Stratmann zur persönlichen Einsicht in seine Unzulänglichkeiten, seine Misserfolge, seine Fehler und seine Unwissenheit gelangt und wusste tief in seinem Herzen, dass die einzige Möglichkeit, sein Ideal zu erreichen, für ihn war, sich Gott, Gottes Geist, zu ergeben. Und darum handelt seine letzte Meditation davon, wie der Mensch alles Gott überlassen kann.

1965 bat ihn sein Provinzial, das Seelsorgeamt für Schwestern zu übernehmen, die im nicht weit von Walberberg entfernten Hochdahl ein Altersheim betrieben. Im Alter von 77 Jahren packte er seine Sachen zum letzten Mal zusammen und brach auf. Er hatte ein letztes Projekt im Auge. Einige Jahre zuvor hatte er ein oder zwei Artikel über eine Bewegung in Europa geschrieben, die der Engländer Frank Buchman gegründet hatte, die „Moralische Aufrüstung". Stratmann war immer der Meinung gewesen, dass der grundlegende Beginn des Friedens im Individuum selbst liegen müsse. Das war auch die zentrale Intuition der Menschen, die in der Bewegung „Moralische Aufrüstung" aktiv waren. Also reiste er zu einem Gespräch mit Buchman nach England. Dann kam er zurück und schrieb ein weiteres Buch, eine Würdigung der Bewegung. Ich habe das Manuskript von 240 Seiten gesehen, es war mit der Schreibmaschine geschrieben. Er hatte es spät in seinen Siebzigern geschrieben. Doch dann ging er damit von einem Verlag zum anderen und alle wiesen ihn ab. Niemand sei mehr daran interessiert, sagten sie. Die Bewegung sei tot. Seine letzte schriftstellerische Bemühung blieb also unveröffentlicht. Danach hatte er noch ein anderes Projekt im Sinn. Er begann, sich Notizen zu machen, es sollte eine kritische Zusammenfassung der Friedensarbeit von Gruppen in der ganzen Welt in den Sechzigerjahren werden, doch in seinem letzten Lebensjahr wusste er, er würde es nicht zu Ende bringen können. Vielleicht hatte ihn seine Erfahrung mit dem Buch über die Bewegung „Moralische Aufrüstung" so entmutigt, dass er nicht mehr die

Kraft und die Begeisterung in sich wecken konnte, um das Werk zu vollenden. Er gab es also auf.

Und noch etwas anderes trug zu seiner Entmutigung bei: das, was in der Kirche und im Dominikanerorden geschah. Er war immer ein Mann des Gebets und in seinem ganzen Leben bewies er große Selbstdisziplin. In seinem Umgang mit der Geschichte bewies er auch einen Sinn für die Vergangenheit und für die guten Traditionen der Vergangenheit im Leben der Heiligkeit in der Kirche. Er dachte, dass die jungen Brüder viele dieser Traditionen ignorierten. Deshalb litt er wie viele andere ältere Männer im religiösen Leben unter dem Gefühl des Verlustes. Wo sind die Traditionen geblieben? Wo die Disziplin? Wo das ständige Gebet? Während er selbst zerfiel, schien es ihm, als ob alles um ihn herum zerfalle. Er starb am Kreuz.

So viel über den Mann, sein Handeln und seine Schriften. Aber was für ein *Mensch* war er? Wie hat er die Menschen beeinflusst? War er sanft oder jähzornig? War er zuvorkommend oder rechthaberisch? Aus dem, was ich mir aus den Aussagen derer, die ihn in Walberberg nach dem Krieg kannten, zusammenreime, entnehme ich, dass er eine komplexe Persönlichkeit voller Widersprüche war.

Offensichtlich war er mutig. Um in der Zeit, in der Stratmann es tat, für den Frieden einzutreten und diese Position dann fünfzig Jahre lang aufrechtzuerhalten, musste er ein großes Maß an Mut besitzen. Sein Mut gab ihm die innere Freiheit, schwierige, unpopuläre Gedanken zu fassen, zu veröffentlichen und sie trotz Widerspruch weiterhin zu vertreten. Er hatte keine Angst, Vorträge zu halten, von denen er wusste, sie würden mit einem Aufruhr enden, er fürchtete sich nicht, Klartext zu reden, kontroverse Artikel zu schreiben, die ihn mit den bürgerlichen und manchmal auch den kirchlichen Institutionen in Konflikt bringen würden, fürchtete sich nicht, seinen dominikanischen Brüdern Tag für Tag entgegenzutreten und seine Einstellung darzulegen, obwohl er wusste, dass die große Mehrheit von ihnen seine Ansichten nicht teilte, ihn für einen inkompetenten Theologen, einen Dilettanten, ja vielleicht sogar für einen Neurotiker hielt.

Der Preis, den er für diese Seite seiner Persönlichkeit zahlte, war ein gewisser Mangel an Wärme und Zuneigung. Ein Priester erzählte mir, nach dem Krieg habe Stratmann den Ausdruck „das deutsche Volk" oft in abwertendem Sinn gebraucht. „Das deutsche Volk hätte das Übel Hitler erkennen sollen." „Das deutsche Volk hat mich enttäuscht." Und mehr desgleichen. Er sagte sehr selten „wir Deutsche". Man gewöhnte sich daran, von Stratmann Kritik zu erwarten – er war immer ein ehrlicher Kritiker –, doch auf welche Weise? Es war, als weigere er sich ganz und gar, zu diesem von ihm so scharf kritisierten Volk zu gehören.

Derselbe Priester erzählte mir, dass Stratmann in seinem letzten Studienjahr, im Jahr nach seiner Priesterweihe, der *Magister Spiritus* seines Kurses und für die geistlichen Konferenzen und Ähnliches verantwortlich gewesen sei. Stratmanns Konferenzen seien irgendwie veraltet und ziemlich langweilig gewesen. „Hat er viel über Frieden gesprochen?", fragte ich. „Nein, im Gegenteil, er sprach sehr selten davon. Nein, er bezog sich auf die älteren Quellen der Spiritualität und die hatten unseren Kursteilnehmern wenig zu sagen." Und doch gab es eine Sitzung, die mein Freund besonders im Gedächtnis behalten hatte, eine, an die er sich bis heute erinnert. Das Thema war Pharisäertum, das Übel – so definierte Stratmann es –, zu denken, man selbst wäre besser als andere. Stratmann warnte die jungen Priester in feierlichem Ton vor diesem Laster. Mein Freund vermutete, diese Konferenz sei wahrscheinlich deshalb so intensiv und lebendig gewesen, weil Stratmann über sich selbst gesprochen habe, über eine sehr schwere Versuchung in seiner eigenen Seele.

Wenn ich Leuten zuhörte, die Franziskus Stratmann beschrieben, dachte ich gelegentlich an den schroffen Dominikaner Vincent MacNabb. Er hatte ein wunderbares Verständnis für die Versuchung Christi im Garten Gethsemane. Christus wurde im Herzen und in der Seele seiner Lehre in Versuchung geführt, er war in Versuchung, seinen Nächsten, sein eigenes Volk zu hassen. Darum schwitzte er Blut.

Vielleicht war Stratmanns Versuchung ähnlich. Als er nach dem Krieg im April 1947 nach Deutschland und in seinen Orden zurückkam, kehrte er nicht als Held zurück. Seine Arbeit war so gut wie vergessen. (Ich war erstaunt, wie viele Leute, die ich in Walberberg kennenlernte, nichts von Stratmanns Schwierigkeiten mit der Gestapo wussten. Ein Student wollte mir nicht glauben, als ich ihm erzählte, Stratmann habe einige Zeit im Spandauer Gefängnis gesessen.) Die Stimmung war nicht so, dass man sich viel um die Vergangenheit gekümmert hätte, sondern man war damit beschäftigt, mit der Zukunft zurechtzukommen. Köln ist nur etwa zwanzig Kilometer von Walberberg entfernt und es war zu 80 Prozent von den Bomben der Alliierten zerstört worden. Das Studienhaus war zum Militärlazarett umfunktioniert worden. So viele Menschen hatten Freunde und Verwandte im Krieg verloren, dass die Zeit durchaus nicht dafür geeignet war, viel Aufmerksamkeit auf einen älteren Pater zu richten, der zurückgekommen war. Stratmann hatte Deutschland mit 50 Jahren verlassen und kam, etwas gebückt und entschieden gealtert, mit 63 Jahren zurück.

Dann gab es da noch ein Problem. Ein amerikanischer Dominikaner, der direkt nach dem Krieg in Rom Studien betrieben hatte, hatte einige Artikel Stratmanns in der Zeitschrift „Catholic Worker“ der Dreißigerjahre gelesen. Er kam nach Walberberg, um Stratmann zu besuchen. Er war von dessen Gastfreundschaft und Freundlichkeit sehr beeindruckt. Doch als Stratmann das Zimmer verlassen hatte, sagte ein viel jüngerer Priester: „Achten Sie nicht auf Bruder Stratmann. Er ist wirklich ein Fanatiker. Der einzige Fehler, den wir Deutsche im Krieg gemacht haben, war, dass wir euch Amerikaner nicht auf unsere Seite gezogen haben. Gemeinsam hätten wir die Welt erobern können."

Damals bestand die Versuchung, sich für besser als andere zu halten, die Versuchung zur Verbitterung, die Versuchung zum Hass. Ist Stratmann dieser Versuchung erlegen? Er konnte sehr bissig sein. Er wusste genau, was Ironie war, und setzte sie ein. Er war durchaus dazu fähig, gelegentlich eine spöttische Bemerkung zu machen. Er schrieb für die Zeitschrift „Der Friedenskämpfer". Er war durchaus kein friedlicher Friedenskämpfer. Er war ein Kämpfer.

Und doch hätte er sich niemals für die Position, die er einnahm, entschieden, wenn er nicht tiefes Mitgefühl mit dem Leiden anderer gehabt hätte und sich nicht in sie hätte einfühlen können. Durch die Gräueltaten des Ersten Weltkrieges wurde er zum Pazifisten. Es musste einen anderen Weg geben, Streitigkeiten beizulegen, als sich gegenseitig zu vernichten. Diesem Weg hatte er sein Leben gewidmet, dem Weg des Friedens, der Schlichtung, der vernünftigen Zugeständnisse, der Regelung durch Gerichtshöfe. Alles, nur kein erneutes Abschlachten! Paul VI. rief bei den Vereinten Nationen aus: „Nie wieder Krieg!", und spiegelte damit denselben zerrissenen Geist und dasselbe gebrochene Herz wider.

Wenn Stratmann von den Mitteln zum Erreichen des Friedens spricht, nennt er Gandhis Beispiel in Indien und zitiert Gandhis Worte: „Das härteste Eisen muss in der Flamme der Liebe schmelzen. Wenn das Herz Britanniens sich nicht erweicht hat, dann zeigt das, dass das Feuer unserer Liebe nicht heiß genug ist.“ Das war Stratmanns Ideal. Doch vielleicht kam der Kämpfer in ihm – jedenfalls im Verkehr mit seinen dominikanischen Mitbrüdern – mehr zum Ausdruck als der Mann des Friedens. Doch Frieden und Liebe gab es. In zwei Briefen, die er gegen Ende seines Lebens schrieb, heißt es: „Ich habe niemals, weder einen Tag noch eine Stunde noch auch nur fünf Minuten lang bereut, dass ich Dominikaner geworden bin.“ Ein Mann, der seine Brüder verachtet, hätte das niemals schreiben können. Auch da siegte die Liebe.

Doch als ich mit Laien sprach, die ihn als einen Führer der Friedensbewegung gekannt hatten, fand ich in ihrer Erinnerung das Bild eines Mannes, das sich ganz und gar von dem Bild der Gestalt voller Ironie, an die sich die Dominikaner erinnerten, unterschied. Ich fand bei ihnen Bewunderung, die – wir Katholiken kennen die Bedeutung – an Verehrung eines lebenden Heiligen grenzte. In diesen Beziehungen musste Stratmann nicht für seine Ideen und Programme kämpfen. Diese Menschen glaubten schon daran. Sie waren Friedensmenschen. Sie wussten, was Abscheu vor dem Krieg war, sie hatten das Neue Testament im selben Licht gelesen wie Stratmann: als ein Manifest des Friedens. Sie erlebten in ihm einen Mann, der Intelligenz und Führungsqualitäten besaß und der sich persönlich um sie sorgte.

In seiner mutigen Art neigte er zu scharfen Worten und zur Ironie, die jedoch durch Liebe gemildert wurden. Eine andere komplexe Mischung waren seine konservativen und liberalen Komponenten. Hinsichtlich des Frieden nahm er eine Position ein, die wir heute wohl linksliberal nennen würden. Vier Jahre bevor er starb, nahm er im Alter von 83 Jahren an einem Friedensmarsch teil, zu dem die Kommunisten in Köln aufgerufen hatten. Sie protestierten gegen den Vietnamkrieg.

Doch hinsichtlich Dogma, Disziplin und Liturgie war er sehr konservativ katholisch. Wenn er mit seinen Ordensbrüdern lebte, legte er großen Wert auf klösterliche Observanz. Er verpasste nie das Chorgebet. Er beachtete das Schweigen und es störte ihn sehr, wenn Lärm im Haus herrschte. Eines seiner kleineren „Kreuze" war es, neben einem Mann zu wohnen, der in höchster Lautstärke Wagner im Radio hörte. Vielleicht war das ja auch eine Reaktion darauf, dass Stratmann auf Schweigen und Stille bestand. Auch im Kloster ändert sich das Wesen eines Menschen nicht wesentlich. Stratmann glaubte fest an den Nutzen eines geregelten Zeitplans und vieler Arbeitsstunden.

Seine Disziplin macht sich auch in seiner Friedensphilosophie bemerkbar. Johannes Ude war eine führende Gestalt in der österreichischen Friedensbewegung. Er kam aus der strengen Anti-Alkohol-Bewegung. Ude dachte, es gebe Parallelen zwischen dem Durst nach Alkohol und dem nach Blut. Beides seien Krankheiten. Vollkommene Abstinenz von beidem war die einzig mögliche Reaktion auf sie. Stratmann, der eine starke Neigung zur Askese hatte, nahm die Idee auf und schrieb einen Artikel darüber. Sein Freund Förster hatte in derselben Weise über die dem Militarismus ergebenen preußischen Junker geschrieben: „Diese Männer sind eine Mischgattung. In ihnen überlebt noch etwas von einem seit Langem ausgestorbenen diluvianischen Tier."

Er befürwortete die Lehre der Kirche ohne Einschränkungen. Er war dem katholischen Glauben fest verpflichtet und hätte in diesem Punkt niemals nachgegeben. In seinen späteren Lebensjahren war er über die sehr lockere Art eines Ökumenismus, der sich in der Welt breitmachte, zutiefst betrübt. Er war der Meinung, die Kirchen könnten sich einzig und allein auf der Basis langer, fundierter theologischer Forschung und Gebet vereinigen.

Und doch war er hinsichtlich der Vergangenheit kein Romantiker. Auch noch spät in seinem Leben dachte er an die Interessen künftiger Generationen. Er war sich mit den meisten Umweltforschern darin einig, dass wir die natürlichen Ressourcen der Erde nicht gedankenlos verbrauchen dürften. Er erkannte die moralischen Zusammenhänge und glaubte, dass eine Generation eine Verpflichtung gegenüber der nächsten, der übernächsten und allen kommenden Generationen habe. Er verfasste eine Messe „für die kommenden Generationen" und schrieb einen Artikel über seine Gedanken zum Thema.[13]

In seinen letzten Tagen musste er leiden. Seine Friedensarbeit schien umsonst gewesen zu sein. Seine Bücher wurden nicht gelesen. Mit der Ökumene ging es nicht vorwärts. In seinem Brevier hatte er ein kleines Andachtsbild: Jakob ringt mit dem Engel. Auf der anderen Seite standen drei Wörter: *Pignus pacis crux* – Unterpfand des Friedens ist das Kreuz.

Aus dem Englischen übersetzt von Ingrid v. Heiseler

---

13 „Wir und die nach uns kommen. Das Gebet für die Kommenden" (1963), wieder abgedruckt in: Wilm Sanders (Hrsg.), Beten für morgen. Das Gebet für die Nach-uns-Kommenden nach dem Vorbild Jesu, Paderborn 2004, 83–94: „Der Verfasser dieser Schrift ist bereits achtzig Jahre alt. Der englische Dichter Bernard Shaw schrieb: ‚Alte Leute sind gefährlich; es ist ihnen einerlei, was aus der Welt wird. Das soll man von mir altem Manne nicht sagen. Keinem darf es einerlei sein, was aus der Welt wird, weder aus der, in der er gegenwärtig lebt, noch aus der, die nach ihm kommt. Er ist für beide mitverantwortlich.'" (Ebd., 93.)

Franziskus M. Stratmann, Noviziat Venlo, 1906.
Quelle: Archiv der Dominikaner-Provinz Teutonia.

Die Einsamkeit des Friedenskämpfers
Eine Miszelle mit Blick auf Franziskus Maria Stratmann

Egon Spiegel

Am Ende einer Strategiediskussion, in der seine Mitstreiter eine Reihe von Bedenken hinsichtlich der Durchführbarkeit eines Demonstrationszuges äußerten, ließ Martin Luther King es alle wissen: Wenn niemand mit mir die Straße hinunterziehen will, dann werde ich alleine gehen. Im Widerstand gegen die Marionettenregierung der nationalsozialistischen Besatzungsmacht in Norwegen unterschrieben hunderte, wenn nicht sogar tausende Lehrerinnen und Lehrer ausdrücklich und jeweils ganz persönlich, dass sie nicht bereit wären, nach nationalsozialistischem Curriculum zu unterrichten. Nicht nur auf sich allein gestellt, sondern gegen heftige Widerstände verweigerte im Zweiten Weltkrieg der oberösterreichische Bauer Franz Jägerstätter den Kriegsdienst und wurde dafür hingerichtet. Kein Geringerer als Jesus durchlebte, abseits seiner ahnungslosen Kumpanen, nicht nur unmittelbar vor seiner Verhaftung im Garten Getsemani die Krise seines Lebens, sondern musste sich und seine Botschaft am Ende seines Lebens im Gewalthandeln seines Begleiters Petrus (er schlägt mit dem Schwert auf einen Soldaten ein) als missverstanden erfahren. Um nur nicht mit ihm in Verbindung gebracht zu werden, verleugnet einer seiner engsten Weggefährten, ihn überhaupt zu kennen.

Die hier erinnerten Beispiele deuten nur an, wie stark das Ich in der Auseinandersetzung mit dem Umfeld strapaziert werden kann. Die Psychologie spricht von „Ich-Stärke" und „Ich-Schwäche". Franziskus M. Stratmann ist mit erstem reichlich ausgestattet. Ohne diese hätte er nicht nur nicht die Wandlung vom bellizistischen Saulus zum pazifistischen Paulus vollziehen (wir sind an Dom Hélder Câmara und seine Konversion vom Faschisten zum Pazifisten erinnert), sondern auch und vor allem nicht die teilweise massiven Widerstände innerhalb seiner Ordensgemeinschaft verwinden können. Wer sich so – ausgestattet mit einer schier unerschöpflichen Schaffenskraft – unmissverständlich zu positionieren weiß und dies konsequent durchzuhalten vermag, der verfügt über „Ich-Stärke". Was nicht heißt, dass diese nicht überstrapaziert werden bzw. an ihre Grenzen kommen kann. Ihren Stresstest erfährt sie in der Erfahrung von Einsamkeit. Alan Sillitoe hat diesen in „Die Einsamkeit des Langstreckenläufers" beschrieben.

Mit Blick auf Stratmann bietet sich die Abwandlung in „Die Einsamkeit des Friedenskämpfers" an. Diese durchzieht sein ganzes uns bekanntes öffentliches Wirken. Wir wollen diesem im Folgenden nachgehen, indem wir unseren Blick auf Situationen und Konstellationen richten, die nahelegen, dass sich Stratmann verlassen oder isoliert, kurz: einsam gefühlt haben muss. Dass es sich hierbei um eine Universalie des politischen Engagements handelt, der auch Stratmann nicht zu entkommen vermochte, sollte oben, mit Blick auf andere Protagonisten gewaltfreier Konfliktlösungsstrategien, nur angedeutet werden. Den aktuellen „Friedenskämpfern" mag das Phänomen Trost sein, wenn auch sie den Stresstest über sich ergehen lassen müssen.

***

Stratmann, der noch zu Beginn des Ersten Weltkrieges den Kriegseintritt Deutschlands als gerechtfertigt ansah und mit seiner Schrift „Veritas“ (Wahrheit) dazu beitrug, die einberufenen Studenten spirituell auf ihre soldatische Existenz vorzuglühen, muss sich nach ergreifenden Rückmeldungen einiger seiner Studenten von der Front – man ist an Erich Maria Remarques „Im Westen nichts Neues“ erinnert – eines Besseren belehren lassen. Die ganze ihm vermittelte Scheußlichkeit des Krieges, das Schlachten in den Schlachten vor Augen, tritt er am 13. Oktober 1918 in einer richtungsweisenden Predigt vor seine Hochschulgemeinde und bekennt öffentlich, dass er sich geirrt habe. Das Entsetzen im Auditorium ist groß. Protestversammlungen und Denunziation beim Bischof folgen. Erstaunlich lange, bis 1923, hält er den Anfeindungen auf dem Campus stand, bis er seinen Dienst als Universitätspfarrer quittiert. Es bedarf keiner außergewöhnlichen Phantasie, sich vorzustellen, welche inneren Kämpfe und konkreten Auseinandersetzungen diesem Entschluss vorausgegangen sein müssen.

Warum, so dürfen wir angesichts dieser Entwicklung allerdings auch fragen, sollte es ihm anders ergehen als Friedrich Wilhelm Förster, dem er im wahren Sinn des Wortes Weg-weisende Impulse verdankte. Den Morddrohungen, die er erhielt, konnte jener nur dadurch ausweichen, dass er sich ins Ausland begab. Nicht nur einmal musste und konnte sich auch Stratmann nur durch Reise und Flucht ins Ausland vor Verfolgung, Verurteilung und dem mehr oder weniger sicheren, gewaltsamen Tod durch die Machthaber retten. Wir versuchen, uns in ihn hineinzuversetzen und seine Ängste nachzuempfinden. Welche Gefühle müssen ihn auf seinen Wegstrecken von einem Fluchtort zum anderen begleitet und bedrückt haben? Einsamkeit pur.

Nur dank des Wohlwollens eines mit seinem Fall befassten Beamten war, nach viermonatigem Gefängnisaufenthalt, die Anklage des Landesverrates gegenüber Stratmann fallengelassen worden, nachdem er im Juli 1933 gegen die Auflösung von Friedensorganisationen bei der Gestapo schriftlichen Protest eingelegt hatte. 1938 wurde ihm die deutsche Staatsbürgerschaft entzogen. Vorgänge dieser Art und die Wirkung auf die Betroffenen sind kaum nachvollziehbar, so sie nicht selbst erfahren wurden. Im Gefängnis, möglicherweise das Schlimmste, die Hinrichtung, vor Augen, schließlich der Verlust der Staatsbürgerschaft, da bricht der Boden unter den Füßen weg.

Die nicht zuletzt auch unter seinem Einfluss zum Katholizismus konvertierte Jüdin Dr. Dr. Lisamaria Meirowsky wurde später in Belgien von den Nazis als ehemalige Jüdin enttarnt und in Auschwitz ermordet. Nicht vorzustellen, wie ihn die Nachricht von der Ermordung mitgenommen haben muss. War er nicht wesentlich daran beteiligt, dass sie konvertierte und sich mit letzter Konsequenz der guten Sache verschrieb? Wie einsam muss er sich gefühlt und in gewisser Weise für schuldig erachtet haben für das Schicksalsende eines Menschen, der ihm gefolgt war! Stratmann muss es angesichts der für Lisamaria tödlichen Entwicklung mehr als nur miserabel gegangen sein – und zwar nicht nur im Moment der Benachrichtigung, sondern nachhaltig, wann immer er ihr Schicksal erinnerte.

Stratmann, der mit seiner Einstellung zum Krieg auch in der Zeit nach dem Ersten Weltkrieg nicht nur nicht hinterm Berg hielt, sondern dieser durch zahlreiche Vorträge im deutschsprachigen Raum Nachdruck verlieh, machte sich, wie Thomas Heath festhält, mit seiner Botschaft nicht gerade beliebt. Die anschließenden Diskussionen endeten nicht selten in einem emotional geladenen Chaos. Es muss für Stratmann ein Déjà-vu gewesen sein, dass seine kritischen Stellungnahmen auch nach dem Zweiten Weltkrieg – man ist an

Reinhold Schneiders Schicksal erinnert – im Großen und Ganzen ähnlich unbeliebt waren. Beiden blies der Gegenwind der Adenauer-Ära durch deren Vertreter kräftig ins Gesicht. Die durch Ablehnung bedingte Einsamkeit ist besonders schmerzlich. Sie war Stratmanns Schicksal seit seinem Gesinnungswechsel unter dem Einfluss der Horrorszenen des Ersten Weltkrieges und seiner eindeutigen Parteinahme für eine Lebens- und Weltgestaltung im Sinne der jesuanischen Friedenslehre.

Dass er sich selbst in der Rolle eines Außenseiters wahrnehmen musste, unterstreicht seine pazifistische Interpretation der Haltung Benedikts XV. zum Krieg und die Bemerkung in seiner bahnbrechenden Schrift „Weltkirche und Weltfriede“, dass doch nicht dieser und implizit auch er selbst nicht die Außenseiter seien, sondern diejenigen, die der christlichen Friedensbotschaft nichts abgewinnen können. Die Definitionsmacht, die Stratmann hier für sich beansprucht, wirft ein Licht darauf, wie stark er von der Berechtigung seiner jesuanischen Sicht auf Frieden und Krieg überzeugt ist. Ungeachtet dessen strapaziert das Außenseiterimage nicht nur das Nervenkostüm, sondern verstärkt dieses durch die Übernahme der Zuschreibung (vgl. Max Frisch, Andorra).

Stratmann, der unter dem Einfluss realer Einblicke in die Frontwirklichkeit durch einberufene Studenten und kriegskritischer Stellungnahmen des Pädagogikprofessors Förster vom nationalistischen bzw. militaristischen Saulus zum pazifistischen Paulus mutierte und sich durch seine Positionierung isolierte, wäre vergönnt gewesen, dass er wenigstens im unverfänglichen Feld von Spiritualität und Askese auf allgemeinen Zuspruch stößt. Aber selbst dort wurde ihm dieser verwehrt. Sein „Marienbrevier“ fand offensichtlich selbst in dominikanischen Ordensgemeinschaften keine Verwendung. Verbittert musste er, der durchaus traditionell orientiert war, überdies am Ende seiner Tage zur Kenntnis nehmen, dass nicht nur innerhalb der Kirche, sondern auch innerhalb des Ordens Traditionen ausliefen. Sicher könnten auch aus diesem Grund, der Kluft zwischen „alt“ und „jung“ geschuldet, am Ende seine spirituellen Kurse „veraltet“ und „langweilig“ gewesen sein.

Der Umgang mit seinen Schriften in seinem Orden – insbesondere Änderungen an Formulierungen in seinen Texten im Zuge ihrer Zulassung – spricht Bände. Gerne hätte man ihn dort unpolitischer gesehen. Dass er allein schon in seinen Ordens- und Freundeskreisen als „links“ verschrien war, wirft ein Licht auf das Image, das ihm außerhalb dieser anhaftete. Am Ende muss er in „Krieg und Christentum“ resümieren, dass er nicht nur den Alten, sondern auch den Jungen zum Zeichen des Widerspruchs geworden war.

In Franziskus M. Stratmann darf ohne Zweifel, unabhängig von seiner pazifistischen Positionierung, allein schon aufgrund seiner theologischen Theoriebildung und ebenso intensiven wie extensiven publizistischen Tätigkeit ein Leuchtturm seines Ordens gesehen werden. Bezeichnend ist demgegenüber die Tatsache, dass sein Lebenswerk von dominikanischer Seite bis heute nicht ausdrücklicher erinnert bzw. nur peripher aufgearbeitet wurde. Wie fundiert und professionell die von Alke Timmermann und Dieter Steubl mit viel Empathie verfasste Biographie von Franziskus M. Stratmann (treffend überschrieben mit „Biographie eines unermüdlichen Friedenskämpfers“) auch sein mag – Biographin und Biograph haben ein anderes Mal Monographien über „Rehabilitation nach Sportverletzungen“, „Theorieentwicklung in der Curriculumevaluation“ oder „Unternehmensführung und Managementforschung“ publiziert –, allein die Tatsache, dass eine solche nicht nach allen Regeln der Kunst seitens des Dominikanerordens in Angriff genommen und sein Lebenswerk so in die Öffentlichkeit hinein vermittelt wurde, sondern von einer/einem möglicherweise zwar unberufenen, aber doch hoch engagierten Anhänger/Anhängerin, stellt dem Orden ein Armutszeugnis aus. So ist bis heute wenig unternommen worden, um ihn hinsichtlich seiner theologisch-wissenschaftlichen wie politisch-ethischen Relevanz für Kirche und Gesellschaft zu würdigen. Die Einsamkeit des „Unglückspropheten" hat ihre Verstetigung erfahren.

Stratmann, der schriftstellerisch erstaunlich umtriebig war, musste am Ende seinen eigenen Niedergang erleben: Ein Manuskript über eine in England gegründete moralische Bewegung fand keinen Verleger; den Versuch, die Arbeit von Friedensgruppen in den 1960er Jahren zu resümieren, brach er ab. Bittere Wirklichkeiten wie diese – und das war sicherlich die vergleichsweise geringste unter jenen, denen Stratmann ins Auge sehen musste – können durchaus am Ende in die Verbitterung führen. Nach Jahrzehnten der Anspannung fallen die Einsicht, dass die Welt nicht allein auf meinen Schultern ruht, und erst recht die Überantwortung des eigenen Engagements an zukünftige Generationen nicht immer und nicht jedem leicht.

Thomas Heath, der an Stratmann eine gewisse Schroffheit wahrnimmt, würdigt den beeindruckenden Mut, mit dem Stratmann die Sache des Friedens vertrat, nicht ohne hinter ihm eine „komplexe Persönlichkeit voller Widersprüche" mit einem „gewissen Mangel an Wärme und Zuversicht" auszumachen. Heath fasst zusammen: „Sein Mut gab ihm die innere Freiheit, harte, unpopuläre Einsichten zu denken, zu veröffentlichen und sie auch trotz Widerspruch weiterhin zu vertreten. Er hatte keine Angst, Vorträge zu halten, von denen er wusste, sie würden mit einem Aufruhr enden, er fürchtete sich nicht, Klartext zu reden, kontroverse Artikel zu schreiben, die ihn mit den bürgerlichen und manchmal auch den kirchlichen Institutionen in Konflikt bringen würden, fürchtete sich nicht, seinen dominikanischen Brüdern Tag für Tag entgegenzutreten und seine Einstellung darzulegen und dabei zu wissen, dass die große Mehrheit von ihnen seine Ansichten nicht teilte, ihn für einen inkompetenten Theologen, einen Dilettanten, ja vielleicht sogar für einen Neurotiker hielt."

Stratmann hatte sicherlich einen ihm eigentümlichen „Biss", eine Power, wie wir heute vielleicht sagen würden, gepaart mit einer Message bzw. einer (engl.) Mission, einem Sendungs- und Mitteilungsbedürfnis, das insofern seinem Verständnis von Friedenshandeln diente, als es half, dieses ins Gespräch zu bringen. In seinem Extrem kann ein Agieren auf der Basis von Energie und Dynamik, wie sie Stratmann zu eigen waren, von anderen als Verbissenheit wahrgenommen und die in einer Sache verbissene Person als bissig erfahren werden, bzw. – nicht zuletzt vor dem Hintergrund von Ablehnung und Isolation – tatsächlich bissig sein oder bissig werden. Wer von einem „Friedenskämpfer" eine säuselnde Stimme erwartet, der hat nicht begriffen, dass die Parteinahme für eine gewaltfreie Konfliktlösung nicht einhergeht mit dem Verzicht auf Positionierung und etwa das ausdrückliche und unmissverständliche Benennen von Unrecht, die mitunter lautstarke Klage und Anklage.

Stratmann soll, hinter seinem Rücken, durch einen Mitbruder als Fanatiker bezeichnet worden sein. Durch eine Zuschreibung dieser Art wird nicht nur die Person, auf die sie sich bezieht, sondern auch das von ihr vertretene Anliegen als ideologisch, radikal und rigoros abqualifiziert. Die Sache eines Fanatikers ist – so funktionieren Immunisierungsstrategien – nicht ernst zu nehmen. Wird en passant und herablassend ein Mitbruder als Fanatiker bezeichnet, dann offenbart die darin zum Ausdruck gebrachte Distanzierung die Inanspruchnahme des Rechts, den anderen von einer Metaebene einem generellen Urteil unterwerfen zu dürfen, und damit die Existenz einer Hierarchie. Mehr noch: Es impliziert eine zu einem allgemeinen Urteil geronnene Ansicht einer Gruppe. Eine umfassende, seriöse Stratmann-Forschung dürfte klären, ob auf das Verhalten der Mitbrüder gegenüber dem als Fanatiker bezeichneten, in Wirklichkeit höchst agilen Ordensbruder nicht vielleicht sogar das, was wir heute mit Mobbing bezeichnen, zutrifft.

„Dominus flevit" (Der Herr weinte) heißt es von Jesus, der vom Ölberg auf Jerusalem hinunterschaut. Stratmann dürfte es angesichts der beiden Kriege, deren Zeitzeuge er werden musste, und allem, was zu ihrem Zustandekommen beigetragen hat, nicht viel anders ergangen sein. Stratmann hat an der Welt gelitten, möglicherweise dürfte er aber noch mehr an der Gemeinschaft gelitten haben, der er angehörte. Ob er darin sogar eine Art „Paria" (E. Kling) war, müsste untersucht werden. Welche Ausmaße klosterinterne Anfeindung als falsch verstandene „correctio fraterna" annehmen kann, scheint im Schicksal des Johannes vom Kreuz auf. Reinhold Schneider hat sich dessen in seiner Erzählung „Die dunkle Nacht" mit großem Einfühlungsvermögen angenommen. Tatsächlich kann man sich die grausame Behandlung des Johannes vom Kreuz durch seine Mitbrüder – ob sie ihn geißeln oder ihm in die Suppe spucken mussten – nur ansatzweise im Extrem vor Augen führen. Im Fall des Johannes vom Kreuz waren es am Ende die Jüngeren in der Ordensgemeinschaft, die Barmherzigkeit walten ließen und Johannes vom Kreuz zu schonen suchten und schließlich sogar zur Flucht verhalfen. Auch im Dominikanerorden waren und sind es Jüngere, die sich für Stratmann verwenden, unter ihnen (der allerdings mittlerweile auch schon verstorbene) Pater Paulus Engelhardt.

In den Annalen des Dominikanerklosters in Vechta findet sich für Januar 1931 der folgende Eintrag: „P. Franziskus Stratmann hält einen Vortrag über die Friedensbewegung der deutschen Katholiken. Laut Chronik stößt er auf ziemliche Ablehnung. Der Pazifismus habe sich überlebt, er habe den Ersten Weltkrieg ausgelöst.“ Da hält also einer den modernen Krieg auf der Basis der Kriterien der klassischen „bellum iustum“-Lehre nicht mehr für legitimierbar, kriegt, um es mit den Bläck Föös zu sagen, den „Arsch huh“ und die „Zäng ussenander“, heult nicht mehr mit den Wölfen und stört die spirituellen Kreise, indem er (so Stratmann) die Religion in die Politik mit hineinnimmt, und stößt in seiner eigenen Gemeinschaft auf offene Distanzierung. Was ist das, das andere animiert, sich über den zu echauffieren, der nichts anderes tut, als der Gewaltfreiheit das Wort zu reden, und sich dabei auf urchristliche Lehre bezieht? Wieviel Abwehr offenbart das Verhalten des Konvents und damit Unsicherheit und Angst, wieviel Selbstschutz gegenüber dem, der den jesuanischen Spiegel hochhält. Es ist hier nicht der Ort, wenngleich es sich anbietet, Stratmann im Licht der Massentheorie von Gustave Le Bon (Psychologie der Massen), Elias Canetti (Masse und Macht), Siegmund Freud (Massenpsychologie und Ich-Analyse) oder des Konformitätsexperiments eines Solomon Asch zu diskutieren. Erhellend wäre es allemal.

Stratmann konnte der Askese und dem Gebet viel abgewinnen. Oben war von „Ich-Stärke“ die Rede. Theologisch gewendet, darf bei Stratmann ein unerschütterliches Vertrauen auf Gott als „Macht in Beziehung“, so würden wir es jedenfalls heute mit Carter Heyward formulieren, angenommen werden. Stratmann hat sowohl sein Leben in der Gemeinschaft des Ordens als auch eine Welt ohne Krieg aus Gottverbundenheit zu gestalten versucht. Wir dürfen voraussetzen, dass er sich dieses Horizontes kontinuierlich vergewissert hat. Wieweit er sich in der Abgeschiedenheit von Gottesdienst, Gebet und etwa Marienmeditation Selbstzweifeln ausgesetzt und sein Handeln selbstkritisch auf „Reinheit“ hinterfragt hat – Jesus setzte sich dem in der Wüste, am Ende seines Lebens auf dem Ölberg aus –, wäre sicherlich keine nebensächliche, der zukünftigen Stratmann-Forschung aufgetragene Frage.

Stratmann hat nicht gehört, was in seinem Orden hinter seinem Rücken über ihn gesagt wurde, aber er dürfte es nicht nur gespürt, sondern gewusst haben. Einsam unter Brüdern – dieser Schmerz ist ein besonderer. Als Stratmann nach dem Krieg im April 1947 nach Deutschland und in seinen Orden zurückkam, so schreibt Heath, kehrte er nicht als „Held“ zurück. „Seine Arbeit war so gut wie vergessen.“ Die Zeit war auf Zukunft gebürstet. Dass sein Lebenswerk posthum weitestgehend der Vergessenheit anheimfiel, konnte Stratmann nicht mehr berühren. Dafür berührt es jene, die die zeitlose Wahrheit darin erkennen und für andere hochhalten zu müssen glauben. Hier gibt es durchaus Mitbrüder, wenn auch als Ausnahmen. Wäre da nicht die Sprache, die verrät, welcher Zeit Stratmann angehört, die Inhalte seiner Texte sind im Großen und Ganzen aktueller denn ja. Wenn die Rede von einer Zeitenwende Sinn machen sollte, dann bezogen auf die friedenstheologische Positionierung Stratmanns.

***

Zufall oder Fügung: Wir schließen den vorliegenden Text in Solingen, dem Geburtsort Stratmanns, im Anschluss an eine Geburtstagsfeier vor Ort ab. In der Nachbarschaft, in Erkrath-Trills, wurde am 8. Februar 2007 ein 128 Meter langer Stichweg nach Franziskus Stratmann – in Gedenken an einen „in der Friedensbewegung" und „gegen die Judenverfolgung in der Zeit des Nationalsozialismus" engagierten Dominikaner – benannt. Der Weg führt an jenem früheren Kloster vorbei, in dem Stratmann von 1965 bis 1971 gelebt hat. Das „Maria" in seinem Namen findet man in der Bezeichnung nicht, dabei war ihm das M. (bisweilen auch mit „Maria" ausgeschrieben) immer wichtig.

Den nicht mit dem nur wenig entfernten Franziskusweg in Trills zu verwechselnden Weg kennt übrigens Google Maps bis heute noch nicht. Es handelt sich dabei auch nicht um eine „Nebenstraße mit Verbindungscharakter", wie einer Auskunft von onlinestreet.de zu entnehmen ist, sondern um einen mit einer Fahrradbarriere versehenen Fahrrad- und Fußgängerweg. Die Initiative in Trills ist ein kleiner Anfang. Wann folgen Initiativen zur Benennung von Straßen und nicht nur kurzen, unscheinbaren Wegen in Deutschland und nicht nur hier? Im Zuge der späten, immer noch nicht abgeschlossenen kritischen Aufarbeitung der nationalsozialistischen Geschichte Deutschlands dürften zeitnah nicht wenige Straßenbezeichnungen obsolet werden. Einige davon könnten durch die Bezeichnung „Franziskus Maria Stratmann" ersetzt werden. Dann aber verbunden mit einer personenbezogenen Erklärung auf einer Tafel, die das pazifistische Engagement Stratmanns nicht unterschlägt.

Thomas Heath hat recht: Stratmann ist (bis heute) ein „vergessener Prophet". Dabei hat er sich zeitlebens in beeindruckender Dynamik zu artikulieren gewusst: hat mitreißende Vorträge und Predigten gehalten, zahlreiche Bücher und Artikel geschrieben, federführend in Friedensorganisationen mitgewirkt und internationales Networking betrieben. Politisch isoliert, im Orden marginalisiert, am Ende war er, zumindest in Deutschland, weitgehend vergessen – und das mit einer auch im landläufigen Sinn „prophetischen" Botschaft, einer zukunftsweisenden. Vor dem Hintergrund des Krieges in der Ukraine wird einmal mehr deutlich, dass die Zusammenhänge, die Franziskus Maria Stratmann für sich und uns entdeckt und unermüdlich beschrieben hat, dem Anspruch zeitloser Gültigkeit unterliegen. Gerade deshalb ist es ein Gebot der Stunde, ihn der persönlichen, sicherlich oft schmerzlichen Isolation und seine Sache, sein orts- wie zeitungebundenes Friedensanliegen, dem Vergessen zu entreißen. Nicht seinetwegen, sondern der Sache wegen. Wenn heute ein Papst Franziskus eine Politik der Gewaltfreiheit fordert, dann hat ihm ein anderer Franziskus – nahezu ein Jahrhundert zuvor – ebenso avantgardistisch wie unerschütterlich vorgearbeitet.

Franziskus M. Stratmann, Berlin St. Maria Victoria,
zwischen 1926 und 1930.
Quelle: Archiv der Dominikaner-Provinz Teutonia.

Ein Vorläufer der „Politischen Theologie"? Zum Verhältnis von Glaube und Welt bei Franziskus M. Stratmann OP

Carsten Barwasser OP

Einleitung

Betrachtet man die Situation der christlichen Kirchen nach dem Ersten Weltkrieg, so war diese zutiefst geprägt von der Frage, wie der christliche Glaube auf die grundlegende Erschütterung der Welt reagieren sollte, die nun auch die letzten Reste der alten Ordnung hinweggefegt hatte. Vor allem evangelische Theologen wie Karl Barth und Paul Tillich antworteten mit ihrer Theologie auf den Schrecken des Krieges und die grundsätzliche Frage nach einem Glauben an den christlichen Gott in einer Welt, die durch Hass und Gewalt geprägt ist und in der anscheinend nichts auf die Gegenwart eines guten, liebenden Gottes zu verweisen scheint. Wie aber konnte man dennoch unter den Bedingungen der modernen Schlachtfelder und des tausendfachen Sterbens in den Schützengräben, die Tillich in seiner Zeit als Feldprediger selbst erfahren hatte, noch vom Gott des Christentums reden, ohne dass die Worte hohl und leer klingen?[1] Die Antwort konnte

1 „Er (Tillich) dient als Feldprediger in Frankreich, wo er ‚die ungeheuren Realitäten' von Tod und Vernichtung in unmittelbarem Erleben kennenlernt. Ihm wird deutlich: Wenn so etwas wie eine Ver-

im Grunde nur eine zeitsensible Theologie sein, die sich ihres Kontextes bewusst ist und die danach strebt, die Wahrheit des Glaubens in einer engagierten Praxis des gesellschaftlich-politischen Engagements zu bewähren.

Aber die Frage, wie mit der Erschütterung der Welt umzugehen ist, stellte sich natürlich auch für die katholische Kirche und ihre Theologie. Dabei war die Frage eigentlich nicht neu, denn spätestens mit der Aufklärung und der heraufziehenden Moderne sah sich die katholische Kirche einer zunehmenden Säkularisierung der Gesellschaft ausgesetzt, die die Grundlagen des Glaubens immer radikaler in Frage stellte.[2] Dieser Welt der Moderne, die sich in einem längeren Prozess von der Religion emanzipiert hatte und sich in einem autonomen Gegenüber zu Religion und Kirche sah, stellte die katholische Kirche ihre eigene Welt, ihr eigenes, in sich geschlossenes Denk- und Gesellschaftssystem entgegen. Die Vorstellung von der katholischen „societas perfecta" korrespondierte dabei mit dem geschlossenen, theologischen Lehrgebäude der Neuscholastik, die der Kirche den Anschein eines Bollwerks gegen die moderne Welt gab, unerschütterlich auch in den Stürmen der Zeit, die außerhalb in der Welt toben konnten.[3] Die Kirche in ihrer absoluten Wahrheit, so die

---

einigung von Theologie und Philosophie möglich sein sollte, so darf sie nur in der Weise geschehen, dass die Erfahrung des Abgrunds einbezogen wird", Gerhard Wehr, Paul Tillich zur Einführung, Hamburg 1998, 13.

2 Vgl. Georg Essen, „Und diese Zeit ist unsere Zeit, immer noch". Neuzeit als Thema katholischer Fundamentaltheologie, in: Klaus Müller (Hrsg.), Fundamentaltheologie. Fluchtlinien und gegenwärtige Herausforderungen, Regensburg 1998, 23–44.

3 Zur Geschichte der Neuscholastik vgl. Heinrich M. Schmidinger, „Scholastik" und „Neuscholastik" – Geschichte zweier Begriffe, in: Emerich Coreth (Hrsg.), Christliche Philosophie im katholischen Denken des 19. und 20. Jahrhunderts, Bd. 2: Rückgriff auf scholas-

Auffassung der katholischen Theologie der Neuscholastik, stand außerhalb der Geschichte, mit ihrem Wechsel der politischen Zeiten und Schicksale. Heilsgeschichte und Weltgeschichte standen sich als zwei voneinander unabhängige Sphären gegenüber, theologisch getrennt durch die radikale Unterscheidung von Natur und Gnade, von ewiger Wahrheit des Glaubens und Geschichtlichkeit der Welt. Einer der ersten Versuche, diesen Dualismus von Glaube und Welt zu überwinden, scheiterte noch vor dem Ersten Weltkrieg in der sogenannten Modernismuskrise an der lehramtlichen Verurteilung.[4] Dass damit aber das grundsätzliche Problem nicht gelöst, sondern allenfalls zeitlich verschoben wurde, machte die Zäsur des Ersten Weltkrieges in aller Deutlichkeit klar. Und so lässt sich die weitere Entwicklung der katholischen Theologie nach dem Ersten Weltkrieg auch als ein Versuch lesen, neue Antworten auf diese Frage zu finden, auch wenn diese Entwicklung unter der Dominanz der neuscholastischen Denkform und der lehramtlichen Verurteilungen des Modernismus oft nur untergründig und am Rande von offizieller Kirche und Theologie ablaufen konnte, bzw. in den Bereichen des praktischen Engagements in der Welt, welche parallel zu einer weitgehend um sich selbst kreisenden Theologie existierten.

Insofern aber Welt und Geschichte der Ort und der Raum sind, in denen das politische Leben der Gesellschaft sich ab-

---

tisches Erbe, Graz, Wien, Köln 1988, 23–53; Gerald A. McCool, Nineteenth-Century Scholasticism. The Search for a Unitary Method, New York 1989.

4 Zum Modernismus und der Modernismuskrise vgl. Claus Arnold, Kleine Geschichte des Modernismus, Freiburg/Br. 2007. Zum Konflikt um den Modernismus im Dominikanerorden: Otto Weiß, Modernismus und Antimodernismus im Dominikanerorden, Regensburg 1998.

spielt, ja durch die Menschen selbst als politisch Handelnde Geschichte und Gesellschaft erst bestimmt werden, ist eine Theologie, die sich der Frage nach dem Verhältnis von Glaube und Welt stellt, immer auch eine Politische Theologie, selbst wenn sie sich selbst nicht so bezeichnet. In einem weiteren Sinne ist eine solche Theologie vor allem aber eine „kontextuelle Theologie", die ihre theologische Reflexion aus einem bestimmten Kontext heraus leisten will, d. h. aus der Perspektive vor allem von Menschen und ihren Erfahrungen, die an den Rand gedrängt werden, die marginalisiert sind und von ungerechten Strukturen unterdrückt und ausgebeutet werden. In diesen Theologien wird so der Kontext oder die Situation, in denen die theologische Reflexion geleistet wird, bewusst als theologisch relevanter Ort begriffen, der die theologische Methode und das Ziel der Reflexion immer schon bestimmt und leitet. Darin unterscheidet sich eine Kontextuelle Theologie von anderen Theologien, zumindest dem eigenen Selbstverständnis nach, denn natürlich geschieht jede Theologie immer innerhalb eines bestimmten Kontextes oder einer geschichtlich-kulturell geprägten Situation, wenngleich diese Situation nicht notwendigerweise als wesentlicher Teil der Theologie verstanden wird. Eine kontextuelle Theologie dagegen nimmt die Situation, in der sie steht, bewusst wahr, um so „den christlichen Glauben in den verschiedenen Erfahrungshorizonten der Menschen verstehbar und somit auch für den Lebensvollzug relevant werden zu lassen"[5]. Der Kontext der geschichtlichen Situation der Menschen und ihrer Erfahrungen wird so für die Theologie zu einem wahren „locus theologicus", zu einem theologischen

---

5 Peter Beer, Kontextuelle Theologie. Überlegungen zu ihrer systematischen Grundlegung, Paderborn u. a. 1995, 9.

Ort, an dem sich der Wahrheitsanspruch der Theologie und des christlichen Glaubens bewähren muss.

Franziskus M. Stratmann OP[6], um dessen Friedenstheologie es im Weiteren gehen soll, hat meines Wissens seine Theologie nie explizit als „Politische Theologie" bezeichnet. Einer solchen Selbstbezeichnung stand wohl auch der Begriff der „Politischen Theologie" von Carl Schmitt[7] entgegen, mit der sich Stratmann äußerst kritisch auseinandergesetzt hat und deren Gegensatz eines „Freund-Feind-Denkens" er deutlich ablehnte.[8] Es ist bekanntlich Johann Baptist Metz gewesen, der in einem Vortrag über das Verhältnis von Kirche und Welt 1966 in Chicago zum ersten Mal den Begriff einer „Politischen Theologie" in einer Weise verwendet hat,[9] wie er, so meine These, bereits für die Friedenstheologie von Franziskus M. Stratmann hätte verwendet werden können, die so vor allem zu einer „kontextuellen Theologie" wird, deren hermeneutisch grundlegende Perspektive die Frage von Krieg und Frieden ist. Sein Engagement für den Frieden ist so in den 1920er Jahren als ein zeitgenössischer Versuch zu werten, den bestehenden Dualismus zwischen Glauben und Welt aufzubrechen und ein politisches, im Zeichen des Evangeliums engagiertes Christentum zu fordern. Die Friedens-

---

6 Zur Biographie von Franziskus Stratmann vgl. Alke Timmermann / Dieter Steubl, Pater Franziskus Maria Stratmann OP, München 2009.

7 Vgl. Carl Schmitt, Politische Theologie. Vier Kapitel zur Lehre von der Souveränität, München 1922.

8 Vgl. Franziskus Stratmann, Carl Schmitts „Begriff des Politischen", in: Der Friedenskämpfer 4 (1928/5), 1–7 (wieder abgedruckt in diesem Buch, 200–218).

9 Vgl. Johannes Baptist Metz, Zum Verhältnis von Kirche und Welt, in: T. Patrik Burke (Hrsg.), Künftige Aufgaben der Theologie, München 1967, 11–30.

theologie, die Franziskus Stratmann hier entwickelte, stand dabei im größeren Kontext eines theologischen Aufbruchs in der katholischen Kirche, der in den Bahnen der Tradition versuchte, die Erstarrung der Theologie und der Kirche im Hinblick auf ein größeres Engagement des Glaubens in der Welt der Gegenwart aufzubrechen. Darin, so meine Auffassung, besteht der theologische Ertrag des Denkens von Franziskus M. Stratmann, das in Deutschland und vor allem auch in seinem Orden weitgehend vergessen wurde.

Franziskus Stratmann und sein Orden

In einem Brief vom 19. Dezember 1931 schrieb P. Franziskus M. Stratmann OP an seinen damaligen Provinzial, P. Thomas M. Stuhlweissenburg OP:

> „Die Kluft zwischen unserem beiderseitigen Denken und Urteilen ist so groß, dass ich nicht den Versuch mache, sie zu überbrücken. […] Vielleicht ist eine Verständigung von außen her möglich: Es wäre schade, wenn eine spätere Zeit von mir sagen sollte: ‚er hat sich durchgesetzt *trotz* seines Ordens‘ Oder auch: ‚er hatte einen vielversprechenden Anflug gemacht, aber sein Orden hat ihm die Flügel gebrochen.‘“[10]

Franziskus Stratmann, aus dessen Brief an seinen Provinzial die Frustration über seine Situation im Orden zu spüren ist, war zu diesem Zeitpunkt schon seit einigen Jahren einer der führenden Köpfe der katholischen Friedensbewegung in

---

10 Brief von P. Franziskus M. Stratmann OP an P. Provinzial Thomas M. Stuhlweißenburg OP vom 19.12.1931 (Provinzarchiv der Dominikaner-Provinz Teutonia).

Deutschland und sein Werk „Weltkrieg und Weltfrieden", erschienen 1924[11], gilt als eines der grundlegenden theoretischen Werke zur Friedenstheologie in jener Zeit. Die Außenwirkung dieses Dominikaners muss, wenn man die unterschiedlichsten Zeugnisse betrachtet, enorm gewesen sein.[12] Es ist sicherlich nicht übertrieben, ihn für den bekanntesten deutschen Dominikaner in den 20er und zu Beginn der 30er Jahre zu halten.[13] Im geradezu krassen Widerspruch dazu standen die Auseinandersetzungen und Schwierigkeiten, die Franziskus Stratmann in seiner eigenen Ordensprovinz durchzustehen hatte. Diese Anfeindungen gingen offenbar so weit, dass ihm sogar sein Dominikanersein abgesprochen

---

11 Franziskus M. Stratmann, Weltkirche und Weltfrieden. Katholische Gedanken zum Kriegs- und Friedensproblem, Augsburg 1924 (Neuausgabe 2021 als Band 5 der Reihe „Kirche & Weltkrieg" (https://kircheundweltkrieg.wordpress.com/).

12 So bezeichnet Dieter Riesenberger in seiner Geschichte der Friedensbewegung Franziskus Stratmann als den „Theoretiker des Friedensbundes Deutscher Katholiken". Vgl. Dieter Riesenberger, Geschichte der Friedensbewegung in Deutschland. Von den Anfängen bis 1933, Göttingen 1985, 180. Auch außerhalb Deutschlands war Stratmann bekannt und vor allem seine ins Englische übersetzten Bücher prägten die englische und amerikanische Friedensbewegung der 1930er Jahre. „Those who joined PAX (Die englische, katholische Friedensbewegung; CB) often mentioned the German Dominican, Franziscus Stratmann, whose book *The Church and War* (1928) had reassured them that their attitude to war was morally valid", Valerie Flessati, Stop War, Please! Dominicans and the Christian Peace Movement in England, in: Justice, Peace and Dominicans. 1216–2001, ed. by John Orme Mills OP, Dublin 2001, 152–160, hier 153.

13 So unterzeichnet Franziskus Stratmann 1927 zusammen mit so bekannten Persönlichkeiten wie Albert Einstein, Mahatma Gandhi und Martin Buber einen internationalen Aufruf gegen die allgemeine Wehrpflicht, vgl. Der Friedenskämpfer 3 (1927), 13.

wurde und er sich gegen diese Zweifel an seiner Berufung zum Dominikaner zur Wehr setzen musste. So schrieb er in einem Brief an den Provinzial vom 4. September 1930:

> „So sehr ich mich für die Friedensarbeit innerlich berufen fühle, so wenig habe ich die Lust, die mich formaliter in den *Prediger*orden getrieben hat, verloren. Es fällt mir in diesem Augenblick ein, dass mir einmal P. Petrus als Provinzial bei einer Visitation sagte, man bezeichne mich zwar als einen guten Priester, aber nicht als guten Dominikaner. Ich antwortete ihm, dass das vielleicht für meine Mitgliedschaft in der Teutonia zutreffe, dass ich aber beispielsweise in der Francia als ein hundertprozentiger Dominikaner gelten würde. Ich beanspruche in der Tat ein hundertprozentiges Dominikanertum, wenn ich auch nur ein fünfzigprozentiger Teutone sein sollte."[14]

Diese Schwierigkeiten und Auseinandersetzungen im Orden haben Franziskus Stratmann von seiner, wie er es nannte, „zweiten Bekehrung zum Pazifismus" nach dem Ersten Weltkrieg bis zu seinem Tod 1971 begleitet und sie spiegeln die Ambivalenz von Franziskus Stratmann in seinem Orden, in seiner eigenen Identität als Dominikaner wider. Sie zeigen aber auch die Schwierigkeiten einer Ordensprovinz, mit einem ihrer Mitglieder umzugehen, der aus dem normalen Rahmen einer Ordensexistenz, wie sie durchschnittlich gelebt wurde, herausfällt. In diesem Zusammenhang scheint mir die Bemerkung von Stratmann wichtig zu sein, die er im Hinblick auf die französische Dominikanerprovinz – die Francia – macht, in der er nach seiner eigenen Auffassung

---

14 Brief von P. Franziskus Stratmann OP an den P. Provinzial Thomas Stuhlweissenburg OP vom 4. 9.1930 (Provinzarchiv der Dominikaner-Provinz Teutonia).

wohl als „hundertprozentiger Dominikaner" gelten würde. Es erscheint nicht übertrieben, wenn man zwischen der damaligen deutschen Ordensprovinz und den Dominikanern in Frankreich ein beträchtliches intellektuelles und auch innovatives Gefälle im Hinblick auf das gesellschaftliche Engagement des Ordens feststellt. Vor allem das 1904 gegründete Studienzentrum der französischen Provinz „Le Saulchoir" entwickelte sich, geprägt von seinem ersten Regens Ambroise Gardeil OP, zu einer theologischen und philosophischen Hochschule ersten Ranges, die sich der Vermittlung zwischen der traditionellen thomanischen Theologie und dem Denken der modernen Welt verschrieben hatte.[15] Aus dieser intellektuellen Kaderschmiede des Ordens gingen so herausragende Theologen wie M.-Dominique Chenu OP und Yves Congar OP hervor, die gerade in ihrem theologischen Denken und Leben eine Verbindung von theologischer Analyse und pastoraler, gesellschaftlicher Praxis zeigen, die im besten Sinne das Leitwort des Ordens „contemplari et contemplata aliis tradere" in der Gegenwart realisiert. Vor allem Chenu ist hier zu nennen, der nicht nur zu den bedeutendsten Theologen des 20. Jahrhunderts zählt, sondern der auch in seinem sozialen und politischen Engagement, in erster Linie im Hinblick auf das Projekt der Arbeiterpriester, beispielhaft ist. Allerdings

15 „Jenseits von Modernismus und Anti-Modernismus versuchte man in der ersten Equipe eine ‚progressive Vermittlung' von spekulativer und positiver Theologie im Akt des Glaubens, die auf Gardeils erstmal 1910 publizierte Programmschrift *Le Donné Revelé et la Theologie* beruhte […]", Christian Bauer, Geschichte und Dogma. Genealogie der Verurteilung einer Schule der Theologie, in: Marie Dominique Chenu, Le Saulchoir. Eine Schule der Theologie. Aus dem Französischen übersetzt von Michael Lauble und mit einer Einführung von Christian Bauer (Collection Chenu Bd. 2), Berlin 2003, 21.

begann dieses Engagement erst im Jahre 1932, als erstmals Gruppen der Christlichen Arbeiterjugend JOC in Le Saulchoir zu Gast waren[16], und damit mehr als ein Jahrzehnt später als das Engagement von Franziskus Stratmann in der katholischen Friedensbewegung.

Die Öffnung zu den Erfahrungen der Gegenwart, zu ihren sozialen und politischen Problemen, um diese im Lichte des Glaubens theologisch zu reflektieren und diese Analysen wieder in die Praxis zu überführen, ist das Kennzeichen der Schule von Le Saulchoir, für die später ihre Gegner den Begriff „Nouvelle Théologie" prägen werden. Die Zeichen der Zeit, die konkreten Erfahrungen der Gegenwart werden zum genuinen Ort der Theologie, die angesichts der Herausforderungen der Gegenwart nicht mehr nur eine Konklusionswissenschaft überzeitlicher Glaubenssätze sein kann. Aber erst das Zweite Vatikanische Konzil wird die Legitimität dieser Öffnung der Theologie zur konkreten Welt der Gegenwart hin in ihrer auch kirchlich offiziellen Legitimität bestätigen. Dass der Glaube und die Theologie immer im konkreten Kontext einer gesellschaftlichen und politischen Situation stehen, Theologie also immer auch geschichtlich ist, wurde so durch die theologischen Aufbrüche vor allem in Frankreich zu einem Bewusstsein gebracht, das heute selbstverständlich zu sein scheint. Daran, dass diese Position aber nicht selbstverständlich sein muss, erinnern immer wieder die Pioniere dieser Einsicht in die Kontextualität der Theologie und ihre Überzeugung, dass Theologie immer auch praktisch und politisch ist. Zu den vergessenen Pionieren einer kontextuellen

16 Vgl. Yves Congar, Theologische Portraits: Marie Dominique Chenu, in: Bilanz der Theologie im 20. Jahrhundert. Bahnbrechende Theologen, hrsg. von Herbert Vorgrimler und Robert Vander Gucht, Freiburg/Br. 1970, 99–122, hier 112.

Theologie gehört sicherlich auch Franziskus Stratmann, dessen Friedenstheologie als politische und kontextuelle Theologie im Folgenden vorgestellt werden soll.

Erschütterung und Umkehr

Am Beginn des politischen Engagements von Franziskus Stratmann stand eine ganz persönliche Wende in seinem Denken während des Ersten Weltkriegs 1917, hervorgerufen durch die wütenden Kommentare, die ihm von jungen Kriegsteilnehmern zugeschickt wurden, nachdem er selbst eine höchst patriotische und den Krieg verharmlosende Publikation mit dem Titel „Veritas“ an katholische Soldaten geschrieben und veröffentlicht hatte.[17] Für Stratmann sind diese Zeugnisse aus der Realität des Krieges Anlass genug, um seine bisherige Haltung zum Krieg zu überdenken und zu ändern.[18] Die Erfahrungen von Menschen, die das Leiden und

17 „Ich erhielt aus dem Schützengraben ein Exemplar dieser Schrift mit wütenden Randbemerkungen zurück, die meine idealistischen Auffassungen angesichts der schauderhaften kriegerischen Tatsachen scharf zurückwiesen, ja verhöhnten. Die Wahrheit dieser Kritik habe ich mehr und mehr einsehen gelernt, so dass ich sehr bald zu einem scharfen Gegner des Krieges und der hinter ihm stehenden Ideologie geworden bin.“ Zitiert nach: Paulus Engelhardt, Der Friedenskämpfer. Zum 100. Geburtstag von Franziskus Maria Stratmann OP (8.9.1983), in: Wort und Antwort 24 (1983), 111–120, hier 111f.

18 Stratmann selbst hat seiner Umkehr auch einen intellektuellen Zug gegeben, indem er schreibt, dass seine Umkehr stark beeinflusst war von der Lektüre des Buches „Weltpolitik und Weltgewissen“ des Pädagogen Fr. W. Foerster, das allerdings erst 1919 erschien. Es wird wohl zu vermuten sein, dass Stratmann nach seiner, durch die Predigt im Oktober 1918 ausgedrückten Änderung seiner Haltung zum Krieg, durch die Lektüre des Buches diese Umkehr noch einmal ver-

Sterben im Krieg alltäglich erleben mussten, forderten ihn heraus und er lässt sich von diesen Erfahrungen im wahrsten Sinne des Wortes betreffen. Die konkrete Situation des Krieges wurde für Stratmann zum Ort der Umkehr, der Metanoia, und zum Anlass einer erneuerten Praxis gesellschaftlichen Engagements.[19] Das Betroffensein von einer Unheilssituation, auch wenn man selbst nicht unmittelbar betroffen ist als Leidender, kann als „Compassio", als Mitleiden, sich durchaus auf eine dominikanische Tradition berufen.[20] Nicht nur Dominikus selbst, der während seines Studiums seine Bücher verkaufte, um den Erlös während einer Hungersnot den Armen zu geben[21], kann hier genannt werden, sondern auch die prophetische Predigt der Predigerbrüder in der Neuen Welt, die angesichts des Leidens der Indios ihre Stimme gegen deren

---

standesmäßig einholte und reflektierte, vgl. Franziskus Stratmann, In der Verbannung. Tagebuchblätter 1940–1947, Frankfurt/M. 1962, 24f.

19 „Ich empfinde [...] meine Hinwendung zum Pazifismus auch wie eine Konversion, eine Konversion vom politischen Heidentum zum politischen Christentum", Franziskus Stratmann, Kampf gegen den katholischen Pazifismus, in: Der Friedenskämpfer 2 (1926), 2.

20 Vgl. Ulrich Engel, Heil-von-Gott-her und menschliche Unheilserfahrungen. Theologie als *intellectus amoris* zwischen *compassio* und Gerechtigkeit, in: Christian Bauer / Stephan van Erp (Hrsg.), Heil in Differenz. Dominikanische Beiträge zu einer kontextuellen Theologie in Europa (Kultur und Religion in Europa Bd. 2), Münster 2004, 149–160.

21 „Zu jener Zeit, als er eifrig in Palencia studierte, brach in beinahe ganz Spanien eine schwere Hungersnot aus. Dominikus war von der Not der Armen erschüttert und bekam großes Mitleid. [...] Er verkaufte seine Bücher, die er in der Stadt zum Studium gebraucht hatte, und das Geld, das er dafür bekam, verteilte er unter den Armen." Jordan von Sachsen, Von den Anfängen des Predigerordens, hrsg. von Wolfram Hoyer (Dominikanische Quellen und Zeugnisse Bd. 3), Leipzig 2002, 33f.

Ausbeutung und Ermordung durch die spanischen Eroberer erhoben.[22] In dieser Tradition stehend, machte auch Franziskus Stratmann seine Umkehr öffentlich, als er am 13. Oktober 1918, einen Monat vor Kriegsende, in der Berliner Studentengemeinde gegen den Krieg predigte und das deutsche Volk zur Sühne für die eigene Schuld am Krieg aufrief.[23]

Die Unheilserfahrung des Krieges wurde von Stratmann als eine negative Kontrasterfahrung[24] erlebt, die von nun an auch seine theologische Reflexion bestimmen wird. Diese Theologie aus der Erfahrung der konkreten Situation heraus ist aber sicherlich eines der wesentlichen Kennzeichen einer kontextuellen Theologie.[25] Für Stratmann stellte sich jeden-

---

22 „Für die Spanier bedeuteten die Indios billige Arbeitskräfte, die man ausnutzen konnte, da zu ihrem Schutz praktisch keinerlei rechtsverbindliche Grundlagen existierten. Die Dominikaner reagierte auf diese skandalöse Situation, die in Spanien zu diesem Zeitpunkt gänzlich unbekannt war. Sie entschlossen sich zum Widerstand. Im Auftrag und Namen der ganzen Gemeinschaft (Der Dominikaner, CB) sollte Antonio Montesino in der Stadt Santo Domingo eine Predigt halten, um auf diese Weise die vorgefundenen Missstände schonungslos anzuprangern", Ulrich Engel / Thomas Eggensperger, Männer und Frauen im Dominikanerorden. Geschichte - Spiritualität - Aktuelle Projekte, Mainz 1992, 79.

23 Vgl. Thomas Heath OP, Francis Stratmann: Forgotten Prophet of Peace, in: Doctrin and Life 26 (1976), 408–428, 410f. (in deutscher Übersetzung in diesem Buch: Franziskus Stratmann, ein vergessener Prophet des Friedens, 15–51).

24 Zur Kategorie der negativen Kontrasterfahrung vgl. Edward Schillebeeckx, Menschen. Die Geschichte von Gott, Freiburg/Br. 1990, 27ff.

25 „Ich verstehe Politische Theologie einmal als kritisches Korrektiv gegenüber einer extremen Privatisierungstendenz gegenwärtiger Theologie. Ich verstehe sie gleichzeitig positiv als Versuch, die eschatologische Botschaft unter den Bedingungen unserer gegenwärtigen Gesellschaft zu formulieren", Johann Baptist Metz, Kirche

falls an diesem Punkt die Frage nach der konkreten Praxis eines Engagements für den Frieden und deren theologischen und ethischen Grundlagen. Er bewegte sich damit auf dem Feld des Verhältnisses von Theorie und Praxis als dem Ort, an dem sich nicht zuletzt auch die Frage nach der Glaubwürdigkeit des christlichen Glaubens entscheidet. Dass es ihm dabei um mehr ging, als nur ein weiteres pastorales Feld kirchlichen Engagements unter anderen zu eröffnen, machte er von nun an in seinen Veröffentlichungen immer deutlicher. Für ihn war der Friedensgedanke ein Grundgedanke der Offenbarung[26], der zur Folge hat, dass die Friedensarbeit im Mittelpunkt des Evangeliums steht und nicht an der Peripherie. Die Frage nach Krieg und Frieden war für Stratmann eine unmittelbar religiöse Frage, nicht nur eine Frage der Politik.[27] Eine Trennung zwischen der Welt des Glaubens und der Welt der Politik, wobei zumeist der Glaube in die Sphäre der individuellen Innerlichkeit abgedrängt wird, wurde von Stratmann daher verneint. Aus der Überzeugung heraus, dass eine doppelte Moral überwunden werden muss, entwickelte er nun, in Auseinandersetzung mit der katholischen Tradition der Ethik und Moraltheologie, seinen Ansatz einer Friedenstheologie für die Situation der Welt im Kontext der heutigen Frage nach Krieg und Frieden.

---

und Welt im Lichte einer „politischen Theologie", in: ders., Zur Theologie der Welt, Mainz 1968, 99.

26 Vgl. Franziskus Stratmann, „Metanoeite!", in: Der Friedenskämpfer 8 (1932/12), 229–234, bes. 229.

27 Vgl. Franziskus Stratmann, Das alte Lied, in: Der Friedenskämpfer 7 (1931/10), 169–175, bes. 170.

Kirche als „Corpus Christi mysticum"

Wenn man die theologischen Reflexionen von Franziskus Stratmann heute betrachtet, so fällt sofort seine unbedingte Kirchlichkeit und Treue zum päpstlichen Lehramt auf. Diese, aus heutiger Sicht teilweise sehr konservative Haltung scheint so auf den ersten Blick in einem gewissen Widerspruch zu seiner politischen Haltung zu stehen (aus der heraus er noch in den 60er Jahren keinerlei Probleme hatte, mit Kommunisten zusammen an einer Friedensdemonstration teilzunehmen)[28]. Diese Ambivalenz seines Denkens und der zeitliche Abstand zu heute machen es selbstverständlich unmöglich, seine Theologie einfach auf unsere heutige Situation in Kirche und Welt zu übertragen. Die Hermeneutik, die unsere Interpretation leiten soll, wird also nach den Punkten in seiner Theologie fragen müssen, die neue Aspekte in den theologischen Diskurs der Zeit gebracht haben oder die das Potential dazu hatten und haben, wenn es die Umstände zulassen. Auch ist zu fragen, ob Stratmann immer geahnt hat, welche theologische Sprengkraft seine Gedanken letztlich hätten entwickeln können. Dies gilt meines Erachtens auch für seinen Ansatz bei der Kirche und für das Bild vom „Corpus Christi mysticum", mit dem er die grundsätzliche und besondere Verantwortung der katholischen Kirche für den Weltfrieden einführte. Dieses Bild wurde von ihm nicht auf die Institution der Kirche in ihrer hierarchischen Verfasstheit als solche bezogen, sondern auf die Kirche unter dem Gedanken der Gemeinschaft. Das „individualistische" Zeitalter, so seine Überzeugung, werde nach dem Epochenbruch des Ersten Weltkrieges von einem erneuerten Bewusstsein für die solida-

28 Vgl. zu diesem Vorgang Heath, Forgotten Prophet, 427 (vgl. in diesem Buch Seite 49).

rische Gemeinschaft der Menschheit abgelöst.[29] Diesen Gemeinschaftsgedanken in der Welt zu verbreiten und, gewissermaßen als „Sacramentum Mundi", anfanghaft in den eigenen Reihen zu verwirklichen, verstand er nun als die eigentliche Aufgabe der katholischen Kirche als weltumspannender Gemeinschaft der Glaubenden. Dabei übersah Stratmann die Realität der Kirche nicht, ihr Beharrungsvermögen im Alten einerseits und ihr Versagen in den Auseinandersetzungen der Gegenwart andererseits. Stratmann war, bei aller Kirchlichkeit und Treue zur Autorität, ein überaus kritischer Geist, wenn es um die Unterscheidung zwischen einer prophetischen und einer in sich selbst abgekapselten und sich selbst genügenden Kirche geht.[30]

Für Franziskus Stratmann hatte der Gedanke einer Kirche als „Corpus Christi mysticum" konkrete Auswirkungen auf das Leben der Christinnen und Christen in der Welt. Es ist nicht nur ein frommer Gedanke oder ein Bild der innerkirchlichen Verfassung. Wenn alle Glaubenden Teil dieser geradezu leiblichen Gemeinschaft in Christus sind, dann ist ein Krieg der Glieder untereinander die Selbstzerfleischung des „Corpus Christi". Denn, so seine Argumentation, die Zugehörigkeit zu dem einen Leib der Kirche steht grundsätzlich über der nationalen Identität, Staatsbürgerschaft oder gar Rasse.

29 „Das Erfreulichste bei allem ist, dass dieses Wiedersichbesinnen auf die Einheit des Menschengeschlechtes, dieses vielfach noch schüchterne Hinüberreichen der Hände über die nationalen Grenzen, begleitet ist von einem Wiedererwachen des religiösen Gemeinschaftsbewusstseins", Stratmann, Weltkirche und Weltfriede, 10.

30 Auch hier steht Stratmann durchaus in einer dominikanischen Tradition. Auch Katharina von Siena kann ihre ungebrochene Kirchen- und Papstreue mit einer grundsätzlichen und scharfen Kritik an den Verfehlungen und Irrwegen der Kirche und ihrer Vertreter verbinden, wenn diese den Weg des Evangeliums verlassen haben.

Nationalismus und Christentum sind für Stratmann krasse Gegensätze und er kann geradezu scharf werden, wenn katholische Priester sich im nationalistisch-deutschen Fahrwasser bewegen.[31]

Die konkrete Gegenwart als „Zeichen der Zeit“

Zu den prägendsten Begriffen des Zweiten Vatikanischen Konzils gehört sicher das Wort von den „Zeichen der Zeit“. So heißt es in der Pastoralkonstitution „Kirche in der Welt von heute“ (Gaudium et Spes): „Zur Erfüllung [...] ihres Auftrags obliegt der Kirche allzeit die Pflicht, nach den Zeichen der Zeit zu forschen und sie im Licht des Evangeliums zu deuten.“[32]

Zu den Theologen, die mit ihrem Denken diese Pastoralkonstitution entscheidend geprägt haben, gehört ohne Zweifel M.-Dominique Chenu. Seine Theologie verstand sich „als Begleitung und Reflexion einer Praxis der Verkündigung, als Suche nach dem geschichtlich angemessenen Ausdruck des Wortes Gottes in der Gegenwart.“[33] Damit leitete Chenu einen Ortswechsel der Theologie ein, in dem die konkrete Geschichte selbst zum „locus theologicus“, zum genuinen Ort der Theologie und des Glaubens, wurde. Es war daher sein

---

31 Vgl. Franziskus Stratmann, „Gedanken eines Katholiken“ und „Katholische Gedanken“ über Moral, in: Der Friedenskämpfer 2 9/10 (1926), 3.

32 Gaudium et Spes Nr. 4.

33 Marianne Heimbach-Steins, „Erschütterung durch das Ereignis“ (M.-D. Chenu). Die Entdeckung der Geschichte als Ort des Glaubens und der Theologie, in: Gotthard Fuchs / Andreas Lienkamp (Hrsg.), Visionen des Konzils. 30 Jahre Pastoralkonstitution „Die Kirche in der Welt von heute“, Münster 1997, 103–122, hier 106.

Anliegen, die scharfe Trennung zwischen Glauben und Welt zu überwinden, denn „die Trennung von Glaube und Leben, mit der der Glaube und seine Verkündigung sich abschneiden von zentralen Bereichen des menschlichen Lebens in der Industriegesellschaft (etwa der Arbeit, der Politik), offenbart einen schwerwiegenden Mangel in Bezug auf die Inkarnation des Wortes Gottes."[34] Mit Chenu, so die weitgehende Überzeugung, entdeckte die Theologie ihre eigene Geschichtlichkeit und Kontextualität.

Aber bereits 1926 verband Franziskus Stratmann die biblische Rede von den „Zeichen der Zeit" (Mt 16,2–4) mit der Analyse der konkreten Situation der Gegenwart, dem Ausschauhalten nach den Kriegs- und Friedenszeichen in der Welt.

> „Immer gibt es Menschen, die den Krieg in sich haben und die deshalb bestrebt sind, ihn nach außen zu tragen. Immer gibt es also eine Kriegsbewegung. Daneben und dagegen aber immer auch eine Friedensbewegung. Wenn wir dieser als Beweger und Bewegte angehören wollen, müssen wir die Augen aufhalten, dürfen uns weder einem falschen Optimismus noch einem falschen Pessimismus überlassen, müssen als Friedenskämpfer auf Wache stehen, um zu wissen, wo, wie und mit welchen Mitteln wir den Kampf zu führen haben."[35]

Für Stratmann war die Friedensbewegung keine passive, erduldende Bewegung, sondern eine dynamische und kämpfende Kraft für den Frieden in der Welt. Daher auch die Umbenennung des Zentralorgans des Friedensbundes Deutscher

34 Ebd., 111.

35 Franziskus Stratmann, Auf der Wacht. Ausschau auf Kriegs- und Friedenszeichen, in: Der Friedenskämpfer 2 (1926), 1–4. 1.

Katholiken von „Katholische Friedenswarte" in „Der Friedenskämpfer" 1926.[36] Zu dieser aktiven Friedensbewegung gehörte für Stratmann auch die Analyse der politischen Gegenwart im Hinblick auf die Frage von Krieg und Frieden. Die Kriegsbestrebungen der Staaten, die Wiederaufrüstung und die Auseinandersetzung um die Frage der Wehrpflicht wurden für ihn ebenso zu Zeichen der Zeit, die es im Lichte des Evangeliums zu deuten galt, wie auch die Friedensbewegung selbst, die für Stratmann zum eigentlichen Träger des christlichen Glaubens in der Welt wurde. Diese katholische Friedensbewegung aber ist eine durch und durch politische und religiöse Bewegung, in der das Politische zum Ort der religiösen und theologischen Praxis wird.

> „Gibt es überhaupt eine Grenze zwischen religiösem und nichtreligiösem Wirkbereich? Gibt es irgendwo im Leben, auch im öffentlichen, im sozialen und politischen, das uns doch auf Schritt und Tritt umgibt, eine Stelle, ein Ereignis, einen Zustand, eine Aufgabe, eine Gefahr, wo der religiöse Mensch sagen könnte: das geht mich nichts an, das ist ‚Welt', also vom Reiche Gottes, nach dem ich trachte, geschieden? Eine solche Scheidung gibt es nicht! Religion ist nicht nur Verbindung der Einzelseele mit Gott, sondern auch der ganzen menschlichen Gesellschaft mit Gott."[37]

Die Unterscheidung von Kirche und Welt wurde so für Stratmann zu einer Fiktion, die es zu überwinden galt.[38]

---

36 Vgl., Der Friedenskämpfer Nr. 1/2 (1926), 1.

37 Franziskus Stratmann, Emmanuel Ketteler und wir, in: Der Friedenskämpfer 3 (1927), 2.

38 „Ist nicht die Unterscheidung zwischen ‚Kirche' und ‚Welt', selbst zwischen ‚Kirche' und ‚Staat' – zwar nicht formell, aber materiell – fast eine Fiktion? Die ‚Kirche' sind wir, und wir sind auch

Das Reich Gottes, als eine wesentliche Kategorie sowohl der Politischen Theologie von Johann Baptist Metz als auch der Befreiungstheologie, war für Stratmann bereits 1927 eine Wirklichkeit, die nicht radikal jenseitig unserer erfahrbaren Welt liegt, sondern sich gerade in den konkreten Zusammenhängen der Geschichte verwirklicht. Für Stratmann war die Botschaft vom Reich Gottes, ihre eschatologische Perspektive, der entscheidende Impuls, der in der Geschichte zu einer neuen, politischen Praxis des Glaubens führen wird.[39] Ein christlicher Glaube ohne eine solche, auf Veränderung zielende Praxis, war für ihn nicht denkbar. Der Gedanke einer geschichtlichen Entwicklung des Glaubens und damit der Notwendigkeit zu Veränderungen auch in der Praxis folgte für Stratmann dabei aus der Offenbarung selbst. „Auch die Offenbarung steht im Zeichen der Entwicklung, des religiösen, sittlichen und kulturellen Fortschritts. Nichts ist falscher als zu denken, vom Standpunkt der Offenbarung sei die Welt und die Menschheit eine unveränderliche Größe und alles solle sein, wie es war im Anfange so auch jetzt und in alle Ewigkeit."[40]

Damit ergab sich für Stratmann nicht nur die Notwendigkeit einer Praxis, die der Offenbarung gemäß ist, sondern die

---

die ‚Welt'." Franziskus Stratmann, Krieg und Christentum heute, Trier 1950, 19.

39 „Viele denken oder tun so, als ob die Welt fertig sei. Metanoite! Sie ist nicht fertig! Macht sie fertig! Gerade fromme Leute lieben es, Welt und Gesellschaft als unabänderlich anzusehen. Sie glauben wohl an eine Reform des Innenlebens bei sich und anderen und von da aus wohl an eine leise Ausstrahlung auf das Außenleben, aber die Dinge selbst anpacken, umbauen und ausbauen, das liegt ihnen nicht." Franziskus Stratmann, „Metanoite!", in: Der Friedenskämpfer 8 (1932), 229–234, hier 230.

40 Franziskus Stratmann, Weltkirche und Weltfriede, 106.

Interpretation der Offenbarung selbst musste sich im Hinblick auf die sich verändernde Situation selbst weiterentwickeln. Zwar machte Stratmann hier eine Unterscheidung zwischen dem, was lehramtlich in den Dogmen als unveränderlich formuliert wurde, und dem, was veränderbar ist, weil es noch nicht dogmatisiert wurde, aber im Hinblick auf die für ihn wesentliche Frage der christlichen Friedensethik war für ihn das Denken eines Thomas von Aquin gerade kein System überzeitlicher und absolut wahrer Sätze, sondern es erhält seine Plausibilität aus dem historischen Kontext des 13. Jahrhunderts, in Verbindung allerdings mit dem auch für Stratmann universellen Naturrecht. Daher kann und muss Stratmann über Thomas von Aquin hinausgehen und neue Ansätze zu einer „Theorie des gerechten Krieges“ entwickeln.[41]

Zum Verhältnis von Theorie und Praxis

Als Franziskus Stratmann 1905 in den Dominikanerorden eintrat, nach einem kurzen Jurastudium in Lausanne, wurde er von seinen Ordensoberen für die Seelsorge bestimmt, d. h. seine theologischen Studien, die er am damaligen „Generalstudium“ der deutschen Dominikanerprovinz in Düsseldorf absolvierte, hatten nicht den Anspruch, zu einem vertiefenden, wissenschaftlichen Arbeiten zu führen. Er lernte zwar, wie damals üblich, die Grundgedanken des hl. Thomas von Aquin kennen, ohne jedoch zu weiterführenden Studien zugelassen zu werden, die er mit dem Lektorat hätte abschließen können.[42] So war er innerhalb der Ordensprovinz zeit-

41 Vgl. ebd., 75ff.

42 „Was die Theologie betrifft, führten die Generalkapitel Vorlesun-

lebens mit dem Makel behaftet, zwar ein guter Prediger und Seelsorger, aber letztlich doch kein ‚richtiger', wissenschaftlicher Theologe zu sein.[43] Angesichts seiner Schriften und ihrer theoretischen Grundlegungen stellt sich jedoch die Frage, ob diese Einschätzung der Theologie bei Stratmann und ihres theoretischen Gehalts nicht auf eine letztlich zeitbedingte Theologiekonzeption zurückzuführen ist. Stratmann war zwar einerseits bemüht, seine theologischen Gedanken auf Thomas von Aquin zurückzuführen – besonders deutlich in seiner Theorie des Gerechten Krieges –, aber er war sicherlich kein Theologe, der sich nur innerhalb des Rahmens einer thomistischen Neuscholastik bewegte, wie es damals üblich war. Am Maßstab des thomistischen Systemdenkens gemessen war Stratmann kein guter Theologe, aber vielleicht ist es genau dies, was ihn zu einem Vorläufer der theologischen Erneuerung macht. Seine theoretischen Reflexionen waren immer auf eine Praxis ausgerichtet, ohne die jede Theologie abstrakt und letztlich bedeutungslos bliebe. Eine Theologie als reine, abstrakte Spekulation theologischer Prinzipien, unter Absehung von den Erfahrungen in der Wirklichkeit, war nicht im Sinne von Stratmann. So schreibt er selbst:

---

gen in angewandter Moral ein und unterteilten die Studenten in zwei Gruppen: in ‚formelle' und ‚materielle'. Die ‚formellen' Studenten waren dazu bestimmt, akademische Grade zu erwerben und konzentrierten ihre Studien auf die Werke des heiligen Thomas von Aquin", William A. Hinnebusch, Kleine Geschichte des Dominikanerordens (Dominikanische Quellen und Zeugnisse Bd. 4), Leipzig 2004, 170.

43 Dieses Urteil übernimmt auch der englische Dominikaner Thomas Heath: „Stratmann was a good scholar but his inclination and talents were mostly in preaching and teaching." (Thomas Heath, Francis Stratmann, 409) Vgl. auch Paulus Engelhardt, Um des Friedens willen. Zum hundertsten Geburtstag von Franziskus Maria Stratmann, in: Christ in der Gegenwart 35 (1983), 301.

> „Wir scholastisch erzogenen Theologen, und vielleicht wir Dominikaner im Besonderen, neigen stark zu einer rein aprioristischen Beurteilung aller Dinge, zur Deduktion aller Urteile aus den Prinzipien. Es ist ein großes geistiges Gut, im Besitz dieser Prinzipien zu sein, die geistige und sittliche Weltordnung, wie Gott sie gedacht hat und durchgeführt wissen will, zu kennen, aber es ist eine Gefahr, auch für die richtige Erkenntnis, die wirkliche Welt, wie Vergangenheit und Gegenwart sie bieten, nicht ebenso gut zu kennen wie die Prinzipien, im abstrakten Denken klar zu sein, aber nicht im konkreten Wissen.“[44]

Damit beschreibt Stratmann das grundsätzlich dialektische Verhältnis von Theorie und Praxis, d. h. er versteht die Theologie als theoretische Reflexion einer Praxis des Glaubens und der konkreten Erfahrung der Wirklichkeit. Die besondere Bedeutung der Praxis zeigt sich auch im konkreten Fall einer „Theorie des gerechten Krieges“. So war für ihn die naturrechtliche Begründung der Legitimität eines Verteidigungskrieges in der Theorie klar und schlüssig. Er bezweifelte jedoch, dass diese Theorie auch in der Praxis umsetzbar ist.

> „Es folgt daraus, dass für jeden Menschen, der den Mut hat, die Forderungen einer sittlichen Weltordnung einerseits und die Gepflogenheiten der Menschen und Staaten andererseits zu Ende zu denken, zwar die theoretische Erlaubtheit des Verteidigungskrieges unter den genannten Bedingungen feststeht, seine praktische Brauchbarkeit aber als Mittel der Gerechtigkeit aufs stärkste zu bezweifeln ist.“[45]

---

44 Franziskus Stratmann, Tagebuch, 165.
45 Franziskus Stratmann, Weltkirche und Weltfrieden, 79.

Die konkrete Praxis wurde für Stratmann so zu dem Ort, an dem sich die ethische wie theologische Theorie zu bewähren hat. Und es war dann auch diese Praxis selbst, die eine Theorie ad absurdum führen konnte und so darin ihre eigentliche Wahrheit aufzeigt. Für Stratmann wurde so die konsequente Weiterführung der Theorie vom gerechten Krieg, wie sie von Thomas von Aquin ausgearbeitet wurde, im Aufweis ihrer praktischen Undurchführbarkeit auch gleichzeitig der Nachweis, dass es eigentlich auch keinen gerechten Krieg geben kann, der den von Thomas aufgestellten Forderungen entsprechen würde. Damit aber, so die Schlussfolgerung von Stratmann, ist ein gerechter Krieg auch grundsätzlich unmöglich.[46]

46 Damit bleibt letztlich für Stratmann nur noch eine radikal pazifistische Haltung übrig, die auch einen Verteidigungskrieg gegen einen Aggressor ausschließt. An dieser Stelle müsste jedoch auch gefragt werden, nicht zuletzt auf dem Hintergrund der Erfahrungen des Zweiten Weltkrieges, ob eine solche Haltung nicht letztlich darauf hinausläuft, sich dem Recht des Stärkeren zu unterwerfen. Die Argumentation von Stratmann ist zwar in sich konsequent, da sie gewissermaßen die Thesen von Thomas von Aquin bis in die letzte Konsequenz zu Ende führt, aber in einem gewissen Sinne ist Stratmann hier möglicherweise auch in die Falle des thomistischen Denkens gegangen, welches gerade in moralischen Fällen eine Eindeutigkeit der Argumentation und Schlussfolgerungen suggeriert, die es aber in der Realität nie gibt. Eine rein juridische Betrachtung der Frage nach der Berechtigung eines Verteidigungskrieges geht aber so an dem zu verteidigenden Wert der Freiheit vorbei, wenn eine schlichte Kosten-Nutzen-Aufstellung gemacht wird.

Franziskus Stratmann – ein politischer Theologe?

Franziskus Stratmann hatte zeit seines Lebens ein „politisches Christentum“ gefordert, das aus der Botschaft der Offenbarung heraus sich in die politischen und gesellschaftlichen Fragen der Gegenwart einmischen soll. Insoweit für Stratmann eine solche Praxis des Glaubens immer auch verbunden ist mit einer theologischen Reflexion, ist er sicherlich auch ein politischer Theologe. Vor allem seine Überzeugung, dass es keine Trennung zwischen Welt und Kirche, zwischen Glauben und Geschichte gibt, die er bereits zu einer Zeit formuliert hatte, als dies innerhalb der katholischen Theologie noch kein Allgemeingut war, zeigt Stratmann als einen theologischen Vordenker in der ersten Hälfte des 20. Jahrhunderts. Letztlich hat Stratmann eine Form kontextueller Theologie betrieben, als es dieses Wort noch gar nicht gab. Dass sich damit aber auch gleichzeitig eine Schwäche seiner Theologie zeigt, liegt ebenfalls auf der Linie der verschiedenen Kontextuellen Theologien, die nach dem Zweiten Vatikanischen Konzil entstanden sind. Es ist sicherlich eine wesentliche Einsicht, dass Theologie immer kontextuell und damit historisch und kulturell situiert ist. Aber wenn das kontextuelle Denken die theologische Analyse der Wirklichkeit unter einem einzigen Aspekt betrachtet, bzw. die Wirklichkeit darauf reduziert wird, verliert sie letztlich ihre Anschlussfähigkeit an andere, ebenfalls kontextuelle, theologische Entwürfe. Für Stratmann war dieser zentrale Aspekt die Friedensfrage, die ihn dazu brachte, eine eigene, kontextuelle Friedenstheologie zu entwickeln, von der her alles andere in Theologie, Kirche und Gesellschaft betrachtet werden sollte.

Ein weiterer, kritischer Aspekt innerhalb seines theologischen Denkens bezieht sich meines Erachtens auf seine Neuzeitinterpretation, in der er ein individualistisches Zeitalter gegen die Idee der solidarischen Gemeinschaft ausspielte, wie sie einerseits für ihn im Mittelalter verwirklicht war[47], und wie sie andererseits nach dem Epochenbruch des Ersten Weltkrieges wieder aufzubrechen scheint, nicht zuletzt in der Friedensbewegung selbst. Den Gedanken einer autonomen Vernunft, wie sie etwa bei Immanuel Kant entwickelt wurde, die ihre ethischen Maßstäbe aus sich selbst heraus gewinnt, lehnte Stratmann ab[48], auch wenn er den Schriften Kants zur Friedensfrage zustimmen konnte.[49] Damit setzte Stratmann in der Begründung seines ethischen Anspruchs ganz auf den Glauben und die Offenbarung selbst, die ihrerseits noch einmal durch die Autorität des Lehramtes abgesichert wurden. Er konnte dies nicht zuletzt deshalb tun, weil er sich in der Friedensfrage stets in Übereinstimmung mit dem päpstlichen Lehramt wusste, auch wenn dieses in der Realität seinen strikten Pazifismus gar nicht geteilt hatte. Im Hinblick auf die Diskussion in einer säkularisierten oder religiös pluralistischen Gesellschaft genügt der Rekurs auf die faktische Autorität von christlicher Offenbarung und päpstlichem Lehramt jedoch nicht, um den universalen ethischen Anspruch des Friedens zu begründen.

Stratmann blieb so in vielem der Tradition verhaftet und einige, durchaus auch wesentliche Bereiche seiner Theologie bleiben in sich widersprüchlich. So schwankte er zwischen

---

47 „Die neue individualistische Moral im Gegensatz zur alten solidaristischen ist geradezu das Proton Pseudos der falschen neuzeitlichen Kultur", Franziskus Stratmann, Weltkirche und Weltfrieden, 93.

48 „Es gibt keine selbständige natürliche Ordnung, wie es auch keine selbständige natürliche Vernunft gibt. ‚Vernunftgemäß' heißt letzten Endes ‚Der göttlichen Vernunft gemäß'", Franziskus Stratmann, Krieg und Christentum heute, 45.

49 Vgl. Franziskus Stratmann, Weltkirche und Weltfrieden, 121.

einer theologischen Erneuerung, die alte Begriffe überwindet und zu neuen Einsichten und vor allem einer neuen, politischen Praxis kommt, und einem Verhaftetsein in einer durchaus auch anti-modernen Tradition der katholischen Kirche und des Lehramtes. Aber es bleibt sein Verdienst, zu einer Zeit, als die Theologie noch wesentlich im neuscholastischen System erstarrt war, eine kontextuelle Friedenstheologie entwickelt zu haben, die wesentliche Gedanken der theologischen Erneuerung, wie sie erst ein Jahrzehnt später in Frankreich entwickelt wurden, vorweggenommen hat. Die Tragik seines theologischen Wirkens lag sicherlich darin, dass er in seiner eigenen Ordensprovinz nicht ernst genommen wurde und ihm so eine Anerkennung auch als Theologe versagt geblieben ist. Dazu kommt der historische Bruch der nationalsozialistischen Machtergreifung 1933, der ihn in die Emigration zwang und so eine weitere theologische Entwicklung faktisch abgeschnitten hat. Die Versuche, nach dem Krieg hier wieder anzuknüpfen, waren nur in Ansätzen erfolgreich. Dass er in den letzten Jahren seines Lebens, nach den Umbrüchen des Konzils, sogar in das rechtskatholische Lager wechselte und in der Zeitschrift „Der Fels“ publizierte, markierte nur die Tragik, die man wohl auch in seinem Leben erkennen muss. Und dennoch gilt für ihn etwas, was er selber für die Kirche gefordert hatte: das prophetische Element.

> „Was wir brauchen, sind neben den politischen noch den prophetischen Menschen, die Menschen mit dem Gespür für das Wesentliche, das Kommende, das Ewige, das Göttliche. Der Politiker denkt an das, was heute und an der Oberfläche geschieht. Metanoite! Denkt wie die Propheten auch an das morgen und übermorgen und was heute schon in der Tiefe geschieht. Der Prophet soll der Freund des Politikers sein, was nicht ausschließt, dass er ihn ge-

> legentlich tadelt. Beide brauchen sich: der eine, um an das Nächste, der andere, um an das Letzte erinnert zu werden.“[50]

In der Politischen Theologie wird man dies später mit den Begriffen Mystik und Politik bezeichnen. Franziskus Stratmann verband in seinem Leben beide Aspekte: Er war ein politischer Mensch und als Glaubender auch zutiefst ein Mystiker. Beide Elemente zusammen machen ihn zu einem echten dominikanischen Propheten des 20. Jahrhunderts.

---

50 Franziskus Stratmann, Metanoite!, in: Der Friedenskämpfer 8 (1932), 234.

Franziskus M. Stratmann im März 1948.
Quelle: Archiv der Dominikaner-Provinz Teutonia.

Pater Franziskus Maria Stratmann OP und die „Judenfrage“

Elias H. Füllenbach OP

Aufgrund seiner führenden Stellung im *Friedensbund Deutscher Katholiken*[1] gilt Pater Franziskus Maria Stratmann OP[2] heute vor allem als Wegbereiter und wichtiger Theoretiker der katholischen Friedensbewegung im 20. Jahrhundert. We-

1 Vgl. Dieter Riesenberger, Die katholische Friedensbewegung in der Weimarer Republik, Düsseldorf 1976; Beate Höfling, Katholische Friedensbewegung zwischen zwei Kriegen. Der „Friedensbund Deutscher Katholiken“ 1917–1933, Waldkirch 1979; Konrad Breitenborn, Der Friedensbund Deutscher Katholiken 1918/19–1951, Berlin (Ost) 1981; Klaus Große Kracht, „Die Menschen geistig mündig machen“. Der Friedensbund Deutscher Katholiken im politisch-religiösen Gefüge der Weimarer Republik, in: Birgit Aschmann / Heinz-Gerhard Justenhoven (Hrsg.), Dès le début. Die Friedensnote Papst Benedikts XV. von 1917 (Veröffentlichungen der Kommission für Zeitgeschichte, Reihe C: Themen der kirchlichen Zeitgeschichte Bd. 2), Paderborn u. a. 2019, 219–245.

2 Eine Biographie, die heutigen wissenschaftlichen Ansprüchen genügen würde, steht weiterhin aus. Vgl. daher immer noch Paulus Engelhardt, Der Friedenskämpfer. Zum 100. Geburtstag von P. Franziskus Maria Stratmann OP (8.9.1883), in: Wort und Antwort 24 (1983), 111–120; ders., A Combatant for Peace: Franziskus Maria Stratmann (1883–1971), in: Francesco Compagnoni / Helen Alford (Hrsg.), Preaching Justice. Dominican Contributions to Social Ethics in the Twentieth Century, Dublin 2007, 79–99; Dieter Riesenberger, Art. Stratmann, in: Biographisch-Bibliographisches Kirchenlexikon 11 (1996), Sp. 20–23.

niger bekannt ist dagegen, dass sich der Dominikaner angesichts des zunehmenden Antisemitismus in den 1920er und 1930er Jahren auch intensiv mit der sogenannten ‚Judenfrage‘[3] auseinandergesetzt hat, die nach der Machtübernahme der Nationalsozialisten immer virulenter wurde. Wie im Folgenden dargelegt werden soll, verdienen Stratmanns Äußerungen zur ‚Judenfrage‘ und sein Kampf gegen den Antisemitismus seiner Zeit jedoch eine eingehende Würdigung.

Stratmanns Brief an Kardinal Faulhaber

Stratmanns Haltung zur ‚Judenfrage‘ kommt insbesondere in einem dreiseitigen Brief zum Ausdruck, den er am 10. April 1933 an den Erzbischof von München und Freising, Michael Kardinal von Faulhaber (1869–1952)[4], schrieb, um ihn und die anderen deutschen Bischöfe zu einem öffentlichen Protest gegen die nationalsozialistische Judenverfolgung zu bewegen. Dieser Brief hat sich im Erzbischöflichen Archiv

3 Zum Begriff vgl. Jakob Toury, The Jewish Question. A Semantic Approach, in: Leo Baeck Institute Year Book 11 (1966), 85–106; Werner Bergmann, Judenfrage, in: Wolfgang Benz (Hrsg.), Handbuch des Antisemitismus. Judenfeindschaft in Geschichte und Gegenwart, Bd. 3: Begriffe, Theorien, Ideologien, Berlin/New York 2010, 147–150.

4 Zu ihm vgl. Ludwig Volk, Art. Faulhaber, in: Erwin Gatz (Hrsg.), Die Bischöfe der deutschsprachigen Länder 1945–2001. Ein biographisches Lexikon, Berlin 2002, 377–382. Einen Überblick über die aktuelle Forschung gibt Peter Pfister, „Für den Bischof ist die Seelsorge höchstes Gesetz“. Michael Kardinal von Faulhaber 1869–1952 – Erzbischof von München und Freising 1917–1952, in: Maria Anna Zumholz / Michael Hirschfeld (Hrsg.), Zwischen Seelsorge und Politik. Katholische Bischöfe in der NS-Zeit, Münster 2018, 513–526.

München erhalten[5] und wurde als wichtiges Zeitzeugnis bereits mehrfach veröffentlicht[6] sowie in einige Quelleneditionen zur Geschichte der katholischen Kirche im Nationalsozialismus aufgenommen.[7] Aus den Beständen des Vatikanischen Geheimarchivs, die seit 2003 bzw. 2006 für die Forschung zugänglich sind[8], kennen wir zwar inzwischen zahlreiche vergleichbare Eingaben, die 1933 an den Papst bzw. die römische Kurie geschickt und unter dem Titel *La questione degli Ebrei in Germania* in einem größeren Aktenkonvolut zusammengefasst wurden;[9] aber Stratmanns Brief an Faulhaber ist doch in mehrfacher Hinsicht bemerkenswert. Denn anders als Edith Stein (1891–1942)[10] und die

---

5 Stratmann an Faulhaber, 10. April 1933. Erzbischöfliches Archiv München (= EAM), Nachlass Faulhaber 5370. Vgl. in diesem Buch, 249–252.

6 Vgl. beispielsweise Franziskus Stratmann, Widersteht den Anfängen! Ein Brief des „Friedenskämpfers", in: Wort und Antwort 26 (1985), 152–154. Eine längere Passage des Briefs zitiert bereits Ludwig Volk, Zur Kundgebung des deutschen Episkopats vom 28. März 1933, in: Stimmen der Zeit 173 (1963/64), 431–456, hier 453f.

7 Vgl. Ludwig Volk (Bearb.), Akten Kardinal Michael von Faulhabers 1917–1945, Bd. 1: 1917–1934 (Veröffentlichungen der Kommission für Zeitgeschichte, Reihe A: Quellen Bd. 17), Mainz 1975, 709–711; Hubert Gruber, Katholische Kirche und Nationalsozialismus 1930–1945. Ein Bericht in Quellen, Paderborn u. a. 2006, 55–58.

8 Zur Öffnung dieser römischen Archivbestände vgl. Hubert Wolf, Papst & Teufel. Die Archive des Vatikan und das Dritte Reich, München 2008, 19–26.

9 Zu dieser Sammlung von Bittschriften, insbesondere zu den Eingaben des Wiener Rabbiners Arthur Zacharias Schwarz (1880–1939) und eines 1933 nach Frankreich emigrierten Lufthansapiloten namens Victor Haefner (1896–1967), vgl. ebd., 217–230.

10 Zu ihr vgl. Wolfdietrich von Kloeden, Art. Stein, in: Biographisch-Bibliographisches Kirchenlexikon 15 (1999), Sp. 1318–1340.

meisten anderen Bittsteller, die sich im Frühjahr 1933 hilfesuchend an Pius XI. (1857–1939, Pontifikat seit 1922)[11] in Rom wandten,[12] war Stratmann gar nicht persönlich von den antisemitischen Maßnahmen der Nationalsozialisten betroffen. Der Dominikaner meldete sich vielmehr als aufmerksamer Beobachter zu Wort, den die politischen Ereignisse in Deutschland und das Schicksal seiner jüdischen Mitbürger nicht unberührt ließen. Seinen „freimütigen Brief“ wollte er daher „als das Aufbegehren eines bedrängten christlichen und priesterlichen Gewissens“ verstanden wissen[13] – eine geschickte Formulierung, mit der Stratmann zugleich an Faulhabers eigenes Gewissen appellierte. Entsetzt zeigte sich Stratmann insbesondere über die nationalsozialistische „Personalpolitik“, also die ideologisch motivierte Entfernung zahlreicher Angestellter und Beamter aus dem öffentlichen Dienst, die nur wenige Tage zuvor durch das *Gesetz zur Wiederherstellung des Berufsbeamtentums* vom 7. April 1933 offiziell legitimiert worden war.[14] Das Gesetz richtete sich nicht

11 Zu ihm vgl. Georg Schwaiger, Papsttum und Päpste im 20. Jahrhundert. Von Leo XIII. zu Johannes Paul II., München 1999, 193–270.
12 Vgl. etwa den Brief von Edith Stein an Pius XI., ohne Datum (Anfang April 1933). Archivio Segreto Vaticano, Archivio della Congregazione degli Affari Ecclesiastici Straordinari, Germania, Pos. 643, fasc. 158, fol. 16f. Zu diesem Brief vgl. Elias H. Füllenbach, „Daß die Kirche ihre Stimme erhebe“, in: Freiburger Rundbrief, N. F. 10 (2003), 169–172; M. Amata Neyer, Der Brief Edith Steins an Papst Pius XI. Versuch einer Dokumentation, in: Edith Stein Jahrbuch 10 (2004), 11–29; Wolf, Papst & Teufel, 208–216.
13 Stratmann an Faulhaber, 10. April 1933. EAM, Nachlass Faulhaber 5370. Die folgenden Zitate ebenda.
14 Vgl. die Studie von Sigrun Mühl-Benninghaus, Das Beamtentum in der NS-Diktatur bis zum Ausbruch des Zweiten Weltkrieges. Zu Entstehung, Inhalt und Durchführung der einschlägigen Beamtengesetze (Schriften des Bundesarchivs Bd. 48), Düsseldorf 1996.

nur gegen die Mitglieder anderer Parteien, sondern enthielt auch einen sogenannten ‚Arierparagraphen', der es ermöglichte, Menschen allein wegen ihrer jüdischen Abstammung zu entlassen oder in den vorzeitigen Ruhestand zu versetzen.

Gegen diese Diskriminierung der jüdischen Bevölkerung bezog Stratmann in seinem Brief eindeutig Stellung. Unter dem Eindruck der nationalsozialistischen Boykottaktion jüdischer Geschäfte am 1. April 1933[15] sprach er sogar ausdrücklich von einer „Judenverfolgung" in Deutschland und schilderte dem Kardinal, was er als Seelsorger an einem katholischen Krankenhaus in Berlin-Schönefeld erlebt bzw. erfahren hatte:

> „Ich selbst habe hier im St. Norbert-Krankenhause, wo ich Hausgeistlicher bin, den nackten Körper eines jüdischen Kaufmanns gesehen, der die grauenhaftesten Spuren der Mißhandlung aufwies. Man hat den Herrn, der 4 Jahre lang Frontkämpfer und schwer verwundet war und der dem politischen Leben völlig fern steht, aus keinem anderen Grunde als weil er Jude ist, am Boykott-Tage in einem SA-Heim stundenlang mit Peitschen und Riemen geschlagen, zusammen mit anderen Juden. Zahlreiche ähnliche Fälle werden von den glaubwürdigsten Menschen erzählt. Ein jüdischer Akademiker sagte mir, er wisse von einigen Ermordungen in seinem Bekanntenkreis. Der Patient hier im Hause erklärte mir, daß ihm Ermordungen persönlich zwar nicht bekannt seien, wohl

15 Zu den Hintergründen und dem Verlauf der Boykottaktion vgl. Avraham Barkai, Vom Boykott zur „Entjudung". Der wirtschaftliche Existenzkampf der Juden im Dritten Reich 1933–1943, Frankfurt/M. 1988, 26–35; Hannah Ahlheim, „Deutsche, kauft nicht bei Juden!" Antisemitismus und politischer Boykott in Deutschland 1924 bis 1935, Göttingen 2011, 241–262.

> aber Todesfälle infolge von Mißhandlungen, ebenso einige Selbstmorde. Wertvollste Charaktere, feinste Intelligenzen werden seelisch von einem Berserkertum, das geistig und sittlich tief unter ihnen steht, zertreten.“

Dass sich ein katholischer Priester für Andersgläubige, insbesondere für die Juden einsetzte, war damals recht ungewöhnlich. Doch Stratmann sah es offenbar als seine Aufgabe an, für die Entrechteten einzutreten, und betonte deshalb auch gegenüber dem Kardinal, dass das „barbarische“ Vorgehen „gegen Zehntausende Unschuldige, Wehr- und Rechtlose“ nicht stillschweigend hingenommen werden dürfe. Zugleich machte Stratmann deutlich, dass er nicht allein diese Position vertrat, sondern sich regelmäßig mit anderen katholischen „Geistlichen und Laien“ austauschte, die von ihrer Kirche ebenfalls einen öffentlichen Protest erwarten würden: Zahlreiche „Seelen“ seien „durch die nationalsozialistische Gewaltherrschaft aufgewühlt“ und könnten nicht nachvollziehen, dass die deutschen Bischöfe zu den „Vorkommnissen der letzten Wochen“ schwiegen, statt „in der Öffentlichkeit“ ihre Stimme zu erheben: „Wir wissen, daß ein ungewöhnlicher Mut dazu gehört, jetzt für die Wahrheit Zeugnis abzulegen, aber wir wissen auch, daß nur so Menschlichkeit und Christentum gerettet werden können.“

Während sich einige deutsche Theologen[16] und auch

---

16 Neben zahlreichen neueren Einzelstudien vgl. den Überblick bei Heinz Hürten, Deutsche Katholiken 1918–1945, Paderborn u. a. 1992, 214–230; sowie Georg Denzler, Katholische Zugänge zum Nationalsozialismus, in: Ders. / Leonore Siegele-Wenschkewitz (Hrsg.), Theologische Wissenschaft im „Dritten Reich“. Ein ökumenisches Projekt (Arnoldshainer Texte Bd. 110), Frankfurt/M. 2000, 40–67; Robert A. Krieg, Catholic Theologians in Nazi Germany, New York/London 2004. Zu einigen besonders bekannten katholischen ‚Brückenbauern‘ vgl.

manche seiner Mitbrüder[17] der Illusion hingaben, dass Nationalsozialismus und Katholizismus miteinander vereinbar seien, war sich Stratmann bereits völlig im Klaren darüber, in einem diktatorischen Unrechtsstaat zu leben, der mit „einer unerhörten Rücksichtslosigkeit" gegen seine Gegner vorging: „eine Flut von Haß und Herzlosigkeit gegen alle, die nicht Parteigänger der Regierungsgruppe sind, wälzt sich durch Deutschland. Furchtbare wirtschaftliche, körperliche und seelische Mißhandlungen hauptsächlich gegen Juden und Judenabkömmlinge kommen Tag für Tag vor", setzten sich also, wie Stratmann betonte, nach der Boykottaktion am 1. April weiter fort:

> „Die Wut dieses Nationalbolschewismus richtet sich nicht gegen eine nachweisbar schlechte Tat oder Gesinnung, sondern unbesehen gegen die jüdische Rasse. Eine Blasphemie, wenn man bedenkt, dass Christus in Ewigkeit dieser Rasse angehört, daß das Christentum nie entstanden wäre ohne das Judentum. Das Sakrament der hl. Taufe, das zahlreiche jüdische Konvertiten aus tiefster Überzeugung empfangen haben, ist diesem deutschen Hei-

---

jetzt auch Kurt Flasch, Katholische Wegbereiter des Nationalsozialismus. Michael Schmaus, Joseph Lortz, Josef Pieper. Essay, Frankfurt/M. 2021.

17 In Berlin trat ein Dominikaner, Pater Chrysostomus M. Conrath OP (1880–1956), sogar der NSDAP bei und engagierte sich in der *Katholischen Vereinigung für nationale Politik*, die 1933 versuchte, die katholische Bevölkerung für das NS-Regime zu begeistern. Zu ihm vgl. Hans Jürgen Brandt / Peter Häger (Hrsg.), Biographisches Lexikon der Katholischen Militärseelsorge Deutschlands 1848 bis 1945, Paderborn 2002, 127; Kevin P. Spicer, Hitler's Priests. Catholic Clergy and National Socialism, Illinois 2008, 245; sowie Rainer Maria Groothuis, Im Dienste einer überstaatlichen Macht. Die deutschen Dominikaner unter der NS-Diktatur, Münster 2002, 459–463.

den- und Barbarentum ein Nichts. Aber niemand protestiert wirksam gegen diese unbeschreibliche deutsche und christliche Schmach. Selbst Priester fühlen ihre antisemitischen Instinkte durch dieses sündhafte Treiben befriedigt.“

In diesen Zeilen griff Stratmann zwar den „Rasse“-Begriff der Nationalsozialisten auf, distanzierte sich aber zugleich wieder von diesem, indem er nicht nur die jüdischen Wurzeln des Christentums hervorhob, sondern auch an die Verantwortung der deutschen Bischöfe erinnerte, zumindest für die verfolgten Katholikinnen und Katholiken jüdischer Herkunft[18] einzutreten. Warum er sich dabei nicht an das für ihn zuständige Ordinariat in Berlin, sondern ausgerechnet an Faulhaber in München wandte, geht aus dem Schreiben nicht hervor. Stratmann schrieb lediglich, dass er „ein ganz besonderes Vertrauen zum Kardinal“ habe, ohne dies jedoch weiter zu begründen. Ausschlaggebend war vermutlich, dass sich Faulhaber in den Jahren zuvor mehrfach positiv über die Friedensbewegung geäußert hatte und auch mit einigen ihrer Repräsentanten in einem regelmäßigen Austausch stand.[19] Der Münchner Erzbischof war zwar nicht Protektor des *Friedensbundes Deutscher Katholiken*,[20] wie in der Forschungsliteratur

18 Zu ihrer schwierigen Situation vgl. Wolfgang Benz, Judenchristen. Zur doppelten Ausgrenzung einer Minderheit im NS-Staat, in: Edith Stein Jahrbuch 3 (1997), 307–318.
19 Vgl. Antonia Leugers, Katholische *Kriegs*friedensdiskurse der Münchner Zwischenkriegszeit, in: dies. (Hrsg.). Zwischen Revolutionsschock und Schulddebatte. Münchner Katholizismus und Protestantismus im 20. Jahrhundert, Saarbrücken 2013 (theologie.geschichte, Beiheft 7), 143–191, insbesondere 164–177 zu Faulhabers vielbeachteter Friedensrede im Februar 1932 und seinem Verhältnis zu einzelnen Vertretern der katholischen Friedensbewegung.
20 Vgl. ebd., 175.

immer wieder zu lesen ist;[21] aber viele Mitglieder sahen in ihm doch eine „Art Hoffnungsträger".[22] Möglicherweise war Stratmann aber auch Faulhabers Engagement für die *Amici Israel* bekannt, einer 1926 gegründeten Priestervereinigung,[23] die sich für die Bekämpfung antisemitischer Vorurteile eingesetzt hatte, aber bereits 1928 vom Vatikan wieder aufgelöst worden war.[24] Jedenfalls hoffte Stratmann, dass Faulhaber

---

21 Vgl. beispielsweise Riesenberger, Die katholische Friedensbewegung, 58; Höfling, Katholische Friedensbewegung, 283; Große Kracht, „Die Menschen geistig mündig machen", 233.

22 Monika Nickel, „Jeder Krieg, auch der notwendigste auch der gerechteste, ist eine Wunde der christlichen Weltordnung." Kardinal Michael von Faulhaber und der „Friedensbund deutscher Katholiken", in: Beiträge zur altbayerischen Kirchengeschichte 50 (2007), 267–296, hier 295. Umso größer war daher die Enttäuschung, als Faulhaber nicht gegen das Verbot des *Friedensbundes* am 1. Juli 1933 protestierte (vgl. ebd., 294f.). Zu seiner ambivalenten Haltung gegenüber den katholischen Friedensaktivisten vgl. auch Leugers, Katholische *Kriegs*friedensdiskurse, 174f. So legte Faulhaber großen Wert darauf, dem *Friedensbund* nicht selbst als Mitglied anzugehören und auch nicht zu den Abonnenten der Zeitschrift *Der Friedenskämpfer* zu zählen.

23 Zu dieser Vereinigung, die vor allem das Ziel der Judenmission verfolgte, vgl. Matthias Blum, Amici Israel, in: Wolfgang Benz (Hrsg.), Handbuch des Antisemitismus. Judenfeindschaft in Geschichte und Gegenwart, Bd. 5: Organisationen, Institutionen, Bewegungen, Berlin/Boston 2012, 22–25; Menahem Macina, Causes de la dissolution d'Amici Israel (1926–1928), in: Annette Becker / Danielle Delmaire / Frédéric Gugelot (Hrsg.), Juifs et Chrétiens: entre ignorance, hostilité et rapprochement (1898–1998), Villeneuve d'Ascq 2002, 87–110.

24 Vgl. Elias H. Füllenbach, Päpstliches Aufhebungsdekret der „Amici Israel" (25. März 1928), in: Wolfgang Benz (Hrsg.), Handbuch des Antisemitismus. Judenfeindschaft in Geschichte und Gegenwart, Bd. 6: Publikationen, Berlin/Boston 2013, 525–527. Zum Hintergrund vgl. auch Wolf, Papst & Teufel, 98–132.

sein Anliegen eines öffentlichen Protestes aufgreifen und beispielsweise bei dem nächsten Treffen der Bischöfe in Fulda einbringen würde, zumal dort, wie der Ordensmann aus der Zeitung erfahren hatte, über „die neue politische Lage“ in Deutschland beraten werden sollte.[25]

Offensichtlich war Stratmann der Auffassung, dass nur durch eine solche öffentliche Stellungnahme die Autorität des deutschen Episkopats wiederhergestellt werden könne, die durch „die Quasi-Approbation der nationalsozialistischen Bewegung bei zahllosen Katholiken und Nichtkatholiken ins Wanken geraten“ sei. Mit ihrer Erklärung vom 28. März 1933,[26] die allgemein als eine Zurücknahme früherer „Ver-

---

25 Stratmann bezog sich explizit auf eine „Kundgebung“ der Erzbischöfe von Köln und Paderborn, von der er in der *Kölnischen Volkszeitung* vom 10. April 1933 gelesen hatte. Die Erzbischöfe hatten sich am 8. April 1933 in Köln getroffen und gemeinsam mit dem Bischof von Osnabrück eine Erklärung formuliert, in der sie ankündigten, „auf der üblichen jährlichen Bischofskonferenz, die in diesem Jahre zu einem bedeutend früheren Termin stattfinden soll“, über die aktuelle politische Situation zu sprechen. Zitiert nach Bernhard Stasiewski (Bearb.), Akten deutscher Bischöfe über die Lage der Kirche 1933–1945, Bd. 1: 1933–1934 (Veröffentlichungen der Kommission für Zeitgeschichte, Reihe A: Quellen Bd. 5), Mainz 1968, 51.

26 Vgl. die Erklärung der deutschen Bischöfe vom 28. März 1933, zitiert nach ebd., 30–32, hier 30f.: „Es ist nunmehr anzuerkennen, daß von dem höchsten Vertreter der Reichsregierung, der zugleich autoritärer Führer jener Bewegung ist, öffentlich und feierlich Erklärungen gegeben sind, durch die der Unverletzlichkeit der katholischen Glaubenslehre und den unveränderlichen Aufgaben und Rechten der Kirche Rechnung getragen, sowie die vollinhaltliche Geltung der von den einzelnen deutschen Ländern mit der Kirche abgeschlossenen Staatsverträge durch die Reichsregierung ausdrücklich zugesichert wird. Ohne die in unseren früheren Maßnahmen liegende Verurteilung bestimmter religiös-sittlicher Irrtümer

bote und Warnungen“ verstanden wurde,[27] hätten die Bischöfe, so Stratmann, „das Gros der Gläubigen“ verunsichert. Ihr Erlass bedeute zwar „keine Verleugnung der bisherigen Grundsätze“, wie der Dominikaner konstatierte, stütze sich aber zu sehr auf die mündlichen Aussagen Hitlers als Reichskanzler,[28] die im klaren Widerspruch zu den „*Taten* seiner Partei“ stünden. Auch deswegen sei eine öffentliche Klarstellung notwendig.

Stratmann brachte damit den Unmut zum Ausdruck, den die Erklärung vom 28. März in einigen katholischen Kreisen hervorgerufen hatte,[29] und seine „scharfsinnige Stimmungsdiagnose“[30] konnte auch die eigene Enttäuschung über das Verhalten der Bischöfe kaum verbergen, so sehr Stratmann auch gegenüber Faulhaber seine Loyalität beteuerte. Schließlich ging es aus der Sicht des Ordensmanns nicht um irgendwelche Nebensächlichkeiten. Für ihn stand vielmehr die

---

aufzuheben, glaubt daher der Episkopat das Vertrauen hegen zu können, daß die vorbezeichneten allgemeinen Verbote und Warnungen nicht mehr als notwendig betrachtet zu werden brauchen.“

27 Nach einem Vorstoß des Mainzer Ordinariats im September 1930 hatten zunächst einzelne Bischöfe und 1932 auch die Fuldaer Bischofskonferenz eine Mitgliedschaft in der NSDAP mit der Begründung verboten, dass das Parteiprogramm gefährliche „Irrlehren“ enthalte. Die verschiedenen Stellungnahmen finden sich bei Stasiewski (Bearb.), Akten deutscher Bischöfe, Bd. 1, 787–844.

28 Zweifellos bezog sich die bischöfliche Verlautbarung auf die Regierungserklärung Hitlers vom 23. März 1933, in der er erklärt hatte: „Die nationale Regierung sieht in den beiden christlichen Konfessionen wichtigste Faktoren der Erhaltung unseres Volkstums. Sie wird die zwischen ihnen und den Ländern abgeschlossenen Verträge respektieren; ihre Rechte sollen nicht angetastet werden.“ Zit. nach ebd., 15.

29 Vgl. Olaf Blaschke, Die Kirchen und der Nationalsozialismus, Stuttgart 2014, 91–93.

30 Volk, Zur Kundgebung, 453.

Glaubwürdigkeit der Kirche in Deutschland auf dem Spiel. Mit mahnenden Worten erklärte er daher:

> „Am Opportunismus geht das echte Christentum zugrunde. Nur das Entschiedene, Unbeirrte gewinnt heute Achtung, Gefolgschaft und Begeisterung, wofür gerade der Nationalsozialismus das beste Beispiel ist. Nur durch Bekennertum und Martyrertum kann die darniederliegende Christenheit wieder hochkommen.“

Dieser Appell war unmissverständlich. Doch eine Antwort an Stratmann ist nicht überliefert. Aus einem erhaltenen Brief Faulhabers an einen anderen Geistlichen geht aber klar hervor, dass der Kardinal einen bischöflichen Protest gegen die Judenverfolgung gar nicht für notwendig hielt: „Ich bekomme von verschiedenen Seiten die Anfrage, warum die Kirche nichts gegen die Judenverfolgung tue. Ich bin darüber befremdet.“[31] Zwar sei das „Vorgehen gegen die Juden [...] derart unchristlich, daß jeder Christ, nicht bloß jeder Priester, dagegen auftreten müßte. Für die kirchlichen Oberbehörden“ stellten sich jedoch „weit wichtigere Gegenwartsfragen; denn Schule, der Weiterbestand der katholischen Vereine, Sterilisierung sind für das Christentum in unserer Heimat noch wichtiger, zumal man annehmen darf, [...] daß die Juden sich selber helfen können“. Es bestehe daher für ihn und die anderen Bischöfe kein Anlass, „der Regierung einen Grund zu geben, um die Judenhetze in eine Jesuitenhetze umzubiegen.“[32] Dass diese Position

31 Faulhaber an Alois Wurm (1874–1968), 8. April 1933, zitiert nach Volk (Bearb.), Akten Kardinal Michael von Faulhabers, Bd. 1, 705.

32 Ebd. Ähnliche Formulierungen finden sich in einem Schreiben Faulhabers an Kardinalstaatssekretär Pacelli vom 10. April 1933: „Uns Bischöfen wird zur Zeit die Frage vorgelegt, warum die katholische Kirche nicht [...] für die Juden eintrete. Das ist zur Zeit nicht möglich, weil der Kampf gegen die Juden zugleich ein Kampf gegen

Faulhabers keine Einzelmeinung war, zeigte sich dann sieben Wochen später auf dem Treffen der deutschen Bischöfe in Fulda, bei dem die sogenannte ‚Judenfrage‘ nicht weiter behandelt, sondern anderen Themen der Vorrang gegeben wurde.[33]

Friedenskämpfer der Weimarer Republik

Stratmann hatte dagegen schon einige Jahre zuvor öffentlich vor dem Antisemitismus der Nationalsozialisten gewarnt.[34] Vor den Reichstagswahlen 1930 beteiligte er sich beispielsweise an einem von der *Deutschen Liga für Menschenrechte*[35] initiierten Aufruf „An das deutsche Volk!“, in dem die „Kulturschande des Antisemitismus“ explizit angeprangert wurde:

---

die Katholiken werden würde und weil die Juden sich selber helfen können“. Zitiert nach Stasiewski (Bearb.), Akten deutscher Bischöfe, Bd. 1, 54, der dieser Einschätzung Faulhabers ein Zitat aus Stratmanns Brief gegenüberstellt.

33 Vgl. das Protokoll der Plenarversammlung der deutschen Bischöfe vom 30. Mai bis 1. Juni 1933, in: Stasiewski (Bearb.), Akten deutscher Bischöfe, Bd. 1, 196–210.

34 Vgl. Karl Thieme, Deutsche Katholiken, in: Werner E. Mosse (Hrsg.), Entscheidungsjahr 1932. Zur Judenfrage in der Endphase der Weimarer Republik. Ein Sammelband (Schriftenreihe wissenschaftlicher Abhandlungen des Leo Baeck Instituts Bd. 13), Tübingen 1965, 271–287, hier 286f.

35 Zu ihr vgl. Lothar Wieland, Deutsche Liga für Menschenrechte (DLfM), in: Helmut Donat / Kal Holl (Hrsg.), Die Friedensbewegung. Organisierter Pazifismus in Deutschland, Österreich und in der Schweiz (Hermes Handlexikon), Düsseldorf 1983, 76–80; Lothar Mertens, Die „Deutsche Liga für Menschenrechte“ in der Weimarer Republik, in: Bert Becker / Horst Lademacher (Hrsg.), Geist und Gestalt im historischen Wandel. Facetten deutscher und europäischer Geschichte 1789–1989. (FS Siegfried Bahne), Münster u. a. 2000, 257–269.

> „Die schwierige wirtschaftliche Lage wird von unverantwortlichen Elementen dazu benützt, eine schamlose antisemitische Hetze zu entfalten, die sich in letzter Zeit so gesteigert hat, daß offen Pogrome angedroht werden. Das Bestreben, eine besondere Schicht des deutschen Volkes für die wirtschaftliche Depression verantwortlich zu machen, muß von jedem anständigen Menschen auf das allerschärfste zurückgewiesen werden. Jedem Staatsbürger bleibt es unbenommen, frei und offen seine Ansichten auszusprechen, aber die Demagogie, mit der z. B. die nationalsozialistische Presse Tag für Tag arbeitet, ist eine Kulturschande ersten Ranges.“[36]

Unter den Unterzeichnern dieses Aufrufs, die ausdrücklich betonten, nicht selbst „der jüdischen Religionsgemeinschaft“ anzugehören, waren neben Stratmann auch einige prominente Schriftsteller wie Thomas Mann (1875–1955)[37] sowie mehrere evangelische Theologen wie Otto Baumgarten (1858–1934)[38] und Eduard Lamparter (1860–1945)[39], die sich im *Verein zur*

---

36 Stadtarchiv Braunschweig, H XVII Plakatsammlung (1848–1933), 0014.0010. Der Aufruf wurde auch in zahlreichen Zeitungen abgedruckt. Vgl. beispielsweise: Allgemeines Jüdisches Familienblatt (Leipziger Jüdische Zeitung) vom 12. September 1930, 2.

37 Zu ihm vgl. beispielsweise Hermann Kurzke, Thomas Mann. Das Leben als Kunstwerk, München 1999. Zu seiner Unterstützung dieses Aufrufs vgl. Georg Potempa (Bearb.), Thomas Mann. Beteiligung an politischen Aufrufen und anderen kollektiven Publikationen. Eine Bibliographie, Morsum/Sylt 1988, 68–70.

38 Zu ihm vgl. Hannelore Braun / Gertraud Grünzinger, Personenlexikon zum deutschen Protestantismus 1919–1949 (Arbeiten zur Kirchlichen Zeitgeschichte, Reihe A: Quellen, Bd. 12), Göttingen 2006, 30.

39 Zu ihm vgl. Hildegard Thevs, Eduard Lamparters Beitrag zur Abwehr des Antisemitismus, in: Blätter für württembergische Kirchen-

Abwehr des Antisemitismus engagierten.[40] Ob auch Stratmann diesem Verein angehörte, ist nicht bekannt.[41]

Über die Friedensarbeit hatte der Dominikaner aber nachweislich Kontakt zu einigen jüdischen Persönlichkeiten und Verbänden in Berlin. So wurde 1929 auf Stratmanns Betreiben hin die *Arbeitsgemeinschaft der Konfessionen für den Frieden* gegründet,[42] der sich auch der *Jüdische Friedensbund* anschloss.[43] Im Gründungsaufruf, an dem sich Albert Einstein (1879–1955)[44] und Rabbiner Leo Baeck (1873–1956)[45] beteiligten, hieß es unter anderem, dass sich die „Bekenner der Religionen der Liebe und des Friedens" über alle konfessionellen und theologischen

---

geschichte 78 (1978), 146–186; Rainer Lächele, Art. Lamparter, in: Württembergische Biographien unter Einbeziehung hohenzollerischer Persönlichkeiten 1 (2006), 152f.

40 Zur Geschichte des Vereins vgl. Barbara Suchy, The Verein zur Abwehr des Antisemitismus (I): From ist Beginnings to the First World War, in: Leo Baeck Institute Year Book 28 (1983), 205–239; dies., The Verein zur Abwehr des Antisemitismus (II): From the First World War to its Dissolution in 1933, in: Leo Baeck Institute Year Book 30 (1985), 67–103.

41 Wie Auguste Zeiß-Horbach, Der Verein zur Abwehr des Antisemitismus. Zum Verhältnis von Protestantismus und Judentum im Kaiserreich und in der Weimarer Republik, Leipzig 2008, 416, betont, waren katholische Theologen im *Verein zur Abwehr des Antisemitismus* kaum aktiv.

42 Vgl. Riesenberger, Die katholische Friedensbewegung, 66f.

43 Zum *Jüdischen Friedensbund*, der selbst erst 1929 gegründet wurde, vgl. Virginia Iris Holmes, Integrating Diversity, Reconciling Contradiction: The *Jüdischer Friedensbund* in Late Weimar Germany, in: Leo Baeck Institute Year Book 47 (2002), 175–194.

44 Zu ihm vgl. Dieter Hoffmann / Robert Schulmann, Albert Einstein (1879–1955) (Jüdische Miniaturen, Bd. 25), Teetz 2005.

45 Zu ihm vgl. Walter Homolka / Elias H. Füllenbach, Rabbiner Leo Baeck. Ein Lebensbild (Jüdische Miniaturen, Bd. 75), Teetz/Berlin 2008.

„Grenzen hinweg die Hände reichen“ wollten.[46] Zwar blieb die öffentliche Wirksamkeit dieser interreligiösen Arbeitsgemeinschaft gering,[47] aber schon ihre Existenz machte deutlich, dass christliche und jüdische Organisationen bereit waren, in der Friedensfrage zusammenzuarbeiten.

Nach der Machtübernahme der Nationalsozialisten wurden diese gemeinsamen Bemühungen für den Frieden zunichtegemacht. So musste eine großangelegte Friedensversammlung, die Ende März 1933 in München stattfinden sollte und bei der auch Stratmann sprechen wollte, kurzfristig abgesagt werden, da ihr die polizeiliche Genehmigung verweigert wurde.[48] Am 1. Juli 1933 wurde der *Friedensbund Deutscher Katholiken* verboten und aufgelöst; wenige Tage später erfolgten bereits die ersten Verhaftungen seiner führenden Mitglieder.[49] Auch Stratmann, der in seinen Vorträgen und Aufsätzen wiederholt vor dem Nationalsozialismus gewarnt hatte,[50] wurde am 5. Juli festgenommen[51] und wegen „Landesverrat“ angeklagt.[52]

Den Nationalsozialisten war der Dominikaner schon Mitte der 1920er Jahre wegen einer vielbeachteten Auseinander-

---

46 Zitiert nach Riesenberger, Die katholische Friedensbewegung, 67.
47 Zumindest wurden die Vorträge, die auf den beiden Kundgebungen der Arbeitsgemeinschaft am 16. Oktober 1929 und 30. April 1930 gehalten wurden, veröffentlicht. Vgl. Arbeitsgemeinschaft der Konfessionen für den Frieden (Hrsg.), Religion und Weltfriede. Überwindung des Krieges, Leipzig 1930. Die Broschüre enthält unter anderem Beiträge von Baeck und Stratmann.
48 Vgl. Nickel, „Jeder Krieg“, 293.
49 Vgl. Höfling, Katholische Friedensbewegung, 284f.
50 Vgl. ebd., 264–267; Groothuis, Im Dienste einer überstaatlichen Macht, 410–413.
51 Zu seiner Inhaftierung und den Erlebnissen im Gefängnis vgl. Franziskus Maria Stratmann, In der Verbannung. Tagebuchblätter 1940 bis 1947 (Zeugnisse unserer Zeit), Frankfurt/M. 1962, 26–30.
52 Vgl. ebd., 28f.

setzung mit Josef Roth (1897–1941)[53], einem katholischen Geistlichen des Erzbistums München und Freising, der schon früh Kontakte zur NSDAP unterhielt und regelmäßig im *Völkischen Beobachter* und anderen rechtsgerichteten Zeitschriften publizierte,[54] negativ aufgefallen.[55] Der Konflikt hatte sich an einem polemischen Artikel gegen die katholische Friedensbewegung entzündet, den Roth in den *Gelben Heften*, dem führenden Organ des Rechtskatholizismus in der Weimarer Republik,[56] veröffentlicht hatte und in dem Stratmann

---

53 Zu ihm vgl. Ludwig Brandl, Art. Roth, in: Biographisch-Bibliographisches Kirchenlexikon 8 (1994), Sp. 731–734; Raimund Baumgärtner, Vom Kaplan zum Ministerialrat. Joseph Roth – eine nationalsozialistische Karriere, in: Theo Stammen u. a. (Hrsg.), Politik – Bildung – Religion. Hans Maier zum 65. Geburtstag, Paderborn u. a. 1996, 221–234; Roman Bleistein, Überläufer im Sold der Kirchenfeinde. Josef Roth und Albert Hartl. Priesterkarrieren im Dritten Reich, in: Beiträge zur altbayerischen Kirchengeschichte 42 (1996), 71–109; Heike Kreutzer, Das Reichskirchenministerium im Gefüge der nationalsozialistischen Herrschaft (Schriften des Bundesarchivs Bd. 56), Düsseldorf 2000, 161–182; Spicer, Hitler's Priests, passim, insbesondere 284f.; Thomas Forstner, Braune Priester – Katholische Geistliche im Spannungsfeld von Katholizismus und Nationalsozialismus, in: Manfred Gailus (Hrsg.), Täter und Komplizen in Theologie und Kirchen 1933–1945, Göttingen 2015, 113–139, hier 131–134.

54 Vgl. Kreutzer, Das Reichskirchenministerium, 171f.

55 Eine inhaltliche Zusammenfassung der Auseinandersetzung geben Höfling, Katholische Friedensbewegung, 77f.; und Große Kracht, „Die Menschen geistig mündig machen“, 238f.

56 Zur politischen Ausrichtung der *Gelben Hefte* vgl. Jens Flemming, „Vollprozentige Katholiken und Deutsche!“ Max Buchner, die *Gelben Hefte* und der Rechtskatholizismus zwischen Demokratie und Diktatur, in: Michel Grunewald / Uwe Puschner (Hrsg.), Le milieu intellectuel catholique en Allemagne, sa presse et ses réseaux (1871–1963) / Das katholische Intellektuellenmilieu in Deutschland, seine Presse und seine Netzwerke (1871–1963) (Convergences Bd. 40), Bern u. a. 2006, 363–394; Otto Weiß, Kulturkatholizismus. Ka-

direkt angegriffen wurde.[57] Stratmann hatte sich daraufhin öffentlich verteidigt.[58] Seitdem galt er als Gegner der NS-Bewegung,[59] während sich Roth als ehemaliger Frontkämpfer, der sich nach seiner Reifeprüfung im Juli 1916 freiwillig zum Kriegsdienst gemeldet und 1919 verschiedenen Freikorps angeschlossen hatte,[60] in den folgenden Jahren immer weiter radikalisierte: 1933 wurde ihm auf dem Parteitag in Nürnberg das silberne Ehrenzeichen der NSDAP verliehen;[61] 1935 folgte schließlich seine Berufung in das Reichskirchenministerium.[62] Beide Kleriker repräsentieren damit zwei völlig gegen-

---

tholiken auf dem Weg in die deutsche Kultur 1900–1933, Regensburg 2014, 213–215.

57 Vgl. Joseph [= Josef] Roth, Katholischer Pazifismus? Gedanken über Eigenpersönlichkeit und Eigenrechtlichkeit des Staates, in: Gelbe Hefte. Historische Zeitschrift für das katholische Deutschland 2 (1925/26), 686–700, hier 690f. Der Artikel wurde auch als eigenständige Broschüre veröffentlicht: Ders., Katholischer Pazifismus? Gedanken über Eigenpersönlichkeit und Eigenrechtlichkeit des Staates. Ein Wort an Vernunft und Gewissen, München 1926, hier 5f.

58 Vgl. Franziskus Maria Stratmann, Vom „Rechtbehalten“ in der Politik, in: Der Friedenskämpfer 2 (1926), Heft 5/6 (1. August), 1–3; ders., Kampf gegen den katholischen Pazifismus, in: Der Friedenskämpfer 2 (1926), Heft 7/8 (1. Oktober), 1–3.

59 Vgl. Stratmann, In der Verbannung, 26: „Schon geraume Zeit vor der Verhaftung sagte mir ein Zahnarzt, ich stände auf der Liste der zu Verhaftenden, sobald die Nazis die Regierungsgewalt an sich gerissen haben würden.“

60 Vgl. Josef Roth, Der Weg der Frontsoldaten, in: Gelbe Hefte. Historische Zeitschrift für das katholische Deutschland 5 (1929), 319–323. Kreutzer, Reichskirchenministerium, 164, sieht in diesem Aufsatz Roths, in dem er vor allem die eigenen Kriegserfahrungen thematisierte, „ein Bekenntnis zu der ‚jungen Frontgeneration'“, der Roth angehörte und „zu der er sich zugehörig fühlte.“

61 Vgl. Kreutzer, Reichskirchenministerium, 168.

62 Zu seiner Tätigkeit im Ministerium vgl. Kreutzer, Reichskirchenministerium, 176–181.

sätzliche Positionen im deutschen Katholizismus der 1920er und 1930er Jahre. Denn im Gegensatz zu älteren kirchenhistorischen Arbeiten, die in Roth bloß einen Einzelgänger und „Überläufer im Sold der Kirchenfeinde" sehen wollen,[63] hat Heike Kreutzer überzeugend herausgearbeitet, dass Roths Biographie durchaus charakteristisch war „für den Teil der Katholiken, der sich Anfang der Weimarer Republik von der Mehrheit des deutschen Katholizismus löste [...] und glaubte, die katholische Weltanschauung in nationalistischen Organisationen besser vertreten zu können."[64] Stratmann stand dagegen dem linken Flügel der katholischen Zentrumspartei nahe, die bis 1933 auch von den meisten seiner deutschen Mitbrüder unterstützt wurde.[65] Allerdings war die politische Einstellung vieler Dominikaner damals eher „bürgerlich-konservativ", wie Rainer M. Groothuis festhält.[66] Am ordenseigenen Kolleg in Vechta wurde sogar auf eine betont vaterländische Erziehung Wert gelegt.[67] Als überzeugter Pazifist war Stratmann deshalb in der deutschen Dominikanerprovinz zugleich ein Außenseiter. Seinen frühen Warnungen vor dem Nationalsozialismus wurde deswegen im Orden zunächst kaum Beachtung geschenkt.

---

63 Vgl. Bleistein, Priesterkarrieren, 71f., der diese Sichtweise bereits in seinem Titel andeutet; und Baumgärtner, Ministerialrat, 222f.
64 Kreutzer, Reichskirchenministerium, 163.
65 Vgl. Groothuis, Im Dienste einer überstaatlichen Macht, 60.
66 Ebd.
67 Vgl. Ulrich Schulte, Mentalität und Mentalitätswandel der Kollegianer in den zwanziger Jahren des 20. Jahrhunderts, dargestellt an Hand der Schülerchronik von 1921 bis 1932, in: Ludger A. Fortmann (Hrsg.), 100 Jahre Dominikaner in Vechta 1902–2002. Festschrift zum Jubiläumsjahr, Vechta i. O. 2002, 79–95, hier 83.

Haft und Exil

Stratmanns Verhaftung am 5. Juli 1933 konfrontierte nun erstmals seine Ordensoberen mit den neuen Machthabern. Laurentius M. Siemer OP (1888–1956, seit 1932 Provinzial)[68] lehnte die pazifistische Einstellung von Stratmann strikt ab, fühlte sich als Provinzial aber für seinen inhaftierten Mitbruder verantwortlich und geriet daher gleich zu Beginn des NS-Regimes in einen ersten „Loyalitätskonflikt zwischen Staat und Kirche“.[69] Dass einem Mitglied des Ordens „Landesverrat“ vorgeworfen wurde, empfand er freilich als „beschämend“.[70] Dem zuständigen Untersuchungskommissar beim preußischen Innenministerium versicherte Siemer deshalb:

> „Es ist selbstverständlich, dass Pater Stratmann der verdienten Strafe zugeführt werden muss, wenn wirklich das Vergehen, dessen er angeklagt ist, ihm nachgewiesen wird. Ich bitte nur darum, die Schutzhaft möglichst bald in eine Untersuchungshaft umzuwandeln, damit die Sache bald klar gestellt wird. Ich enthalte mich völlig des Urteils über die Tatsachen; für die Lauterkeit der Absicht des Paters kann ich mich verbürgen. Dass diese Absicht nicht immer auf das richtige Ziel ging, ist mir allerdings auch klar.“[71]

---

68 Zu ihm vgl. Groothuis, Im Dienste einer überstaatlichen Macht, 361–405.

69 Ebd., 407.

70 Siemer an Landgerichtsrat Bork, 27. September 1933. Archiv der Dominikanerprovinz Teutonia, Köln (= ADT), Personalakte Stratmann.

71 Siemer an Landgerichtsrat Bork, 14. August 1933. ADT, Personalakte Stratmann.

Siemer zweifelte also nicht an den lauteren Absichten seines Mitbruders, hielt es aber durchaus für möglich, dass Stratmann mit seinen öffentlichen Äußerungen und seiner Kritik an der neuen Regierung einen Schritt zu weit gegangen war. Deshalb distanzierte er sich deutlich von Stratmanns friedenspolitischem Engagement und signalisierte dem Untersuchungskommissar mehrfach seine Kooperationsbereitschaft. Denn als Provinzial galt seine Sorge vor allem dem Ansehen des Ordens in Deutschland,[72] das Stratmann aus der Sicht Siemers unnötig in Verruf gebracht hatte.

Wie seine Briefe an den im ‚Fall Stratmann' ermittelnden Untersuchungskommissar belegen, war Siemer „zu diesem Zeitpunkt [...] noch sehr darum bemüht, ein ungetrübtes Verhältnis des Ordens zum ‚neuen Staat' aufzubauen".[73] Als der Oldenburgische Staatsminister Julius Pauly (1901–1988)[74] im Oktober 1933 das Dominikanerkolleg in Vechta besuchte, erklärte Siemer zum Beispiel, dass sich nationalsozialistische und katholische Ideen mehr träfen, „als man gewöhnlich annehme"[75]. Diese Position unterschied sich diametral von den Ansichten Stratmanns, der bereits im Juni 1933 – angesichts einer „schier unbegreiflichen Vertrauensseligkeit" vieler Katholikinnen und Katholiken gegenüber Hitler und seiner Re-

72 Vgl. Siemers Briefe an Landgerichtsrat Bork vom 23. und 27. September 1933. ADT, Personalakte Stratmann.

73 Groothuis, Im Dienste einer überstaatlichen Macht, 416.

74 Zu ihm vgl. Werner Vahlenkamp, Art. Pauly, in: Hans Friedl u. a. (Hrsg.), Biographisches Handbuch zur Geschichte des Landes Oldenburg, Oldenburg 1992, 556f.

75 Bericht in der *Oldenburgischen Volkszeitung* vom 17. Oktober 1933, zitiert nach Groothuis, Im Dienste einer überstaatlichen Macht, 102. Ob Siemer hier aus Überzeugung oder, wie Groothuis nahelegt, aus taktischen Erwägungen formulierte, ist anhand der spärlich überlieferten Quellen nicht mehr zu beantworten.

gierung – die Meinung vertreten hatte, „dass man sich trotz äußersten Mitmachens katholischerseits auf jede Vergewaltigung gefasst machen" müsse.[76] In der nationalen Euphorie des Jahres 1933 blieben solche mahnenden Stimmen jedoch weitgehend ungehört.[77] Das gewaltsame Vorgehen gegen politische Gegner und Kritiker wie Stratmann blendeten viele Zeitgenossen zunächst aus.[78] Auch Siemer schätzte die politische Lage damals noch keineswegs als bedrohlich ein, sondern brachte „der nationalen Bewegung" der Nationalsozialisten durchaus „Verständnis entgegen".[79] Erst nach seiner eigenen Verhaftung im April 1935 sollte sich seine Haltung zum NS-Regime grundsätzlich ändern.[80]

---

76 Brief Stratmanns an Josef Knecht (1897–1980), 17. Juni 1933, zitiert nach ebd., 407.

77 Besonders anschaulich zeigt dies Klaus Große Kracht, Katholischer Glaube zwischen „Volksgemeinschaft" und „Reich Gottes". Kirchlich-konfessionelle Großveranstaltungen in Berlin im Jahr 1933, in: Olaf Blaschke / Thomas Großbölting (Hrsg.), Was glaubten die Deutschen zwischen 1933 und 1945? Religion und Politik im Nationalsozialismus (Religion und Moderne Bd. 18), Frankfurt/M.-New York 2020, 267–292.

78 Zur monatelangen, außerordentlich brutalen Terror- und Verhaftungswelle des Jahres 1933 und zu einigen Reaktionen von katholischer Seite vgl. exemplarisch Bastian Fleermann / Elias H. Füllenbach, „... diese Mörder nennen sich Nationalsozialisten". Der Brief einer Düsseldorferin an den Vatikan aus dem Jahre 1933, in: Düsseldorfer Jahrbuch. Beiträge zur Geschichte des Niederrheins 83 (2013), 405–418.

79 Siemer an Landgerichtsrat Bork, 27. September 1933. ADT, Personalakte Stratmann.

80 Vgl. Groothuis, Im Dienste einer überstaatlichen Macht, 287–316; Elias H. Füllenbach, Zur Geschichte des Ordens im 19. und 20. Jahrhundert, in: ders. (Hrsg.), Mehr als Schwarz und Weiß. 800 Jahre Dominikanerorden, Regensburg 2016, 147–165, hier 161–163.

Im Sommer 1933 war Siemer dagegen immer noch davon überzeugt, dass eine Verständigung mit der neuen Regierung möglich sei und daher auch im ‚Fall Stratmann' eine einvernehmliche Lösung mit den staatlichen Behörden gefunden werden könne. Deshalb machte er den Vorschlag, Stratmann bis zu einer endgültigen Klärung in einem Konvent der Ordensprovinz zu internieren, und bat den Berliner Domkapitular Bernhard Lichtenberg (1875–1943)[81], der selbst dem *Friedensbund Deutscher Katholiken* angehörte und mit Stratmann befreundet war,[82] sich bei Adolf Kardinal Bertram (1859–1945)[83], dem Vorsitzenden der Fuldaer Bischofskonferenz, für diese Lösung einzusetzen. Dieser Vorschlag war recht ungewöhnlich und offensichtlich von dem Wunsch getragen, für alle Seiten einen Kompromiss zu finden, um die ärgerliche Angelegenheit möglichst schnell aus der Welt zu schaffen. Siemer wollte Stratmann schützen, ihn aber zugleich daran hindern, sich weiter politisch zu betätigen. Zudem konnte der Orden dadurch seine Treue zum Staat unter Beweis stellen.

Tatsächlich wurde Stratmann im September 1933 überraschend freigelassen und unter der Auflage, „Ausgänge und Reisen [...] unter allen Umständen" zu vermeiden und „mit auswärtigen Personen oder Stellen [...] nicht in Verbindung [zu] treten", im Kölner Dominikanerkonvent Heilig Kreuz

---

81 Zu ihm vgl. Erich Kock, Er widerstand. Bernhard Lichtenberg, Dompropst bei St. Hedwig, Berlin, Berlin 1996; Gotthard Klein, Art. Lichtenberg, in: Lexikon für Theologie und Kirche 6 (^{3}1997), Sp. 904f.
82 Vgl. Groothuis, Im Dienste einer überstaatlichen Macht, 415.
83 Zu ihm vgl. Sascha Hinkel, Gefangen zwischen bischöflichem Amtsverständnis und staatskirchenrechtlichen Überzeugungen. Adolf Kardinal Bertram 1859–1945 – Fürstbischof/Fürsterzbischof von Breslau 1914–1945, in: Maria Anna Zumholz / Michael Hirschfeld (Hrsg.), Zwischen Seelsorge und Politik. Katholische Bischöfe in der NS-Zeit, Münster 2018, 53–75.

unter Hausarrest gestellt.[84] Ob Bertrams Intervention, für die Siemer in einem Brief vom 27. September 1933 ausdrücklich dankte,[85] diese Entscheidung beeinflusst hat, konnte bislang nicht zweifelsfrei geklärt werden.[86] Denn Stratmanns Freilassung wurde zeitgleich auch von Rom aus betrieben. So erhielt Siemer im September 1933 die Nachricht, dass Stratmann zum Beichtvater an Santa Maria Maggiore berufen worden sei, worüber er die staatlichen Behörden umgehend in Kenntnis setzte: „Wahrscheinlich ist diese Ernennung erfolgt, um damit die Enthaftung des Paters zu erleichtern. Ich möchte bemerken, dass ich nichts damit zu tun habe. Allerdings wäre die Möglichkeit, P. Stratmann ins Ausland zu schicken, mir außerordentlich erfreulich. Dann wäre[n] ich und mit mir der Orden von all den Unannehmlichkeiten frei“, gab Siemer unumwunden zu.[87]

Auch Stratmann nahm die Nachricht von seiner Berufung nach Rom mit einer gewissen Erleichterung auf. In seiner vorübergehenden ‚Internierung‘ im Kölner Konvent sah er nämlich eine „Falle. Man wollte sehen, ob ich mich ‚bekehrt‘ hatte.“[88] Auch wenn sich hierfür keine Belege finden lassen, ist doch festzuhalten, dass die Ermittlungen gegen Stratmann mit seiner Entlassung aus dem Gefängnis keineswegs abge-

84 Landgerichtsrat Bork an Siemer, 20. September 1933. ADT, Personalakte Stratmann.

85 Vgl. Siemers Brief an Kardinal Bertram vom 27. September 1933. ADT, Personalakte Stratmann.

86 Vgl. Groothuis, Im Dienste einer überstaatlichen Macht, 415.

87 Siemer an Landgerichtsrat Bork, 27. September 1933. ADT, Personalakte Stratmann.

88 Stratmann, In der Verbannung, 30f. Dies erklärt auch seine reservierte Haltung gegenüber Siemer, dem er vorwarf, mit den nationalsozialistischen Behörden kooperiert und das Vorgehen gegen ihn unterstützt zu haben. Vgl. hierzu auch Groothuis, Im Dienste einer überstaatlichen Macht, 417f.

schlossen waren.[89] Als es im November 1933 zu einer erneuten Anklage gegen ihn kam, flüchtete Stratmann mit dem Zug „über die Alpen“ nach Italien, um „in Rom die Stelle des deutschen Pönitentiars an Santa Maria Maggiore an[zu]treten.“[90] Daraufhin wurde ein Haftbefehl gegen ihn erlassen, der Stratmanns Festnahme anordnete, sobald er wieder deutschen Boden betreten sollte.[91] Aus dem Regimekritiker wurde so in kurzer Zeit selbst ein politisch Verfolgter, der fortan „in der Verbannung“ lebte und erst im August 1947 wieder nach Deutschland zurückkehren sollte.[92]

Schriftstellerische Tätigkeit in Rom

In seinem römischen Exil befasste sich Stratmann erneut mit dem Verhältnis von Juden und Christen. 1936 veröffentlichte er beispielsweise unter dem Titel *Die Judenfrage als Friedensfrage* einen Aufsatz, in dem er die vielen „jüdischen Pazifisten“ würdigte, die sich in der Friedensbewegung engagierten, und an den gemeinsamen Auftrag von Juden und Christen erinnerte, „diese Erde im Geist des Friedens zu gestalten.“[93] Der Ordensmeister hatte ihm zwar auf Drängen Siemers verboten, sich von Rom aus zur politischen Situation in

89 Vgl. beispielsweise das Schreiben von Landgerichtsrat Bork an Siemer vom 28. September 1933, in dem die laufenden Ermittlungen explizit benannt werden. ADT, Personalakte Stratmann.
90 Stratmann, In der Verbannung, 31.
91 Vgl. Groothuis, Im Dienste einer überstaatlichen Macht, 418.
92 Stratmann, In der Verbannung, 270f.
93 Franziskus [M.] Stratmann, Die Judenfrage als Friedensfrage, in: Die Erfüllung 2 (1936/37), 98–108, hier 107 (wieder abgedruckt in diesem Buch, 253–268).

Deutschland zu äußern,[94] ihm aber kein generelles Publikationsverbot erteilt. Deswegen ging Stratmann in seinem Aufsatz nicht näher auf die Judenverfolgung in seiner Heimat ein, sondern äußerte sich nur sehr allgemein zur ‚Judenfrage‘, die damals auch in zahlreichen anderen Ländern diskutiert wurde. Dennoch können seine grundsätzlichen Bemerkungen zur Rassenlehre als deutliche Kritik an der zeitgenössischen NS-Politik verstanden werden. So stellte er beispielsweise fest, dass „die Nichtarier [...] bestimmt nicht minderwertiger“ seien „als die Arier“,[95] und erklärte:

> „‚Rassisch‘ sind die Juden nicht nur nicht benachteiligt, sondern bevorzugt, weil Christus und Maria, alle Apostel, also das ganze Wurzelelement des Christentums aus dem jüdischen Volke stammt, weil ‚Blut und Boden‘ des Christentums in alle Ewigkeit jüdisch bleiben. Die damit gegebene Bevorzugung des jüdischen Volkes mag ein Nichtchrist bestreiten; wenn ein Christ es tut, hat er aufgehört, folgerichtig christlich zu denken und zu fühlen.“[96]

Wie schon in seinem Brief an Faulhaber vom April 1933 betonte Stratmann in diesen Zeilen die jüdischen Wurzeln des Christentums. Allen Versuchen, diese jüdischen Ursprünge zu verleugnen und aus Jesus einen ‚Arier‘ zu machen,[97] erteilte er damit eine klare Absage. Seine übrigen theologischen Aussagen zum christlich-jüdischen Verhältnis fielen dagegen recht konventionell aus.[98] So vertrat Stratmann weiterhin die

---

94 Vgl. Groothuis, Im Dienste einer überstaatlichen Macht, 418.

95 Stratmann, Die Judenfrage als Friedensfrage, 103.

96 Ebd., 98f.

97 Zu diesen Versuchen vgl. Wolfgang Fenske, Wie Jesus zum „Arier“ wurde. Auswirkungen der Entjudaisierung Christi im 19. und zu Beginn des 20. Jahrhunderts, Darmstadt 2005.

98 Stratmanns Ansichten entsprachen weitgehend der damals gel-

traditionelle Substitutionslehre, nach der das Judentum von Gott verworfen und durch die Kirche ersetzt worden sei,[99] wenn er schrieb: „Gott will die Lösung des Judenproblems durch Beseitigung der Juden, aber nicht ihrer ‚Rasse', sondern ihres Irr- und Unglaubens."[100] Ziel jedes „echten Christen" müsse es daher sein, die Juden „durch Wort und Beispiel

---

tenden kirchlichen Lehre und waren daher sehr ambivalent: Einerseits hielt Stratmann, Die Judenfrage als Friedensfrage, hier 105, am herkömmlichen Antijudaismus fest, wenn er beispielsweise die Juden für den Tod Jesu verantwortlich machte und schrieb: „Anstatt ihn aufzunehmen, lieferte das verblendete Volk seinen größten Sohn ans Kreuz und rief obendrein noch ausdrücklich den Fluch auf sich herab mit den grausigen Worten: ‚Sein Blut komme über uns und unsere Kinder!' (Mt 27,25)". Andererseits verurteilte er den modernen Antisemitismus und erinnerte an das biblische Liebesgebot, das allen Menschen, auch den Juden gelte, indem er auf das Gleichnis Jesu vom barmherzigen Samariter (Lk 10,25–37) verwies: „In der Parabel, die Jesus zur Veranschaulichung dieser Lehre erzählte, waren es zwei Juden, die [...] kalt und lieblos an einem zerschundenen, hilfsbedürftigen Wanderer vorübergingen, während ein als volksfremd verachteter Samariter die echte Nächstenliebe an ihm übte. Heute sind die Rollen vertauscht. [...] Heute liegen tausende Juden wie jener Wanderer buchstäblich auf der Straße, zerschunden und zertreten von denen, die sich Christen nennen! Das ist eine ungeheure christliche Schande!" (Ebd., 101).
Zur Ambivalenz katholischer Stellungnahmen zum Antisemitismus in dieser Zeit vgl. Elias H. Füllenbach, Das katholisch-jüdische Verhältnis im 20. Jahrhundert. Katholische Initiativen gegen den Antisemitismus und die Anfänge des christlich-jüdischen Dialogs in Deutschland, in: Reinhold Boschki / Albert Gerhards (Hrsg.), Erinnerungskultur in der pluralen Gesellschaft? Neue Perspektiven für den christlich-jüdischen Dialog (Studien zu Judentum und Christentum), Paderborn u. a. 2010, 143–163.

99 Vgl. Michael J. Vlach, The Church as a Replacement of Israel: An Analysis of Supersessionism (EDIS – Edition Israeologie Bd. 2), Frankfurt/M. u. a. 2009.

100 Stratmann, Die Judenfrage als Friedensfrage, 98.

[…] für Christus zu gewinnen“.[101] Damit rief der Dominikaner ausdrücklich zur Judenmission auf, auch wenn er zugleich einwandte: „Wo die Bekehrung nicht gelingt, da muß dennoch ein würdiges Nachbarverhältnis gefunden und gepflegt werden.“[102]

Stratmann hatte schon während seiner Zeit in Berlin einige jüdische Konvertiten als Seelsorger begleitet.[103] In Rom wurde er wegen seiner „vielen gesellschaftlichen Kontakte“ zu Emigranten aus Deutschland, insbesondere zu einigen Katholikinnen jüdischer Herkunft, die er seelsorglich betreute, sogar zeitweise von der Deutschen Botschaft beim Heiligen Stuhl beobachtet.[104] Spätestens seit 1936 stand er zudem mit dem österreichischen *Pauluswerk* in Verbindung, einem katholischen Institut in Wien, das zur Missionierung der Juden gegründet worden war, sich aber auch für die Überwindung antisemitischer Vorurteile einsetzte.[105] Im Frühjahr 1937 beteiligte sich Stratmann beispielsweise an einer Vortragsreihe des *Pauluswerks* in Wien,[106] zu der verschiedene Referenten aus dem In- und Ausland eingeladen wurden, sich zur ‚Judenfrage‘ zu äußern und vor allem gegen den sich in Europa immer weiter „ausbreitenden Judenhass“

101 Ebd., 108.
102 Ebd.
103 Vgl. Engelhardt, A Combatant for Peace, 92.
104 Groothuis, Im Dienste einer überstaatlichen Macht, 419.
105 Zum *Pauluswerk* vgl. Josef Lettl, Kirche und Judentum in Wien. Der Wandel des Verhältnisses seit 1782, Klosterneuburg-Wien 1997, 120–126; Christian Pape, Pauluswerk (Österreich), in: Wolfgang Benz (Hrsg.), Handbuch des Antisemitismus. Judenfeindschaft in Geschichte und Gegenwart, Bd. 5: Organisationen, Institutionen, Bewegungen, Berlin/Boston 2012, 487f.
106 Vgl. Stratmann, In der Verbannung, 139.

Stellung zu beziehen.[107] Über die einzelnen Vorträge wurde ausführlich in der Presse berichtet. Sie fanden daher „weit über die Grenzen Österreichs hinaus" Beachtung, riefen aber auch erheblichen „Widerspruch" hervor,[108] insbesondere in katholischen Kreisen, die jeden Umgang mit Juden strikt ablehnten.[109] Bei dem Vortrag von Stratmann kam es sogar zu gezielten Störungen durch „einige jugendliche Zuhörer", die Flugzettel mit der Aufschrift „Die Judenfrage hat noch Zeit, heut droht Gefahr der Christenheit!" verteilten.[110] Schon dieser Vorfall zeigte freilich, wie drängend die ‚Judenfrage' inzwischen geworden war.

Im Juni 1937 wurde Stratmanns Vortrag gemeinsam mit den drei anderen Vorträgen, auf deren Inhalt im Folgenden nicht weiter eingegangen werden kann,[111] veröffentlicht. Er erschien in der von Johannes M. Oesterreicher (1904–1993)[112],

107 Johannes Oesterreicher, Credidi, propter quod locutussum, in: Die Erfüllung 3 (1937), 3–7, hier 5.

108 Ebd., 3. Zu den unterschiedlichen Reaktionen auf die Vortragsreihe vgl. auch Dietrich von Hildebrand, Memoiren und Aufsätze gegen den Nationalsozialismus 1933–1938, hrsg. von Ernst Wenisch, (Veröffentlichungen der Kommission für Zeitgeschichte, Reihe A: Quellen Bd. 43), Mainz 1994, 153.

109 Einen Überblick über die Judenfeindschaft im österreichischen Katholizismus dieser Jahre bietet Rupert Klieber, Katholischer Antisemitismus im „Christlichen Ständestaat" zwischen theologischen Prämissen und kirchlichem Antimodernismus, in: Gertrude Enderle-Burcel / Ilse Reiter-Zatloukal (Hrsg.), Antisemitismus in Österreich 1933–1938, Wien u. a. 2018, 237–258.

110 Oesterreicher, Credidi, propter quod locutus sum, 3.

111 Vgl. Dietrich von Hildebrand, Die Juden und das christliche Abendland, in: Die Erfüllung 3 (1937), 9–32; Eduard Pant, Die Juden und die soziale Ordnung, in: ebd., 33–59; Johannes Oesterreicher, Die Juden und das Reich Gottes, in: ebd., 91–112.

112 Oesterreicher war selbst jüdischer Herkunft, hatte zunächst Medizin studiert und war 1924 unter dem Einfluss von Max Josef Metz-

einem Priester der Erzdiözese Wien, im Auftrag des *Paulus-werks* herausgegebenen Zeitschrift *Die Erfüllung*, in der Stratmann 1936 bereits seinen Artikel über *Die Judenfrage als Friedensfrage* publiziert hatte, und trug den Titel *Die Juden und wir Christen.*[113] Wie dieser Titel bereits andeutete, ging es Stratmann um eine grundsätzliche und „einigermaßen erschöpfende Darlegung des Verhältnisses von Christen und Juden“, die seiner Meinung nach „mit einer ganz primitiven Feststellung beginnen“ müsse, „nämlich – daß der Jude ein Mensch ist!“[114] Da den Juden in Deutschland ihr Menschsein abgesprochen werde, sei diese Feststellung jedoch notwendig: „Jeder Jude ist ein Mensch, ein ehrfurchtgebietendes Ebenbild Gottes, genau wie wir Christen, ein Mensch, der genau wie wir, wo immer er sich befindet, unveräußerliche Menschenrechte hat, die jede Mißachtung verbieten.“[115] Damit wandte sich Stratmann gegen „die alle vernebelnde und vergiftende *Rassenhäresie*“, der inzwischen auch zahlreiche Katholiken Glauben

---

ger (1887–1944) zum Katholizismus konvertiert. Zu ihm vgl. Clemens Thoma, Johannes M. Oesterreicher. Prediger gegen den Nationalsozialismus und Wegbereiter von Nostra aetate, in: Freiburger Rundbrief, N. F. 11 (2004), 259–267; Dorothee Recker, Johannes M. Oesterreicher (1904–1993) – und das Dokument Nostra aetate des Zweiten Vatikanischen Konzils, in: Petrus Bsteh / Brigitte Proksch (Hrsg.), Wegbereiter des interreligiösen Dialogs (Spiritualität im Dialog Bd. 4), Wien u. a. 2012, 112–122. Zu Oesterreichers Tätigkeit als Schriftleiter der *Erfüllung* vgl. Erika Weinzierl, The Beginnings of John M. Oesterreicher's Work for Christian-Jewish Understanding, in: Asher Finkel / Lawrence Frizzell (Hrsg.), Standing before God. Studies on Prayer in Scriptures and in Tradition with Essays in Honour of John M. Oesterreicher, New York 1981, 13–19.

113 Franziskus M. Stratmann, Die Juden und wir Christen, in: Die Erfüllung 3 (1937), 61–89.

114 Ebd., 63.

115 Ebd., 65.

schenken würden.[116] Doch die „wissenschaftlich unhaltbaren Rassevorstellungen“ seien genauso falsch wie die „durch nichts bewiesenen“ Ritualmordlegenden und die „als Fälschungen nachgewiesenen“ antisemitischen *Protokolle der Weisen von Zion*.[117] Angesichts der langen Geschichte christlicher Judenfeindschaft[118] bleibe heutigen Christen eigentlich „nichts anderes übrig […] als ein rückhaltloses Schuldbekenntnis und die Bitte um Vergebung im Namen unserer verirrten Glaubensgenossen.“[119] Das Verhältnis vieler Juden zum Christentum wäre sicher ein anderes, „wenn nicht die Aufklärung, sondern wir Christen ihnen uneingeschränkt die Menschenrechte zugestanden hätten“.[120]

Dieser kritische Blick auf die Kirchengeschichte war für einen katholischen Theologen der 1930er Jahre durchaus ungewöhnlich.[121] Noch bemerkenswerter war Stratmanns Würdigung der zionistischen Bewegung,[122] deren „Aufbauarbeit in Palästina“ er positiv hervorhob.[123] Seine theologischen Ansichten hatten sich dagegen kaum verändert. Stratmann wies zwar auf das 11. Kapitel des Römerbriefs hin und schrieb: „Der Baum bleibt bestehen. Ihn bilden nach wie vor die Juden.“[124] Aber aus dieser Deutung des paulinischen Bilds

---

116 Ebd., 69.

117 Ebd., 74. Zur Entstehung dieser antisemitischen Hetzschrift vgl. Eva Horn / Michael Hagemeister (Hrsg.), Die Fiktion der jüdischen Weltverschwörung. Zu Text und Kontext der „Protokoll der Weisen von Zion“, Göttingen 2012.

118 Stratmann führt insbesondere die Judenpogrome der Kreuzzüge als Beispiel an. Vgl. ebd., 75.

119 Ebd., 74.

120 Ebd., 77.

121 Vgl. Engelhardt, Der Friedenskämpfer, 118.

122 Vgl. Stratmann, Die Juden und wir Christen, 77–80.

123 Ebd., 78.

124 Ebd., 66.

vom Ölbaum zog er keine weiteren Konsequenzen. Stratmann hielt an der Substitutionslehre fest und rief auch weiterhin zur Judenmission auf, auch wenn er betonte, dass Juden und Christen gemeinsam „nach jener Wahrheit, Gerechtigkeit und Liebe zu streben“ hätten,

> „die zuerst zu einem besseren Verstehen und zuletzt sogar zur Vereinigung führen, zu jener Vereinigung, die, wie uns die Heilige Schrift verheißt, in der letzten Periode der Geschichte sicher kommt, die aber schon jetzt, ja die *jederzeit* angestrebt werden muß, weil der jüngste Tag uns wie ein Dieb in der Nacht überraschen kann. Juden und Christen, [...] die in Abneigung und Mißtrauen einander meiden, können nicht auf dem Wege sein, der in das gemeinsame Endreich führt. Wer aber das Gebot der Liebe, nicht nur von Christ zu Christ und von Jude zu Jude, sondern auch von Christ zu Jude und von Jude zu Christ befolgt, der ist auf dem Wege.“[125]

Beteiligung an verschiedenen Initiativen gegen den Antisemitismus

Angesichts der Judenverfolgung in Deutschland traten solche theologischen Überlegungen jedoch zunehmend in den Hintergrund. Von kirchlicher Seite brauchte es vielmehr endlich einen lautstarken und unüberhörbaren Protest gegen die antisemitischen Maßnahmen der Nationalsozialisten, der über den begrenzten Wirkungskreis des *Pauluswerks* hinaus-

125 Ebd., 89. Zu dieser eschatologischen Hoffnung auf eine „Vereinigung“ von Juden und Christen am Ende der Tage vgl. auch Oesterreicher, Die Juden und das Reich Gottes, 112.

ging. Johannes Oesterreicher bemühte sich daher um ein internationales Bündnis gegen den Judenhass, konnte aber nur eine relativ kleine Gruppe engagierter Katholikinnen und Katholiken zur Mitarbeit gewinnen. Zu ihnen gehörte auch Stratmann in Rom, der die politische Situation in seiner Heimat mit großer Sorge beobachtete. Aus seiner Tätigkeit im *Friedensbund Deutscher Katholiken* wusste er, dass sich gemeinsam mehr erreichen ließ als allein. Zusammen mit Oesterreicher und anderen Gleichgesinnten versuchte er deshalb, auch andere Katholiken dazu zu bewegen, für die Juden Partei zu ergreifen und den Antisemitismus zu bekämpfen. Doch diese Anstrengungen hatten zunächst nur mäßigen Erfolg.

Eine breitere Resonanz fand erst eine „Denkschrift" mit dem Titel *Die Kirche Christi und die Judenfrage,*[126] die auf eine Initiative des früheren deutschen Reichskanzlers und Zentrumspolitikers Joseph Wirth (1879–1956)[127] zurückging und im Februar 1937 erstmals veröffentlicht wurde.[128] Der Text erschien zunächst in der von Oesterreicher herausgege-

---

126 Zur Entstehungsgeschichte dieser „Denkschrift" vgl. Elias H. Füllenbach, Shock, Renewal, Crisis. Catholic Reflections on the Shoah, in: Kevin P. Spicer (Hrsg.), Antisemitism, Christian Ambivalence, and the Holocaust, Bloomington u. a. 2007, 201–234; ders., Die Kirche Christi und die Judenfrage (1937), in: Wolfgang Benz (Hrsg.), Handbuch des Antisemitismus. Judenfeindschaft in Geschichte und Gegenwart, Bd. 6: Publikationen, Berlin/Boston 2013, 400–403. Vgl. auch John Connelly, From Enemy to Brother. The Revolution in Catholic Teaching on the Jews, 1933–1965, Cambridge, Massachusetts/London 2012, 150–156.

127 Zu ihm vgl. Ulrike Hörster-Philipps, Joseph Wirth 1879–1956. Eine politische Biographie (Veröffentlichungen der Kommission für Zeitgeschichte, Reihe B: Forschungen Bd. 82), Paderborn u. a. 1998.

128 Vgl. ebd., 494–506.

benen Zeitschrift *Die Erfüllung*,[129] wurde in den folgenden Monaten aber auch in andere Sprachen übersetzt und als eigenständige Broschüre verbreitet.[130] Ob die englische Übersetzung, die im Auftrag der *Catholic Peace League in the United States* entstand, auf Vermittlung Stratmanns erfolgte, konnte bislang nicht geklärt werden.[131]

Das Memorandum wurde von einigen bekannten katholischen Wissenschaftlern und Politikern aus verschiedenen Ländern Europas unterstützt. Zu den Unterzeichnern zählten zum Beispiel die beiden Philosophen Jacques Maritain

---

129 Vgl. Die Kirche Christi und die Judenfrage, in: Die Erfüllung 2 (1936/37), 73–101.

130 Wie Hörster-Philipps, Joseph Wirth, 497, schreibt, wurden Übersetzungen ins Französische, Englische, Spanische, Portugiesische und Polnische vorbereitet. Einem Brief Oesterreichers zufolge sind zumindest eine englische und eine französische Fassung auch im Druck erschienen: „Hoffentlich sind beide gut. Sie wurden uns nicht vorher zur Durchsicht vorgelegt“. Oesterreicher an Thieme, 22. Dezember 1937. Institut für Zeitgeschichte, München (= IfZ), Nachlass Thieme, ED 163/60. Die englische Fassung erschien 1937 unter dem Titel: The Church and the Jews. A Memorial Issued by Catholic European Scholars (The Catholic Association for International Peace, Pamphlet Bd. 26), Washington, D.C. o. J. [1937]; eine französische Übersetzung des Journalisten Arnold Mandel (1913–1987) wurde ein Jahr später publiziert: L'Église catholique et la question juive, Paris 1938.

131 Während seiner Zeit in Rom veröffentlichte Stratmann mehrere Publikationen, die seine Kontakte zu englischsprachigen Kreisen belegen. Vgl. beispielsweise das anonym publizierte Buch: Peace and the clergy, by a German priest, London 1936, das nachweislich von ihm verfasst wurde: Vgl. Stratmann, In der Verbannung, 33. Zudem bestanden Verbindungen zur englischen Dominikanerprovinz, in deren Zeitschrift 1936 ein Artikel von Stratmann erschien: Vgl. Franziskus M. Stratmann, Pax Christi in Regno Christi, in: Blackfriars 17 (1936), 894–899.

(1882–1973)[132] und Dietrich von Hildebrand (1889–1977)[133], der flämische Mediävist Edgar de Bruyne (1898–1959)[134], der Schweizer Theologe und spätere Kardinal Charles Journet (1891–1975)[135] sowie Eduard Pant (1887–1938)[136], der Vorsitzende der *Deutschen Christlichen Volkspartei* in Polen. Auch Stratmann und drei weitere Dominikaner[137] gehörten zu den namentlich aufgeführten Unterstützern[138] der „Denkschrift", deren Ziel schon in der Einleitung ausdrücklich benannt wird:

> „Angesichts der Verwirrung, die auch in christlichen Kreisen […] seit mehreren Jahrzehnten, vor allem aber in den letzten Jahren, ein bewußt oder unbewußt antichristli-

---

132 Zu ihm vgl. Albert Raffelt, Art. Maritain, in: Michael Quisinsky / Peter Walter (Hrsg.), Personenlexikon zum Zweiten Vatikanischen Konzil, Freiburg/Br. 2012, 185f.

133 Zu ihm vgl. Karin Groll, Art. Hildebrand, in: Biographisch-Bibliographisches Kirchenlexikon 2 (1990), Sp. 845f.

134 Zu ihm vgl. Alfons de Cock, Art. Bruyne, in: Nationaal Biografisch Woordenboek 7 (1977), Sp. 108–114.

135 Zu ihm vgl. Albert Raffelt, Art. Journet, in: Quisinsky / Walter (Hrsg.), Personenlexikon zum Zweiten Vatikanischen Konzil, 147f.

136 Zu ihm vgl. Pia Nordblom, Art. Pant, in: Neue Deutsche Biographie 20 (2001), 39f. Wie dies., Für Glaube und Volkstum. Die katholische Wochenzeitung „Der Deutsche in Polen" (1934–1939) in der Auseinandersetzung mit dem Nationalsozialismus (Veröffentlichungen der Kommission für Zeitgeschichte. Reihe B: Forschungen Bd. 87), Paderborn u. a. 2000, 486, darlegt, war Pant sogar „einer der ersten Unterzeichner" des Memorandums, das anfangs „nur zögerlich" Unterstützung fand.

137 Es handelte sich um Silvester M. Braito OP (1898–1962), Professor in Olmütz, Joannes B. Kors OP (1885–1966), Professor in Nimwegen, und Benoit Lavaud OP (1890–1979), Professor für Moraltheologie an der Universität Fribourg und enger Freund von Maritain and Journet.

138 Vgl. Die Kirche Christi und die Judenfrage, 101.

> cher Antisemitismus in der Judenfrage gestiftet haben, halten wir es für unsere Christenpflicht, an die Lehren der Kirche Christi [...] zu erinnern und von da aus zu den Lösungsversuchen Stellung zu nehmen, wie sie heute, besonders im deutschen Sprachgebiet, durchgeführt und propagiert werden.“[139]

Die „Denkschrift“ kritisierte also vor allem die Judenverfolgung in Deutschland, insbesondere die nationalsozialistischen „Sondermaßnahmen gegen die Juden“, da diese nicht, wie von der deutschen Regierung behauptet wurde, „das öffentliche Leben von schädlichen Erscheinungen“ reinigen, sondern „zu einer Aufhebung der naturrechtlich begründeten Staats- und Rechtsauffassungen“ führen würden.[140] Die ‚Entrechtung‘ der Juden erfolge nur, „um einen Sündenbock zu haben und das Volk [...] gegen einen vorgeblichen Feind zu einigen“.[141] Was mit den Juden geschehe, könne schon bald den Katholiken und jeder anderen missliebigen Minderheit drohen.

Neben diesen allgemeinen Bemerkungen zur Diskriminierung der jüdischen Bevölkerung durch das NS-Regime enthält die „Denkschrift“ auch einen längeren Abschnitt über die Rassenlehre, die scharf verurteilt wird: Kein Gläubiger dürfe „der Häresie des Rassismus“ erliegen, denn diese

> „Irrlehre geht auf ein naturalistisches Menschenbild zurück, das mit dem christlichen Gottesglauben völlig unvereinbar ist. Ist dieses Menschenbild auf dem Wege der Verfemung der ‚jüdischen Rasse‘ einmal in die Gedankenwelt

139 Ebd., 73.
140 Ebd., 97f.
141 Ebd., 100. In seinem Vortrag einige Monate später griff Stratmann wiederholt einzelne Gedanken und Formulierungen der „Denkschrift“ auf, ohne sie jedoch ausdrücklich zu nennen. Vgl. beispielsweise Stratmann, Die Juden und wir Christen, 88.

> eines Volkes eingedrungen, dann führt es zu weiteren Konsequenzen: zu naturalistischen Züchtungsmethoden, zur Vernichtung des sogenannten lebensunwerten Lebens, also zur Tötung der Unheilbaren und Schwachen, [...] zur Einführung einer arteigenen Religion und Moral. [...] So wird der Rassismus zum Todfeind des Evangeliums und der Kirche."[142]

In ihrer Argumentation gingen die beiden Verfasser des Memorandums, Waldemar Gurian (1902–1954)[143] und Karl Thieme (1902–1963)[144], zwei deutsche Emigranten, die in der Schweiz Zuflucht gefunden hatten, jedoch noch einen Schritt weiter.[145] Beide waren nämlich der Ansicht, dass neben dem

142 Die Kirche Christi und die Judenfrage, 83.

143 Zu ihm vgl. Heinz Hürten, Waldemar Gurian. Ein Zeuge der Krise unserer Welt in der ersten Hälfte des 20. Jahrhunderts (Veröffentlichungen der Kommission für Zeitgeschichte, Reihe B: Forschungen Bd. 11), Mainz 1972; Ellen Thümmler, Katholischer Publizist und amerikanischer Politikwissenschaftler. Eine intellektuelle Biografie Waldemar Gurians (Nomos-Universitätsschriften, Politik, Bd. 178), Baden-Baden 2011.

144 Zu ihm vgl. Friedrich Wilhelm Graf, Art. Thieme, in: Biographisch-Bibliographisches Kirchenlexikon 11 (1996), Sp. 1113–1131; Andreas Renz, Karl Otto Thieme (1902–1963) – Wege zu einer „Ehrfurcht vor Israel", in: Petrus Bsteh / Brigitte Proksch (Hrsg.), Wegbereiter des interreligiösen Dialogs, Bd. II (Spiritualität im Dialog Bd. 10), Wien 2018, 187–208.

145 Häufig wird nur Gurian als Verfasser des Memorandums genannt. Vgl. beispielsweise noch Victor Conzemius, Bilanz und Ausblick, in: Ders. (Hrsg.), Schweizer Katholizismus 1933–1945. Eine Konfessionskultur zwischen Abkapselung und Solidarität, Zürich 2001, 651–672, hier 661. Über Thiemes maßgebliche Beteiligung vgl. aber bereits Hürten, Waldemar Gurian, 128. Irreführend dagegen Dorothee Recker, Die Wegbereiter der Judenerklärung des Zweiten Vatikanischen Konzils. Johannes XXIII., Kardinal Bea und Prälat Oesterreicher – eine Darstellung ihrer theologischen Entwicklung, Paderborn 2007, 422f., die auf-

Rassenantisemitismus auch „jeder Versuch, den Antisemitismus ‚christlich' oder ‚kirchlich' rechtfertigen zu wollen, auf das schärfste zurückgewiesen werden" müsse.[146] Damit wandte sich das Memorandum auch gegen eine zweite Form des Antisemitismus, die in den katholischen Lexika der Zeit als unproblematisch oder harmlos bezeichnet wurde.[147]

Die Initiatoren der „Denkschrift" wussten nämlich aus eigener Erfahrung, dass die Grenzen zwischen beiden Formen des Antisemitismus fließend sein konnten: Im März 1936 war es im Wiener *Pauluswerk* zu einer heftigen Auseinandersetzung mit dem angesehenen Jesuiten Georg Bichlmair (1890–1953)[148] gekommen, nachdem dieser in einem Vortrag erklärt hatte, dass man es auch katholischen Vereinen nicht verwehren dürfe, in ihre Statuten einen ‚Arierparagraphen' aufzunehmen.[149] Insbesondere Oesterreicher war über diese Ausführungen Bichlmairs so empört,[150] dass er erfolgreich darauf drängte, dass der Jesuit von seinem Amt als Vizepräsident des *Pauluswerks* zurücktreten musste.[151]

---

grund fehlender Quellen- und Literaturkenntnisse Thieme als alleinigen Autor des Memorandums angibt.

146 Die Kirche Christi und die Judenfrage, 84.

147 Vgl. beispielsweise Gustav Gundlach, Antisemitismus, in: Lexikon für Theologie und Kirche 1 (1930), Sp. 504f.

148 Zu ihm vgl. Klemens Honek, P. Georg Bichlmair SJ (1890–1953): Leben und Wirken für die Kirche von Wien, Wien 1979 (Miscellanea, Bd. 80).

149 Vgl. Erika Weinzierl, Prüfstand. Österreichs Katholiken und der Nationalsozialismus, Mödling 1988, 266; Connelly, From Enemy to Brother, 117f.

150 Vgl. beispielsweise Oesterreichers Brief an Thieme vom 16. April 1936, in dem er Bichlmair „eine, und zwar schwächliche, Kapitulation vor dem Rassenwahn" vorwarf. IfZ, Nachlass Thieme, ED 163/59.

151 Vgl. Connelly, From Enemy to Brother, 121. Der Einfluss

Eindringlich warnte das Memorandum deshalb vor noch so kleinen Zugeständnissen gegenüber der Rassenideologie. Denn auch der als harmlos geltende, traditionell-konservative Antisemitismus nehme den Juden nicht mehr als Nächsten wahr, sondern sehe in ihm nur noch ein politisches oder soziales Objekt.[152] Stattdessen müssten die Christen „heute alles tun, um die Atmosphäre der Lüge und des Hasses zu entgiften",[153] und „gegen die Ächtung der Juden und gegen Sondermaßnahmen, die sich nicht nur gegen die Juden, sondern gegen uns alle richten, weil ihre Konsequenzen so unheilvoll sind", öffentlich ihre „Stimme erheben".[154]

Mit diesem Appell wandte sich der Text zwar an alle Christen, aber das Memorandum richtete sich in erster Linie an die römische Kurie und den Papst. Joseph Wirth schickte den Text daher im März 1937 an Kardinalstaatssekretär Eugenio Pacelli (1876–1958)[155] mit der Bitte, ihn „auch unserem Heiligen Vater Papst Pius XI. mit dem Ausdruck unserer ehrfurchtvollsten Ergebenheit gütigst vorlegen zu wollen."[156] Wirth sprach sogar persönlich im Staatssekretariat vor, um den Vatikan von der Notwendigkeit eines Protestes gegen den Antisemitismus zu überzeugen; aber zu einer öffentlichen Stellungnahme seitens des Vatikans kam es nicht.

Bichlmairs auf das *Pauluswerk* war daher nicht so groß, wie Pape, Pauluswerk, 487, suggeriert.

152 Vgl. Die Kirche Christi und die Judenfrage, 99.

153 Ebd., 100.

154 Ebd., 101.

155 Zu ihm vgl. Schwaiger, Papsttum und Päpste im 20. Jahrhundert, 271–309.

156 Wirth an Pacelli, 25. März 1937. Centralnyi Gosudarstvennyi Archiv, Moskau, Nachlass Wirth, 600/I/468. Ich danke Frau Dr. Ulrike Hörster-Philipps, die mir Kopien einiger Dokumente aus dem Moskauer Wirth-Nachlass zur Verfügung gestellt hat.

Auch die Bemühungen Thiemes, einige Schweizer Bischöfe zur Unterstützung des Memorandums zu bewegen, blieben erfolglos.[157] Frustriert „nach all der vertanen Mühe“[158], schrieb Thieme an Oesterreicher: „Der Antisemitismus scheint hier unter der Oberfläche *rapide* zuzunehmen [...]. Angesichts dessen kann ich nur sagen, daß ich sämtliche mir von Ihnen gesandten Belege für das ‚Nicht-Schweigen‘ der Kirche als einen Hohn empfinde. Das wird Ihnen mit Recht übertrieben ausgedrückt erscheinen; aber ich muß meinem Herzen mal Luft machen.“[159]

Da man jedoch so schnell nicht aufgeben wollte, richteten Stratmann und einige andere Mitglieder der Gruppe ein erneutes Schreiben an den Papst. Gemeinsam baten sie Pius XI., sich in seiner Weihnachtsansprache 1938 vor die verfolgten Juden zu stellen: Denn „[w]elcher Augenblick [...] könnte geeigneter sein, zu solchem Samariterdienst gegenüber den Blutsbrüdern unseres Heilandes aufzurufen als das Fest Seiner Geburt ex radice Isai?“[160] Die vermutlich von Karl Thieme verfasste Petition niederländischer und Schweizer Katholiken führt weiter aus:

> „Wir sind gewiß, daß ein solches Wort in der Geschichte der heiligen Kirche, in der Geschichte der Humanität und nicht zuletzt in der Geschichte der Bekehrung Israels Epo-

157 Thieme wandte sich an die Bischöfe von St. Gallen, Basel und Lugano, konnte diese aber nicht für eine Unterstützung des Memorandums gewinnen. Vgl. Thiemes Brief an Oesterreicher vom 28. April 1937. IfZ, Nachlass Thieme, ED 163/60.

158 Thieme an Oesterreicher, 9. Dezember 1938. IfZ, Nachlass Thieme, ED 163/60.

159 Thieme an Oesterreicher, 2. Dezember 1938. IfZ, Nachlass Thieme, ED 163/59.

160 Entwurf vom Dezember 1938. IfZ, Nachlass Thieme, ED 163/60.

> che machen würde. Und selbst wenn es zum Vorwand für [...] neue Verfolgungen der Kirche in Deutschland und Österreich dienen sollte, so würden diese leichteren Herzens getragen werden in dem Bewußtsein, daß sie auch für ein Zeugnis erbarmender Liebe gelitten würden. Möchte darum Gott gewähren, daß der Stellvertreter Christi Seiner Gemeinde solch ein Wort der Stärkung und der Klärung sagen kann! Es wäre das schönste Weihnachtsgeschenk, das die Kinder von ihrem Vater heute zu empfangen vermöchten".[161]

Aus den zugänglichen Dokumenten des Vatikanischen Archivs ließ sich bislang nicht klären, ob Pius XI. dieses Schreiben tatsächlich erhalten hat.[162] Thieme schrieb nur an Stratmann, dass er es für ein Wunder hielte, „wenn unsere Petition Erfolg hätte; aber wir sind ja ohnedies so weit, dass man nur noch auf Wunder hoffen kann".[163] Dafür ergibt sich

161 Ebd. Zu dieser Petition vgl. auch Victor Conzemius, Weltkirche – Ortskirche Schweiz. Die Kirchenpolitik der Päpste Pius XI. und Pius XII., in: ders. (Hrsg.), Schweizer Katholizismus 1933–1945. Eine Konfessionskultur zwischen Abkapselung und Solidarität, Zürich 2001, 15–39, hier 24; Connelly, From Enemy to Brother, 157f.

162 Christoph Baumer, Judentum, Rassismus und Nationalsozialismus. Rudolf Walter von Moos SJ in öffentlichen Stellungnahmen 1933–1938, in: Conzemius (Hrsg.), Schweizer Katholizismus 1933–1945, 355–375, hier 361, gibt an, dass der Schweizer Jesuit Rudolf Walter von Moos (1884–1957) dem Papst den Text übermitteln sollte. Allerdings ist unklar, wie Baumer, ebd., 372, Anm. 20, schreibt, ob von Moos „die Petition überhaupt billigte" und – wenn ja – ob er sie dann auch tatsächlich „an den Papst weiterleiten konnte". Vgl. hierzu auch die erhaltene Postkarte, die von Moos am 18. Dezember 1938 an Thieme schickte: „Hoffentlich kommt die so edle u. zeitgemäße Bitte nicht zu spät." IfZ, Nachlass Thieme, ED 163/60.

163 Thieme an Stratmann, 17. Dezember 1938. IfZ, Nachlass Thieme, ED 163/60. Stratmann antwortete Thieme mit einer Postkarte,

aus den erhaltenen Quellen aber eindeutig, dass die Gruppe oder wenigstens einige ihrer Mitglieder über das päpstliche Projekt einer Enzyklika gegen den Antisemitismus informiert waren.[164]

Pius XI. hatte im Juni 1938 einige Jesuiten damit beauftragt, eine Enzyklika gegen Antisemitismus und Rassismus vorzubereiten.[165] Der Kreis um Thieme, Stratmann und Wirth verband mit dieser Information die Hoffnung, dass der Papst ihr Memorandum doch gelesen und sich zu Herzen genommen hatte. Umso enttäuschter waren sie daher, als die sehnlichst erwartete Enzyklika nach dem Tode Pius' XI. nicht veröffentlicht wurde.[166] Selbst Oesterreicher, der gewöhnlich Pacelli und die Politik des Vatikans verteidigte, erklärte im Juni 1939: „Es ist unbegreiflich, daß Pius XII., nachdem alle seine diplomatischen Versuche als Kardinalstaatss[e]kretär fehlgeschlagen haben, es weiterhin mit der Diplomatie versucht, und nicht mit der Verkündigung der Wahrheit.“[167]

---

auf der er notierte: „Möchte die Bitte Erfolg haben! Jedenfalls dürfen Sie sagen: Dixi et salvavi animam meam!“ Stratmann an Thieme, 24. Dezember 1938. IfZ, Nachlass Thieme, ED 163/60.

164 Vgl. Connelly, From Enemy to Brother, 158. Sichere Kenntnis von der Enzyklika hatten nach derzeitigem Kenntnisstand Oesterreicher, Stratmann, Thieme und Wirth.

165 Die Entstehungsgeschichte des Textes ist inzwischen recht gut erforscht: Vgl. Johannes Schwarte, Gustav Gundlach J. (1892–1963). Maßgeblicher Repräsentant der katholischen Soziallehre während der Pontifikate Pius' XI. und Pius' XII., München u. a. 1975, 72–100; Georges Passelecq / Bernhard Suchecky, Die unterschlagene Enzyklika. Der Vatikan und die Judenverfolgung, München u. a. 1997; Anton Rauscher (Hrsg.), Wider den Rassismus. Entwurf einer nicht erschienenen Enzyklika (1938). Texte aus dem Nachlass von Gustav Gundlach SJ, Paderborn u. a. 2001.

166 Vgl. Hörster-Philipps, Joseph Wirth, 505.

167 Oesterreicher an Thieme, 17. Juni 1939. IfZ, Nachlass Thieme, ED 163/60.

Da sie vom Papst und den meisten Bischöfen keine Unterstützung mehr erwarteten, suchte der Kreis um Oesterreicher, Thieme und Stratmann fortan andere Wege, um das NS-Regime zu bekämpfen. Thieme rief beispielsweise im Sommer 1939 zu einem internationalen ökumenischen „Gebetsfeldzug" für den Frieden auf,[168] um die Gefahr eines erneuten Weltkriegs abzuwenden und zugleich die deutsche „Verbrecherregierung [...] zum raschen Verschwinden" zu bringen.[169] Auch Stratmann hoffte auf die Kraft des Gebets. Als Hitler im Mai 1938 Italien besuchte, nahm er beispielsweise „in der Stille" seiner römischen Klosterzelle „einen Exorzismus" vor, wie Oesterreicher berichtet:

> „Der Dominikaner war ein besonders friedliebender Mann. Nie sprach er vom Teufel, nie fluchte er einem Menschen. Hitler jedoch war in seinen Augen nicht nur ein überlauter Redner, ein maßloser Politiker oder unverantwortlicher Staatsmann, er erschien ihm als Erzfeind und Widersacher in Menschengestalt. Und er suchte ihn, soweit er es vermochte, in Acht und Bann zu tun."[170]

---

168 Vgl. Peter André Bloch, Karl Thieme im Briefwechsel mit Jacques Maritain und Karl Barth über den Plan eines Gebetsfeldzugs in Europa gegen die Gefahren des Nationalsozialismus, in: Joël Pottier (Hrsg.), Christen im Widerstand gegen das Dritte Reich, Stuttgart-Berlin 1988, 19–53.

169 Aufruf Thiemes „an die Christen aller Konfessionen und aller Zunge" vom Sommer 1939, zitiert nach ebd., 25f., hier 26.

170 Rundfunkansprache Oesterreichers vom 10. November 1939, in: Johannes Oesterreicher, Wider die Tyrannei des Rassenwahns. Rundfunkansprachen aus dem ersten Jahr von Hitlers Krieg, hrsg. vom Institut für kirchliche Zeitgeschichte Salzburg (Veröffentlichungen des Internationalen Forschungszentrums für Grundfragen der Wissenschaften Salzburg, N. F. Bd. 25 / Publikationen des Instituts für kirchliche Zeitgeschichte, Serie II: Studien, Dokumentationen Bd. 18), Wien/Salzburg 1986, 23–25, hier 25. Oesterreicher gibt ver-

Die Vorstellung, dass offenbar nur noch Gott dem verbrecherischen Regime in Deutschland Einhalt gebieten könne, zeigt die große Verzweiflung, die den Kreis um Oesterreicher, Stratmann und Thieme inzwischen erfasst hatte. Nach dem Beginn des Zweiten Weltkriegs und der Emigration Oesterreichers in die USA brach der Kontakt untereinander schließlich ab.

Die Idee eines Pax-Christi-Ordens

Zuvor war schon ein anderes Projekt Stratmanns gescheitert, an dessen Verwirklichung er bereits jahrelang gearbeitet hatte. Spätestens seit 1935 verfolgte Stratmann nämlich den Plan, eine Dominikanerinnenkongregation mit dem Titel *Pax Christi in regno Dei* zu gründen.[171] Diese „Christkönigsdominikanerinnen“[172] sollten ein kontemplatives Leben führen und täglich für den Frieden beten, ihr Haus aber zugleich für Besucher öffnen, um die Begegnung von Katholiken und Nichtkatholiken[173] zu ermöglichen:

> „Das Neue an der Gründung wäre ein zeitweises Leben interessierter Laien in der Atmosphäre eines Klosters mit gepflegtem liturgischem Kult und Anbetung des heiligsten Sakramentes. Das Kloster müßte also mit einer Art Pen-

---

sehentlich das Jahr 1939 an, doch der Besuch Hitlers in Rom, auf den sich Oesterreicher bezieht, fand bereits im Mai 1938 statt.

171 Vgl. Paulus Engelhardt, Ein verhinderter Pax-Christi-Orden? Lisamaria Meirowsky, in: Wort und Antwort 28 (1987), 137f.

172 Stratmann, In der Verbannung, 137.

173 Vgl. ebd.: „An Nichtkatholiken denke ich sogar in erster Linie. Es gibt deren viele, die die Lehre und das Leben unserer Kirche kennenlernen möchten, viele die schon Konvertitenunterricht begehren, andere, die sich mit Informationen und unverbindlicher Fühlungnahme begnügen wollen.“

> sion verbunden sein. [...] Ferner soll das Kloster ein Stützpunkt der katholischen Friedensbewegung werden, zum Beispiel durch Anlage einer entsprechenden Bibliothek, Zeitschriftensammlung und Adressenkarthotek. [...] Ich denke, wenn das Haus einmal stehen sollte, an Kurse für Studenten, Journalisten, Politiker, Regierungs- und Verwaltungsbeamte, auch an die Herausgabe eines entsprechenden Schrifttums. Das Gesamtthema eines solchen Instituts wäre die katholische Gesellschaftslehre mit besonderer Berücksichtigung der Fragen der Völkerverständigung. [...] Das Ganze könnte sich zu einer religiösen Volkshochschule entwickeln".[174]

Seine Besuche beim *Pauluswerk* in Wien im Frühjahr 1937 und Anfang 1938[175] nutzte er erfolgreich dazu, um in der Stadt ein geeignetes Haus zu finden und die erforderlichen kirchlichen Genehmigungen einzuholen. Die Vorbereitungen waren also schon weit gediehen, als der ‚Anschluss' Österreichs im März 1938 auf einen Schlag alles zunichtemachte.

Dabei hatten bereits mehrere Frauen ihr Interesse an dem Projekt bekundet und erklärt, der neuen Schwesterngemeinschaft beitreten zu wollen. Zu ihnen gehörte Lisamaria Meirowsky (1904–1942),[176] eine jüdische Ärztin, die 1933 bei

---

174 Ebd., 137f.

175 Neben seinem Vortrag über *Die Juden und wir Christen* im Frühjahr 1937 erwähnt Stratmann in seinen Erinnerungen (ebd., 139) einen weiteren Vortrag „über die religiöse Wiedervereinigungsfrage", den er nur wenige Wochen vor dem ‚Anschluss' in Wien gehalten habe, über den aber nichts weiter bekannt ist.

176 Zu ihr vgl. Elisabeth Prégardier, Dr. Dr. Lisamaria Meirowsky, in: Helmut Moll (Hrsg.), Zeugen für Christus. Das deutsche Martyrologium des 20. Jahrhunderts, Bd. 1, Paderborn u. a. 1999, 309–312;

dem Kirchenhistoriker Wilhelm Neuß (1880–1960)[177] in Bonn zum Katholizismus konvertiert war und seitdem als deutsche Emigrantin in Rom lebte, wo sie sich als Tertiarin dem Dominikanerorden anschloss und von Stratmann den Ordensnamen Maria Magdalena Dominika erhielt. „Mit ihrer ungewöhnlichen religiösen Hingabe begeisterte sie sich sofort für meinen Plan, so daß ich sie schon als künftige Oberin des zu gründenden Klosters in Aussicht nahm“, erinnert sich Stratmann an sie.[178]

Neben Meirowsky bereiteten sich vier „Postulantinnen“ auf den Eintritt in das geplante Kloster vor,[179] unter ihnen zwei weitere Katholikinnen jüdischer Herkunft, über deren Identität und Schicksal im Zweiten Weltkrieg allerdings nur wenig bekannt ist: Eine Konvertitin hieß Alice Heidmann, war eine ehemalige Kammersängerin und gründete nach 1945 „in München eine ‚Gesellschaft zur Förderung internationaler Kulturbeziehungen‘, verbunden mit einem kleinen Restaurant als Kommunikationszentrum“.[180] Die andere Konvertitin stammte aus Wien; ihr Name ist nicht überliefert.

Auch Margarete Sommer (1893–1965),[181] seit 1935 Geschäftsführerin des *Katholischen Fürsorgevereins für Frauen,*

Norbert Schmeiser, Art. Meirowsky, in: Biographisch-Bibliographisches Kirchenlexikon 42 (2021), Sp. 944–951.

177 Zu ihm vgl. Gabriel Adriányi, Art. Neuß, in: Neue Deutsche Biographie 19 (1999), 185f.

178 Stratmann, In der Verbannung, 139.

179 Vgl. Engelhardt, Ein verhinderter Pax-Christi-Orden, 138.

180 Heinrich Herzberg, Im Dienst am höheren Gesetz. Dr. Magarete Sommer und das „Hilfswerk beim Bischöflichen Ordinariat Berlin“, Berlin 2000, 20. Weitere biographischen Angaben konnten bislang nicht ermittelt werden.

181 Zu ihr vgl. Antonia Leugers, Sommer, in: Lexikon für Theologie und Kirche 9 (^{3}2000), Sp. 717; Jana Leichsenring, Sommer, in: Biographisch-Bibliographisches Kirchenlexikon 23 (2004), Sp. 1395–1399.

Mädchen und Kinder in Berlin, interessierte sich für Stratmanns Projekt. Wie ein erhaltenes Foto im Berliner Diözesanarchiv belegt (vgl. Abb., S. 153), war sie im Sommer 1938 in Italien und begleitete Stratmann auf einer Wallfahrt in die Abruzzen.[182] Den Dominikaner kannte sie bereits aus ihrer Studienzeit.[183] Deswegen ist unklar, ob sie von ihm schon vor 1933 in Berlin oder erst 1938 bei ihrem Besuch in Rom als Tertiarin in den Dominikanerorden aufgenommen wurde.[184] Vermutlich diente Sommers Aufenthalt in Italien vor allem dazu, sich auf ein kontemplatives Leben im Kloster vorzubereiten, und ging über die Frage einer Mitgliedschaft im Dritten Orden des hl. Dominikus hinaus.

Doch die geplante Klostergründung ließ sich nicht realisieren. Nachdem Wien als möglicher Ort ausgeschieden war, hatte Stratmann noch gehofft, in die Schweiz ausweichen zu können.[185] Als dieser Versuch ebenfalls scheiterte, wurde das Projekt endgültig aufgegeben.[186] Margarete Sommer kehrte deshalb 1938 nach Berlin zurück. Dort übernahm sie im Herbst 1941 die Geschäftsführung des *Hilfswerks beim Bi-*

182 Diözesanarchiv Berlin, IX/1: BN 6354,06c. Auf der Rückseite des Fotos findet sich die Aufschrift „Unterricht im Laienbrevier, Juli 1938“. Zu ihrem Aufenthalt in Rom und Leonessa bei Rieti vgl. Herzberg, Im Dienst am höheren Gesetz, 19. Das Bild befindet sich in diesem Buch auf S. 153.

183 Vgl. Herzberg, Dienst am höheren Gesetz, 12. Stratmann wurde zu ihrem Beichtvater und stand auch mit ihrer Familie in engem Kontakt. Vgl. ebd., 16.

184 Vgl. ebd., 21.

185 Vgl. Stratmann, In der Verbannung, 139f.

186 Vgl. ebd., 140: „Für mich war es eine Gewissenssache, meine Postulantinnen nicht hinzuhalten. Von Anfang an hatte ich ihnen erklärt, daß sie den ins Auge gefassten, noch ganz unsicheren Weg nur auf eine Verantwortung betreten könnten. Ich mußte sie nun bitten, für die nächste Zeit, wie ich es selbst tun mußte, den Plan aufzugeben.“

schöflichen Ordinariat Berlin, das vor allem Juden, die zum Katholizismus konvertiert waren, unterstützte und eng mit anderen Hilfsorganisationen zusammenarbeitete.[187] Um den Papst und die deutschen Bischöfe dazu zu bewegen, für die verfolgten Juden einzutreten, verfasste sie mehrere Berichte, in denen sie die Deportationen schilderte, Nachrichten über Massenerschießungen und die Vernichtungslager im Osten weitergab und über die Beschlüsse der Wannsee-Konferenz informierte.[188] Als sie Anfang 1943 davon erfuhr, dass die jüdischen Partner in sogenannten ‚Mischehen‘ und deren Kinder keineswegs von den Deportationen ausgenommen bleiben würden, versuchte Sommer zudem, die Betroffenen vor den bevorstehenden Maßnahmen zu warnen.[189]

Lisamaria Meirowsky ging dagegen im Sommer 1938 in die Niederlande, um in Utrecht das *Katholiek Comité voor Vluchtelingen*, ein Hilfswerk für ‚nichtarische‘ Flüchtlinge unter dem Vorsitz des Geologen Josef Ignaz Julius Maria

---

187 Vgl. Wolfgang Knauft, Unter Einsatz des Lebens. Das Hilfswerk beim Bischöflichen Ordinariat Berlin für katholische „Nichtarier“ 1938–1945, Berlin 1988; Ursula Pruß, Das „Hilfswerk beim Bischöflichen Ordinariat Berlin“, in: Wichmann-Jahrbuch, N. F. 6 (2000/01), 101–110; Jana Leichsenring, Die Katholische Kirche und „ihre Juden“. Das „Hilfswerk beim Bischöflichen Ordinariat Berlin“ 1938–1945 (Dokumente – Texte – Materialien, Bd. 67), Berlin 2007.

188 Vgl. Leichsenring, Die Katholische Kirche und „ihre Juden“, 222–238.

189 Jana Leichsenring, Wurde der Protest in der Rosenstraße Ende Februar/Anfang März 1943 organisiert?, in: Antonia Leugers (Hrsg.), Berlin, Rosenstraße 2–4: Protest in der NS-Diktatur. Neue Forschungen zum Frauenprotest in der Rosenstraße 1943, Annweiler 2005, 81–114, hat die glaubhafte Hypothese aufgestellt, dass Sommer maßgeblich an dem sogenannten Rosenstraßenprotest beteiligt war, indem sie entscheidende Informationen an die Angehörigen weitergab und sie aufforderte, „sich in der Rosenstraße zu versammeln, um für den Erhalt ihrer Ehen einzutreten“ (ebd., 114).

Schmutzer (1882–1946)[190], zu unterstützen.[191] Als Ärztin wollte sie sich aktiv für die vielen Flüchtlinge aus Deutschland und Österreich einsetzen. Nach dem Einmarsch der deutschen Truppen im Mai 1940 suchte sie in einem niederländischen Trappistinnenkloster Zuflucht und arbeitete dort an der Klosterpforte. Im Sommer 1942 wurde sie verhaftet, gemeinsam mit Edith Stein und anderen katholischen Ordensleuten jüdischer Herkunft von Westerbork nach Auschwitz deportiert und ermordet.[192]

Flüchtlingsseelsorge und Überleben im Versteck

Warum auch Stratmann im Sommer 1938 Rom verließ und in das Dominikanerkloster in Venlo wechselte, lässt sich nicht mehr zweifelsfrei klären. Engelhardt vermutet, dass ihm „der Boden […] im faschistischen Italien zu heiß wurde";[193] doch es gibt keinen Hinweis dafür, dass Stratmann

---

190 Zu ihm vgl. Victor Jacob Koningsberger, In memoriam Jozef Ignaz Julius Maria Schmutzer. 11 november 1882 – 26 september 1946, in: Jaarboek der Rijksuniversiteitte Utrecht 2 (1946/47), 9–14.

191 Zur Arbeit dieses Flüchtlingskomitees vgl. Eberhard Röhm / Jörg Thierfelder, Juden, Christen, Deutsche 1933–1945, Bd. 3: 1938–1941, Teil 2 (Calwer Taschenbibliothek Bd. 51), Stuttgart 1995, 261f.; Marcel Poorthuis / Theo Salemink, Een donkere spiegel. Nederlandse katholieken over joden, 1870–2005. Tussen antisemitisme en erkenning, Nijmegen 2006, 342–346.

192 Vgl. Franziskus Stratmann, Eine Todesgefährtin Edith Steins, in: Christ in der Gegenwart 19 (1967), 286f.; Elisabeth Prégardier / Anne Mohr, Passion im August (2.–9. August 1942). Edith Stein und Gefährtinnen: Weg in Tod und Auferstehung (Zeugen der Zeitgeschichte Bd. 5), Annweiler 1995, 195–208, insbesondere 203–207 mit den letzten Lebenszeugnissen von Meirowsky.

193 Engelhardt, Der Friedenskämpfer, 116.

„eine Auslieferung hätte befürchten müssen.“[194] Auch Groothuis nimmt an, dass sich Stratmann „in Rom nicht mehr wohl und nicht mehr sicher“ gefühlt habe,[195] obwohl der Haftbefehl gegen ihn bereits 1936 ausgesetzt worden war. Zwar wurde Stratmann „bei mehreren Gelegenheiten“ in Rom bewusst, dass er „bei den deutschen Behörden noch auf der schwarzen Liste stand“; aber von seiner Ausbürgerung und dem Verlust der deutschen Staatsangehörigkeit erfuhr er nach eigenen Angaben erst in Venlo.[196] Der Wechsel in die Niederlande kann folglich auch aus anderen, heute nicht mehr nachvollziehbaren Gründen erfolgt sein. So ist davon auszugehen, dass Stratmann nicht ohne die Erlaubnis Siemers nach Venlo umzog, denn der dortige Konvent gehörte zur deutschen Ordensprovinz und hatte schon in der Zeit des ‚Kulturkampfs‘ als Zufluchtsort gedient.[197]

Möglicherweise suchte Stratmann nach dem endgültigen Scheitern seines Klosterprojekts schlichtweg eine neue Aufgabe in der Seelsorge. Jedenfalls unternahm er von Venlo aus viele Predigt- und Vortragsreisen, die ihn auch in verschiedene Flüchtlingslager führten. Auf Einladung des *Katholiek Comité voor Vluchtelingen* kümmerte er sich insbesondere um Emigranten aus Deutschland und Österreich, die vor den Nationalsozialisten geflohen waren. Viele von ihnen waren jüdischer Herkunft und berichteten ihm von ihren Erlebnissen: „Sie hatten sich zum Teil aus Konzentrationslagern loskaufen können, […] zum Teil waren sie heimlich über die

194 Groothuis, Im Dienste einer überstaatlichen Macht, 417.

195 Ebd., 418.

196 Vgl. Stratmann, In der Verbannung, 31. Die niederländischen Behörden stellten ihm daraufhin eine Aufenthaltsgenehmigung für ein Jahr aus.

197 Zum Konvent in Venlo vgl. Füllenbach, Zur Geschichte des Ordens im 19. und 20. Jahrhundert, 153.

holländische Grenze gegangen. Jeder aber wußte um Ermordung und Mißhandlung vieler jüdischer Angehöriger, um die Schrecknisse der Kristallnacht, um die Leiden in den KZ's".[198]

Bei einem seiner Aufenthalte im Flüchtlingslager in Sluis bei Vlissingen (Zeeland) wurde Stratmann im Mai 1940 von dem Einmarsch der deutschen Truppen überrascht. Die Nachricht sorgte im Lager für Panik:

> „Einzelne, die bereits mit deutschen KZ's Bekanntschaft gemacht hatten, verloren die Nerven und drängten auf schleunige Flucht nach Frankreich. Einer dieser Männer kam zu mir und erklärte, wenn ich nicht wolle, daß in der folgenden Nacht verschiedene Selbstmorde [...] vorkämen, dann müsse ich für Aufbruch sorgen. Alles wollten sie lieber erleiden, als nochmals in die Hände der Deutschen fallen."[199]

Stratmann unterstütze die rund 180 Lagerbewohner bei ihrem verzweifelten, am Ende vergeblichen Versuch, den heranrückenden Deutschen zu entkommen, und begleitete sie auf ihrer Flucht von Sluis nach Belgien.[200] Als er in Brügge von der Gruppe getrennt wurde, versteckte er sich zunächst an verschiedenen Orten vor der Gestapo, die gezielt nach ihm suchte.[201] Ende Juni 1940 tauchte er schließlich bei den Dominikanerinnen in Lint (bei Antwerpen) unter, wo er in ständiger Angst, entdeckt zu werden,[202] bis zum Kriegsende blieb.

---

198 Stratmann, In der Verbannung, 16.

199 Ebd., 42.

200 Vgl. ebd., 43–88.

201 Vgl. ebd., 13: „Als ich nach Beendigung des Krieges im Venloer Konvent Besuch machte, erfuhr ich, daß die Gestapo sofort nach dem Einmarsch der Wehrmacht dort nach mir gefragt hatte und wütend war, mich nicht zu finden."

202 Vgl. ebd., 123 und 126f.

Um sich abzulenken und der wiederkehrenden Resignation sowie dem Gefühl der Einsamkeit[203] zu begegnen, verfasste Stratmann in seinem Versteck in Lint zahlreiche Texte, in denen er seine Erlebnisse seit 1933 verarbeitete und reflektierte. Seine autobiographischen Aufzeichnungen aus dieser Zeit zeigen eindrücklich, wie sehr ihn insbesondere die Frage nach einem politisch verantwortlichen Handeln in Zeiten der Verfolgung beschäftigte.[204] 1941 legte er beispielsweise eine „Theologie der Flucht“[205] vor, die zugleich der eigenen Selbstvergewisserung diente:

> „Nicht selten begegnen Flüchtlinge und Emigranten einer gewissen Mißachtung: Man müsse ausharren und sich dem Gegner stellen, namentlich Emigranten machten es sich den Zurückbleibenden gegenüber leicht. Alles Verständnis für die Zurückbleibenden! Tapferkeit kann in ihrem Ausharren liegen, und dann verdienen sie Achtung. Es kann aber auch einfach inneres oder äußeres Unvermögen sein, was sie festhält, Entschlußlosigkeit, Unvernunft und moralische Schwäche, eine Passivität, die zum Nachgeben an den Feind verführt, ja zum Mitgehen mit

203 Vgl. ebd., 123. Allerdings war es Stratmann in seiner Zeit in Lint weiterhin möglich, heimlich Briefe zu schreiben und zu empfangen. So stand er beispielsweise mit Meirowsky bis zu ihrer Deportation im August 1942 in Verbindung (vgl. ebd., 194–197). Margarete Sommer brach dagegen den Kontakt mit Stratmann ab. Da sie seit ihrer Übernahme der „Leitung der Nichtarier-Seelsorge und -Fürsorge im Berliner Ordinariat [...] unter schärfster Beobachtung der Gestapo“ stand, antwortete sie bewusst nicht mehr auf seine Nachrichten: „Er selbst wäre dadurch aufs schwerste gefährdet gewesen.“ Sommer an Peter Lütsches (1898–1959), 20. Juli 1946, zitiert nach Herzberg, Im Dienst am höheren Gesetz, 77.

204 Vgl. insbesondere Stratmann, In der Verbannung, 145–153.

205 Herzberg, Dienst am höheren Gesetz, 169.

> ihm. Jedenfalls vertritt die Bibel ein Recht zur Flucht und zur Emigration.“[206]

Selbst der Gottessohn habe „es nicht für unwürdig gehalten, [...] sich zu verbergen, zu fliehen und den Nachstellungen auszuweichen“, wie die Kindheitserzählungen Jesu zeigen würden.[207] Mit diesen Zeilen verteidigte er nicht nur die zahlreichen Verfolgten des NS-Regimes, die wie er im Exil lebten und denen immer wieder Verrat am ‚Vaterland‘ und mangelnde Heimatliebe vorgeworfen wurde, sondern er rechtfertigte auch seine eigene Situation und die 1933 getroffene Entscheidung, Deutschland zu verlassen.[208]

Schluss

Stratmann kehrte erst im August 1947 nach Deutschland zurück. Dieser Schritt fiel ihm aufgrund der Erfahrungen der zurückliegenden 14 Jahre nicht leicht.[209] Besonders die Erinnerung an die Zeit, die er auf der Flucht und im Versteck in Lint verbracht hatte, lastete schwer auf ihm, auch wenn er später betonte, dass seine Erlebnisse, „gemessen an denen Millionen anderer“, die sich nicht „retten konnten und in Konzentrationslagern Unsägliches leiden mußten“, viel zu unbedeutend seien, um sie besonders herauszustellen.[210]

Nach seiner Rückkehr versuchte er, den *Friedensbund Deutscher Katholiken* wiederzubeleben und an die Zeit vor

---

206 Stratmann, In der Verbannung, 146.
207 Ebd., 147.
208 Vgl. auch ebd., 200f.
209 Vgl. Engelhardt, Der Friedenskämpfer, 118.
210 Stratmann, In der Verbannung, 5f.

1933 anzuknüpfen.[211] Erneut trat er bei Großveranstaltungen wie dem ersten Nachkriegskatholikentag im September 1948 in Mainz[212] als Redner auf.[213] Früh suchte er auch den Kontakt zu früheren Weggefährten wie Margarete Sommer und Karl Thieme. So unterstützte er Thiemes Anliegen, auf dem Mainzer Katholikentag die ‚Judenfrage‘ zu thematisieren: Schon im Vorfeld des Katholikentags hatte dieser Vorschlag bei einem Arbeitstreffen im Dominikanerkloster Walberberg[214] zu einer heftigen Kontroverse geführt,[215] bei der sich Strat-

211 Zu seiner Tätigkeit nach 1945 vgl. Jörg Seiler, Friedensbund Deutscher Katholiken oder Pax Christi? Das friedenspolitische Engagement von Franziskus Maria Stratmann (1947–1951), in: Detlef Bald / Wolfram Wette (Hrsg.), Friedensinitiativen in der Frühzeit des Kalten Krieges 1945–1955 (Frieden und Krieg. Beiträge zur Historischen Friedensforschung Bd. 17), Essen 2010, 87–105.

212 Zum Katholikentag 1948 in Mainz vgl. Helmut Mathy, Ein katholischer Vorort Deutschlands. Mainz und seine Katholikentage von 1848 bis 1998, in: Ulrich von Hehl / Friedrich Kronenberg (Hrsg.), Zeitzeichen. 150 Jahre Deutsche Katholikentage 1848–1998. Mit einem Bildteil „150 Jahre Katholikentage im Bild“, Paderborn u. a. 1999, 73–90, hier 87–89; Martina Rommel / Karl Lehmann, Stationen der Hoffnung. Katholikentage in Mainz 1848–1998 (Mainzer Perspektiven aus der Geschichte des Bistums Bd. 2), Mainz 1998, 124–147.

213 Vgl. Franziskus Stratmann, Die Verantwortung der Kirche für den Frieden unter den Völkern, in: Der Christ in der Not der Zeit. Der 72. Deutsche Katholikentag vom 1. bis 5. September 1948 in Mainz, hrsg. vom Generalsekretariat des Zentralkomitees der Katholiken Deutschlands zur Vorbereitung der Katholikentage, Paderborn 1949, 229–231.

214 Das Dominikanerkloster in Walberberg bei Brühl war im Zweiten Weltkrieg nicht zerstört worden. In den ersten Nachkriegsjahren wurde es zu einem „der Orte, an denen die grundsätzliche geistige Vorbereitung des demokratischen Lebens in Deutschland begann“, wie Leopold Jäger, 50 Jahre Dominikaner in Walberberg. 1926–1976, in: Wort und Antwort 17 (1976), 168–172, hier 170, schreibt.

215 Vgl. Elias H. Füllenbach, „Freunde des alten und des neuen Gottesvolkes“. Theologische Annäherungen an das Judentum nach

mann auf die Seite Thiemes stellte. Daraufhin nahmen einige Kritiker ihre Bedenken wieder zurück. In Mainz wurde das Thema dann erneut diskutiert und überraschend positiv aufgenommen. Schließlich verabschiedete der Katholikentag eine „im Geiste christlicher Bußgesinnung gegenüber der Vergangenheit und im Bewußtsein der Verantwortung gegenüber der Zukunft" formulierte Erklärung zur ‚Judenfrage', in der eine „Wiedergutmachung" für das „geschehene Unrecht" angemahnt und der wieder aufkeimende Antisemitismus verurteilt wurde.[216]

Stratmann selbst hat sich nach 1945 nicht mehr zum christlich-jüdischen Verhältnis geäußert.[217] Die theoretische Auseinandersetzung mit der ‚Judenfrage' war schon während des Zweiten Weltkriegs in den Hintergrund getreten, als er sich verstärkt der Flüchtlingsseelsorge zuwandte, nachdem alle Appelle an den Papst und andere hochrangige Kirchenvertreter, sich öffentlich für die Juden einzusetzen, erfolglos geblieben waren.[218] Bereits in seinem Brief an Faulhaber vom 10. April 1933 hatte er dazu aufgerufen, die Verbrechen der Nationalsozialisten nicht stillschweigend hinzunehmen, son-

---

1945, in: Rottenburger Jahrbuch für Kirchengeschichte 32 (2013), 235–252, hier 242f.

216 Entschließung zur Judenfrage, in: Der Christ in der Not der Zeit, 330f., hier 330.

217 Vgl. Connelly, From Enemy to Brother, 187.

218 Karl Thieme, Die Judenfrage, in: Der Christ in der Not der Zeit, 215f., hier 215, brachte diese Enttäuschung über das Verhalten der offiziellen Kirchenvertreter ins Wort und sprach auf dem Mainzer Katholikentag sogar von den „großen Unterlassungssünden" der christlichen Kirchen: Die meisten Christen hätten „den nach Gerechtigkeit hungernden und dürstenden armen Lazarus vor der Kirchentüre überhaupt nicht bemerkt. Noch so viele in sich preiswürdige Einzelleistungen [...] für verfolgte Juden" könnten nicht darüber hinwegtäuschen, dass die Mehrheit der Christen versagt habe.

dern den entrechteten und verfolgten Juden beizustehen. Diese christlich motivierte Solidarität mit den Juden hat er dann auch in seinen Aufsätzen für das Wiener *Pauluswerk* betont. Seine Veröffentlichungen zur ‚Judenfrage' zeigen zwar, dass er sich nicht von der Substitutionslehre und dem traditionellen christlichen Antijudaismus lösen konnte, aber sie enthalten auch einige ungewöhnliche, teilweise sogar bemerkenswerte Aussagen, die über den zeitgenössischen Diskurs im deutschsprachigen Katholizismus hinausweisen, etwa sein klares Plädoyer für die Menschenrechte und seine Würdigung der zionistischen Aufbauarbeit in Palästina. Aufgrund seiner zahlreichen Kontakte zu Katholikinnen und Katholiken jüdischer Herkunft war ihm auch die volle Gleichstellung der Konvertiten in der Kirche ein wichtiges Anliegen.[219]

In seinem Kampf gegen den zeitgenössischen Antisemitismus agierte Stratmann selten allein, sondern schloss sich verschiedenen Initiativen an und beteiligte sich an mehreren Aufrufen und Denkschriften, in denen der Judenhass verurteilt wurde. Über das Wiener *Pauluswerk* lernte er beispielsweise einen Kreis engagierter Katholikinnen und Katholiken kennen, die in der ‚Judenfrage' ähnliche Ansichten vertraten wie er. Gemeinsam versuchten sie, den Vatikan bzw. einzelne Bischöfe zu einer öffentlichen Stellungnahme für die verfolgten Juden zu bewegen. Zu diesem transnationalen Netzwerk gehörten neben Stratmann auch einige wichtige Pioniere des christlich-jüdischen Dialogs wie Thieme und Oesterreicher, die sich nach 1945 intensiv darum bemühten, die traditionelle Substitutionslehre zu überwinden.

Während des Zweiten Weltkriegs waren es ebenfalls verschiedene Netzwerke, die den verfolgten Juden zu helfen versuchten. So erfolgte Stratmanns Engagement in der Flücht-

219 Vgl. Stratmann, Die Juden und wir Christen, 68f.

lingsseelsorge in enger Abstimmung mit dem *Katholiek Comité voor Vluchtelingen*. Dieses solidarische Handeln war angesichts einer auch in den Kirchen weit verbreiteten Judenfeindschaft keineswegs selbstverständlich; aber Stratmann fühlte sich als getaufter Christ, katholischer Priester und Ordensmann dazu verpflichtet – eine Haltung, die im ‚Dritten Reich' bezeichnenderweise auch andere Mitglieder des 1933 verbotenen *Friedensbunds Deutscher Katholiken* wie Bernhard Lichtenberg, Margarete Sommer und Gertrud Luckner (1900–1995)[220] einnahmen und die Stratmann gerne als „Christkönigsgeist" bezeichnete: In einer „pluralistischen Gesellschaft" verbiete sich jede „Intoleranz gegen Andersdenkende" und Andersglaubende. Ziel müsse es vielmehr sein, die „Christen *selbst* tiefer zu verchristlichen," insbesondere „in ihrem politischen Leben und Denken"."[221]

220 Zu dieser Mitarbeiterin der Deutschen Caritaszentrale in Freiburg im Breisgau, die in der NS-Zeit ein von Hamburg bis Wien reichendes Netzwerk freiwilliger Helferinnen und Helfer aufbaute, um die jüdische Bevölkerung zu unterstützen, vgl. Hans-Josef Wollasch, Gertrud Luckner. „Botschafterin der Menschlichkeit", Freiburg/Br. 2005. Zu ihrem Engagement im christlich-jüdischen Dialog nach 1945 vgl. auch Füllenbach, „Freunde des alten und des neuen Gottesvolkes", 238–251.

221 Stratmann, In der Verbannung, 137.

Franziskus M. Stratmann mit Margarete Sommer, Juli 1938 in Italien.
Quelle: Diözesanarchiv Berlin BN 6354,06c.

Corpus christi mysticum
Ekklesiologische Grundlage katholischer Friedenstheologie und Grundlage eines mennonitisch-katholischen Dialogs

Thomas Nauerth

„Ist der Krieg ein unvermeidliches Naturereignis? [...] Können wir ihn [...] vermeiden oder können wir es nicht? Und wenn wir es können, müssen wir es? Verlangt es Gott und unser Christentum? Und sollen wir es? Sollen wir etwa Ja sagen zu höheren, aber uns fernliegenden Menschheits- und Reichsgottesinteressen." (28)[1] Mit diesen Worten eröffnet 1924 ein ungewöhnlicher Dominikanerpater ein ungewöhnliches Buch. „Reichsgottesinteressen", um diese wahrzunehmen, sei es nötig, fährt er fort,

> „das welthistorische Geschehen sub specie aeterni zu betrachten, gewissermaßen vom Throne Gottes aus, mit den Augen Gottes selbst. Und nicht nur es anzuschauen, wie Er es anschaut, sondern auch es zu wollen, wie Er es will, mit vollkommener Unterordnung aller persönlichen oder national-persönlicher Bedürfnisse." (30)

1 Franziskus M. Stratmann OP, Weltkirche und Weltfriede. Katholische Gedanken zum Kriegs- und Friedensproblem, Augsburg 1924. Neuausgabe 2021 als Band 5 der Reihe „Kirche & Weltkrieg" (https://kircheundweltkrieg.wordpress.com/). Seitenangaben im Text beziehen sich im Folgenden auf diese Neuausgabe.

Hier will einer hoch hinaus: „ich habe nicht den Ehrgeiz von irgendeinem anderen Standpunkte aus recht zu haben als von dem des Allerhöchsten“ (31). Dieser Dominikaner will hoch hinaus, doch er kennt die Schwindelgefühle seiner Leserschaft: „Wem dieser Standort zu hoch und unsicher erscheint, der kann, zumal als Katholik, einen tieferen, sichereren wählen: den über Zeiten und Länder hinausragenden Felsen Petri.“ (30)

Er selbst aber, so lieb ihm dieser tiefere und sichere Fels auch ist, will eine „religiös-dogmatische und religiös-sittliche Begründung des Weltfriedensgedankens“ (31) vom höchsten Standpunkt aus andenken. Es geht ihm, bescheidener kann dieser Dominikaner es 1924 nicht formulieren, um eine Basis, „auf der, wie wir glauben, wenigstens alle römisch-katholischen Christen [...] zustimmen müssen“ (31). Die Zustimmung aller römisch-katholischen Christen steht auch heute noch aus. Stratmann gehört zu den vergessenen Stimmen katholischer Friedenslehre und Friedensarbeit. Doch in den letzten Jahren hat sich etwas geändert in der katholischen Welt.

Katholische Friedenslehre im Umbruch

Vor allem drei kirchliche/theologische Ereignisse zeigen, dass sich die katholische Friedenslehre aktuell in einem interessanten Entwicklungsprozess befindet.

Mit dem Hirtenwort „Gerechter Friede“ haben die deutschen Bischöfe bereits vor über 20 Jahren versucht, nicht nur einen neuen Ausdruck als Leitbegriff zu etablieren, sondern ein neues Konzept anzustoßen. Statt der alten Lehrtradition des *Bellum Iustum* (Gerechter Krieg) soll ein Konzept „Gerechter Friede“ zur katholischen Grundlage für das Nachdenken über Krieg und Frieden werden. In diesem Hirtenwort stoßen sehr unvermittelt ein traditionell sozialethischer Ansatz (unter Aufnahme der Kategorien der klassischen *Bellum Iustum*-Lehre) und ein neuer biblisch-(friedens-)theologischer Ansatz aufeinander: Spätestens seit diesem Hirtenwort steht auch für die deutschsprachige katholische Theologie die Frage im Raum, auf welche Weise theologisch angemessen über die Fragen des Friedens nachzudenken ist. Die Frage nach Unterschied und Zusammenhang von sozialethischer und theologisch-biblischer Reflexion über Fragen des Friedens bedarf ebenso einer Beantwortung wie die Frage nach der näheren Ausgestaltung des postulierten neuen Konzeptes „Gerechter Friede".

Ein geradezu historisches Ereignis (wenn auch im Raum deutschsprachiger Theologie kaum wahrgenommen) war ein 2004 abgeschlossener ökumenischer Gesprächsprozess. Seit 1998 hatten sich Vertreter der „Mennonitischen Weltkonferenz" mit Vertretern des „Päpstlichen Rates zur Förderung der Einheit der Christen" getroffen. Dieser Internationale Mennonitisch-Katholische Dialog war auf dieser hohen und offiziellen Ebene das erste Gespräch seit dem 16. Jahrhundert. Die Bewegung des 16. Jahrhunderts, aus der die mennonitischen Gemeinden hervorgegangen sind, kann man als dritte Reformation, also als neben Luther und Zwingli/Calvin dritte Strömung der reformatorischen Bewegung bezeichnen.[2] Es ging diesen sog. *täuferischen* Christen um Konsequenzen aus den reformatorischen Lehren, es ging um Nachfolge, um den Lebensstil des Christen, und daher immer wieder um Orientierung an der Bergpredigt. Diese Bergpre-

2 Vgl. dazu nur Andrea Strübind, Eifriger als Zwingli. Die frühe Täuferbewegung in der Schweiz, Berlin 2003; Diether G. Lichdi, Die Mennoniten in Geschichte und Gegenwart. Von der Täuferbewegung zur weltweiten Freikirche, Weisenheim ^{2}2004.

digt hatte der damals führende Intellektuelle und Theologe Europas, Erasmus von Rotterdam, bereits 1501 in der Schrift „Enchiridion militis Christiani"[3] wieder neu ins Zentrum christlicher Nachfolge gerückt. „Mit Gewalt verfahren und herrschen ist keinem Christen erlaubt, der sich seines Herrn rühmen will", so hat es 1527 dann der täuferische Theologe Hans Denck formuliert.[4] Wegen ihrer fast durchgängigen Ablehnung von Militär und Gewalt wurde die Täuferbewegung von Anfang an blutig verfolgt, viele Täufer wurden ermordet. Die Reformationszeit war auch eine Zeit brutalster Verfolgung von Christen durch Christen.

Die römisch-katholische Delegation lernte beim Dialog mit den Mennoniten diese Geschichte und die bis heute bestehende friedenstheologische Eigenart mennonitischer Theologie schnell kennen – und sie ließ sich darauf ein. Der Schlussbericht dieses Dialoges trägt daher den programmatischen Titel „Called Together to be Peacemakers"[5]; feierlich

---

3 In deutscher Übersetzung als „Handbüchlein des christlichen Streiters" 2015 neu herausgekommen (Vier Türme Verlag Münsterschwarzach, Quellen der Spiritualität 11).

4 Hans Denck, Von der wahren Liebe etc., in: Thomas Nauerth (Hrsg.), Hans Denck. Vom Gesetz und von der Liebe. Zwei Schriften (TäuferTexte Bd. 1), Weisenheim am Berg 2007, 66–83, hier 80.

5 Called Together to be Peacemakers: Report of the International Dialogue between the Catholic Church and the Mennonite World Conference, veröffentlicht in: Informationsdienst des Päpstlichen Rates zur Förderung der Einheit der Christen (2003/II/III), Nr. 66. Deutsche Übersetzung bei Fernando Enns (Hrsg.), Heilung der Erinnerungen – befreit zur gemeinsamen Zukunft. Mennoniten im Dialog. Berichte und Texte ökumenischer Gespräche auf nationaler und internationaler Ebene, Frankfurt/M./Paderborn 2008 („Gemeinsam berufen, Frieden zu stiften") und unter www.mennoniten.de [abgerufen am 11.05.2022]. Vgl. auch Fernando Enns / Hans Jörg Jaschke (Hrsg.), Gemeinsam berufen Friedensstifter zu sein. Zum Dialog zwischen Katholiken und Mennoniten, Schwarzenfeld/Paderborn

wird darin verkündet: „Kirche ist berufen, eine Friedenskirche zu sein, eine Frieden stiftende Kirche. Davon sind wir gemeinsam überzeugt“ (Nr. 175).

Eine letzte Entwicklung hat mit einem vom „Päpstlichen Rat für Gerechtigkeit und Frieden“ sowie von „Pax Christi International“ gemeinsam im April 2016 organisierten Kongress in Rom begonnen: „Gewaltfreiheit und gerechter Frieden – ein Beitrag zum katholischen Verständnis und zur Verpflichtung auf Gewaltfreiheit“.[6] Eine Tagung mit diesem Thema hatte es bis dahin noch nicht im Vatikan gegeben.

> „Die Menschheit braucht die Neugestaltung aller ihr zur Verfügung stehenden Instrumente, die den Männern und Frauen von heute helfen, ihre Sehnsüchte nach Gerechtigkeit und Frieden zu erfüllen. Demnach werden eure Überlegungen für eine Neubelebung der Gewaltfreiheit, insbesondere des gewaltfreien Handelns, ein notwendiger und positiver Beitrag sein“.

Mit diesen Worten formulierte Papst Franziskus seine Erwartungen an die Konferenz. In der Schlussbotschaft der Konferenz, an der gewaltfreie Aktivist/innen aus der ganzen Welt teilnahmen und von ihren Erfahrungen erzählen konnten, heißt es: „Wir ersuchen daher die Katholische Kirche, ihre Lehre weiterzuentwickeln und zu verändern in Richtung eines gerechten Friedens, der auf der Gewaltfreiheit des Evangeliums gründet.“ Diese Weiterentwicklung der Lehre hat begonnen,

2008; Thomas Nauerth, Ökumenisches Neuland. Fünf Jahre katholisch-mennonitischer Dialog, in: Herder Korrespondenz 58 (2004), 470–473.

6 Diese Konferenz brachte mehr als 80 Menschen in Rom zusammen, um über das Engagement der katholischen Kirche für Gewaltfreiheit zu diskutieren; vgl. dazu https://paxchristi.net/programmes/catholic-nonviolence-initiative/ [abgerufen am 01.04.2022].

wie vor allem die Botschaft des Papstes zum Weltfriedenstag 2017 gezeigt hat, in der der Papst dazu aufrief: „Machen wir die aktive Gewaltfreiheit zu unserem Lebensstil!“[7]

Der Umbruch, in den die katholische Friedenslehre geraten ist, ist erkennbar auch ein Lernprozess in Sachen Friedenstheologie. Er steht im Kontext einer hochinteressanten Umbruchsphase des Christentums insgesamt. Seit gut 100 Jahren haben die christlichen Kirchen etwas Neues entdeckt, eine neue Aufgabe: den Frieden dieser Welt. Man entdeckte, dass christliches Engagement nicht mehr nur allein in der Sorge um den Frieden der Seele bestehen kann, sondern, dass es christliche Aufgabe ist, sich um den ganz irdischen Frieden dieser Welt zu kümmern, zu sorgen, für ihn zu streiten.[8] Es waren in der Regel nicht Kirchenleitungen, die die neuen Aufgaben und Perspektiven sahen, es waren Menschen, die eher am Rande der offiziellen (Groß-)Kirchen, die eher von unten und von außen auf die verfassten Christentümer schauten. Franziskus M. Stratmann OP und sein Lebenswerk ist ein früher Zeuge dafür, mit welcher Wucht diese Umbruchsphase auch einen eigentlich konservativen katholischen Theologen treffen kann. In einer Zeit, in der Frieden

---

7 Papst Franziskus, Botschaft zur Feier des Weltfriedenstages 1. Januar 2017 „Gewaltfreiheit: Stil einer Politik für den Frieden“. Als Text über vatican.va abzurufen. Zur Friedenslehre von Papst Franziskus vgl. jetzt Stefanie A. Wahl / Stefan Silber / Thomas Nauerth (Hrsg.), Papst Franziskus: Mensch des Friedens. Zum friedenstheologischen Profil des aktuellen Pontifikats, Freiburg/Br. 2022. Vgl. ansonsten Marie Dennis (Hrsg.), Choosing Peace. The Catholic Church returns to Gospel Nonviolence, New York 2018.

8 Vgl. den Überblick bei Thomas Nauerth, Die christlichen Kirchen und der Friede. Ein Rückblick auf 100 Jahre Aufbruch, in: Clemens Sedmak (Hrsg.), Frieden. Vom Wert der Koexistenz, Darmstadt 2016, 245–270.

als christliche Zentralperspektive allmählich auch von den offiziellen Kirchen theologisch akzeptiert wird,[9] drängt sich eine Relecture insbesondere von Stratmanns erstem und grundlegendstem Buch geradezu auf.

Das Thema Frieden ekklesiologisch bedacht

Stratmann möchte in seinem Buch von 1924 eine „religiös-dogmatische und religiös-sittliche Begründung des Weltfriedensgedankens" erreichen. Die Formulierung religiös-dogmatisch zeigt, dass es ihm um ein theologisches Nachdenken, um Friedenstheologie geht.[10] Schon mit dieser Zielvorstellung

---

9 Auch auf der Weltebene der evangelischen Kirchen hört es sich aktuell nach einem Neuanfang an, wie der „Aufruf des Ökumenischen Rates der Kirchen zu einem weltweiten Pilgerweg der Gerechtigkeit und des Friedens" von 2014 zeigt. Theologisch hoch interessant sind zudem einige Lernprozesse auf der Ebene einzelner Landeskirchen. Angefangen hat es mit einer friedensethischen und friedenstheologischen Neubesinnung der badischen Landeskirche, welche sich dadurch auszeichnet, das konkrete Arbeitsaufträge und Selbstverpflichtungen entwickelt wurden. (Vgl. www.ekiba.de/frieden-gerechtigkeit/kirche-des-gerechten-friedens/ [abgerufen am 11.05.2022]) Die Fragestellung war, was ist *unsere* Aufgabe, was können, was müssen wir *als Kirche* tun. Diese Frage ist neu und das merkt man den bis jetzt vorgelegten Papieren auch an, es ist ein Suchprozess, der hier begonnen und inzwischen mehrere deutsche Landeskirchen erfasst hat. (Vgl. https://www.friedensorte.de/ [abgerufen am 11.05.2022])

10 „Wenn und sofern Frieden und Gerechtigkeit zentrale Momente des Glaubens bilden, darf christlich-dogmatische Theologie als Friedenstheologie bezeichnet werden. Das bedeutet umgekehrt: Friedenstheologie trägt dann den Charakter einer Selbstreflexion des christlichen Glaubens", so die Definition von Heinz Günther Stobbe, Frieden, Gerechtigkeit und die Strukturen der Kirche. Eine Skizze,

überschreitet er traditionelle Grenzlinien. Denn das Thema Frieden gehört in der nach Disziplinen ausdifferenzierten katholischen Theologie bislang vorrangig in das Arbeitsfeld der Sozialethik. Dort wird es bis heute - gelegentlich - behandelt, unter Hinzuziehung nicht eigentlich theologischer Kriterien, sondern naturrechtlicher, rationaler, philosophischer Prinzipien. Friedenstheologie selbst hat im traditionellen Fächerkanon katholisch-theologischer Fakultäten zumindest im deutschsprachigen Raum bis heute keinen Ort.[11] Auch in Stratmanns Buch von 1924 findet sich die traditionelle sozialethische Behandlung des Themas, aber erst als Punkt III B 1: „Der gerechte und der ungerechte Krieg. Vom Standpunkte des Naturrechtes". Wie sehr bis heute eine religiös-dogmatische Begründung des Weltfriedensgedankens im Rahmen katholischer Theologie provozieren kann, hat nicht zuletzt die Kontroverse um das Hirtenwort „Gerechter Friede" gezeigt.[12]

---

in: Götz Planer-Friedrich (Hrsg.), Auf dem Weg zu einer ökumenischen Friedensethik, München 1989, 148–170, hier 149. Vgl. ansonsten Thomas Nauerth (Hrsg.), Was ist Friedenstheologie? Eine Spurensuche und ein Lesebuch, Norderstedt 2020.

11 „Es gibt nicht viele Theologen, die den in der (sozial)-ethischen Diskussion über dieses Thema üblichen Rahmen [...] überschreiten und das Gottesbild im Blick auf Kreuzestod und Auferstehung Christi in ihre Reflexion einbeziehen", so urteilte 1991 Heinrich Missalla, „Ich sende euch wie Schafe mitten unter die Wölfe" (Mt 10,16) oder: wem gehört unsere Loyalität?, in: Thomas Eggensperger / Ulrich Engel / Otto H. Pesch (Hrsg.), Versöhnung: Versuche zu ihrer Geschichte und Zukunft (FS Paulus Engelhardt) Mainz 1991, 214–231, hier 215.

12 Der Streitfall wurde zunächst ausgetragen in den „Stimmen der Zeit": Vgl. Gerhard Beestermöller, Paradigmenstreit in der katholischen Friedenslehre? Beobachtungen zum Hirtenwort „Gerechter Friede", in: Stimmen der Zeit 219 (3/2001), 173–185; Heinz-Günther Stobbe, Die katholische Friedenslehre in der Debatte. Eine Entgegnung auf Gerhard Beestermöller, in: Stimmen der Zeit 219 (6/2001),

Vordergründig ging es dabei um die Frage, welche Rolle im Rahmen katholischer Ethik biblischen Argumentationen zukommt,[13] die eigentliche Frage im Hintergrund aber war, welche Rolle ekklesiologische Überlegungen im Themenfeld Weltkirche und Weltfriede spielen dürfen. Genau mit einer solchen ekklesiologischen Argumentation eröffnet nun Stratmann sein Buch „Weltkirche und Weltfriede". Er geht dabei aus von der Metapher von Kirche als Leib Christi, wie sie von Paulus zuerst im Korintherbrief entwickelt wurde. Sie ist für Stratmann das entscheidende Denkmodell, wenn man das „Kriegs- und Friedensproblem vom katholischen Standpunkt einigermaßen erschöpfend" (32) behandeln will. Stratmann würde neueren Systematikern entschieden widersprechen, wenn diese die paulinische Rede vom Leib Christi lediglich als ein Bild unter vielen behandeln. Die „Kirche ist ein gottmenschlicher Organismus!" (59) Corpus Christi mysticum „ist mehr als ein bloßes Bild, es ist eine übernatürliche Realität" (56), so Stratmann kurz und knapp.

Angesichts der Bedeutung, die Stratmann dieser mystischen, übernatürlichen Realität für alle theologischen Fragen in Bezug auf Weltkrieg und Weltfrieden zumisst, trägt der

---

398–410. Er findet sich gebündelt in: Heinz-Gerhard Justenhoven / Rolf Schumacher (Hrsg.), „Gerechter Friede" – Weltgemeinschaft in der Verantwortung. Zur Debatte um die Friedensschrift der deutschen Bischöfe (Theologie und Frieden Bd. 25), Stuttgart 2003; vgl. zur Kontroverse an sich darin insbesondere Thomas Nauerth, Über die Pädagogik des Gottes Israels. Plädoyer für eine Fortführung der Debatte um das Hirtenwort „Gerechter Friede", 82–88.

13 Vgl. vor allem Karl-Wilhelm Merks, Vom gerechten Krieg zum gerechten Frieden – Utopie oder Realismus?, in: Justenhoven / Schumacher (Hrsg.), „Gerechter Friede" – Weltgemeinschaft in der Verantwortung, Stuttgart 2003, 11–28: Das „Unzureichende einer biblischen Begründung kann man […] auch *politisch-ethisch* begründen" (ebd., 25).

erste Hauptteil seines Buches die Überschrift: „Die Weltkirche als Corpus Christi mysticum“. Unterteilt ist dieses Kapitel in einen sehr kurzen Abschnitt „Dogmatik“, in dem knapp die ekklesiologische Realität nach der Lehre der Kirche vorgestellt wird, und in einen ausführlichen Teil B, überschrieben lapidar mit dem Wort „Ethik“. Trotz aller enthusiastischen und exzessiven Verwendung des Konzeptes Corpus Christi mysticum hält sich Stratmann nur ganz kurz bei der Dogmatik auf, er hat deutlich erkennbar keinerlei Interesse an den dogmatischen Spekulationen, die später das Konzept Corpus Christi mysticum so in Verruf bringen sollten. Sein einziges Interesse sind die ethischen Konsequenzen dieses ekklesiologischen Bildes: „Das ebenso gewaltige wie zarte Glaubensgeheimnis vom Corpus Christi mysticum verlangt entsprechende Ethik“ (71). Für Stratmann verlangt das Konzept Corpus Christi mysticum aber nicht nur nach einer adäquaten Ethik, sondern dieses Konzept selbst wird zur Quelle einer bestimmten Ethik: „Das wichtigste aller katholischen Gebote ist jenes, das aus der Lehre vom mystischen Leibe Christi folgt: Die Liebe zum Haupte dieses Leibes und zu allen seinen Gliedern.“ (67) Die entscheidende Formulierung ist hier die Betonung der Liebe zu *allen* Gliedern. Wenn diese Liebe wirklich gelebt wird, dann, so Stratmann, „gibt es keine Feinde mehr, außer den Feinden Christi. Und diese Feinde Christi behandeln wir dann äußerlich und innerlich so, wie Christus sie behandelt hat: Wir suchen ihr Böses durch Gutes zu überwinden.“ (70) Die Konsequenzen einer solchen ethischen Deutung des Glaubensgeheimnisses Corpus Christi mysticum liegen für Stratmann auf der Hand: „Wie unmöglich wäre dann die Selbstzerfleischung der mystischen Glieder Christi durch Hass, Streit und Krieg!“ (70)

Die ethischen Konsequenzen, die Stratmann aus der Corpus Christi mysticum-Konzeption zieht, sind eigentlich deutlich genug in Bezug auf die Beurteilung von Krieg und Frieden. Doch Stratmann ist sich der Einsicht seines Publikums nicht so sicher. In einem langen zweiten Kapitel zeigt er explizit und ausführlich mit vielen aktuellen Beispielen, wie sehr der Krieg ein „Zersetzungselement“ im Corpus Christi mysticum darstellt. In diesem zweiten Kapitel wird nicht nur deutlich, dass Stratmann zu Recht im Predigerorden beheimatet ist, sondern dass er die katholische (Friedens-)Tradition genau kennt. Ganz im Stil des großen Essayisten Erasmus[14] heißt es zum Beispiel:

> „Der Christ sagt: es kommt mir gar nicht der Gedanke, dass ich als Glied eines mystischen Leibes gegen ein anderes kämpfe, […] ich sehe nur, dass drüben die französische und hier die deutsche Fahne weht, ein anderer Gedanke kommt mir nicht! O, dass dir doch ein anderer käme!“ (72)

Um die Emphase zu verstehen, mit der Stratmann das Konzept Corpus Christi mysticum vertritt, muss auch der zeitgeschichtlich gesellschaftliche Hintergrund beachtet werden. Stratmann hat das friedenstheologische Potential der paulinischen Bildrede bzw. der katholischen Lehrüberlieferung in ei-

---

14 Es könnte sein, dass diese Ähnlichkeiten nicht zufällig sind, sondern auf genaue Lektüre hindeuten. Stilistische und inhaltliche Parallelen gerade zu „Dulce bellum inexpertis“ sind mehrfach auffallend: „Wer sah ein Auge mit einer Hand kämpfen oder den Bauch mit einem Fuß […] Vermag denn die Bindung der Natur in einem vergänglichen Körper mehr als die des Geistes in einer mystischen und unvergänglichen Vereinigung?“ (Erasmus von Rotterdam, „Süß scheint der Krieg den Unerfahrenen“. Übersetzt, kommentiert und hrsg. von Brigitte Hannemann, München 1987, 61). Zitierfähig war Erasmus für einen Dominikaner 1924 wahrscheinlich noch nicht, zugänglich aber sicher.

ner sehr bestimmten historischen Situation gespürt und es für diese Situation entsprechend herauszuarbeiten versucht. Unübersehbar ist zunächst, dass das furchtbare Ereignis des europäischen Brudermordes von 1914–1918 Stratmann dazu geführt hat, neu über das Geheimnis Corpus Christi mysticum nachzudenken. Für Stratmann ist darüber hinaus nach dem ersten Weltkrieg eine Wende eingetreten, von einer stark individualistischen Epoche hin zu einer solidaristischen Zeit: „Heute hat man zwar die Persönlichkeit nicht vergessen, aber sie tritt gegenüber einem überpersönlichen Interesse in den Hintergrund: dem *Gemeinschaftsinteresse*" (51).[15]

Stratmann scheidet scharf zwischen Gesellschaft, der man überdrüssig sei, und Gemeinschaft, die man suche. Und die „idealste Gemeinschaft" sei eben die Kirche, die katholische selbstverständlich. Zwar habe die Kirche auch eine juristische, gesellschaftliche Außenseite, doch zugleich sei sie ‚Inbegriff der innigsten Gemeinschaft' eben im Bild und Konzept des Corpus Christi mysticum, ein Konzept, das „nun in einer Zeit eines wiedererwachenden stärkeren Solidarismus besser verstanden zu werden beginnt" (52).

> „In die Sprache der Soziologie und der Politik übersetzt lautet die ethische Forderung der Lehre vom Corpus Christi mysticum; *Solidarismus im Volks- und Völkerle-*

15 Auch die bemerkenswerte Dissertation von Reinold von Thadden, „Völkerrecht und Völkerbund. Eine Studie zur Rechtsnatur zwischenstaatlicher Beziehungen", Berlin 1920, spricht davon, „dass in allen Schichten der Bevölkerung das Gefühl gegenseitiger Abhängigkeit, die Freude am Zusammenschluss und der Wille, Gemeinsames wirklich gemeinsam zu betreiben, von neuem erwacht" (ebd., 9). Interessant ist zudem, dass Dietrich Bonhoeffer drei Jahre nach „Weltkirche und Weltfriede" mit einer Arbeit unter dem Titel „Sanctorum Communio. Eine dogmatische Untersuchung zur Soziologie der Kirche" promovieren würde.

> *ben*! Fort mit dem volks- und völkermordenden Gruppenegoismus, Rückkehr zur Ethik eines christlichen Weltorganismus!" (69)

Ob auch heute von einer ‚Zeit wiedererwachenden Solidarismus' gesprochen werden kann, angesichts von Herausforderungen wie Pandemie und Klimawandel, die nur solidarisch zu lösen sind, sei dahingestellt.[16] Spannend für den friedenstheologischen Lernprozess, den die katholische Kirche und ihre Theologie noch vor sich haben, sind aber auf jeden Fall die ökumenischen Verbindungslinien, die sich von Stratmanns Konzeption aus ergeben. Sie führen vor allem in die täuferische Tradition und damit mitten hinein in die neu aufgenommenen ökumenischen Gespräche mit der mennonitischen Kirche und Theologie.

Corpus Christi mysticum als ökumenisches Konzept

So klar sich Stratmann über das friedenstheologische Potential des Konzeptes Corpus Christi mysticum gewesen ist, so wenig war er sich wahrscheinlich bewusst, welches ökumenische Potential seiner ethischen Entfaltung des Corpus Christi mysticum-Konzeptes zukommt. Es könnte sein, dass diese Aussage auch für die systematisch-theologische Debatte der Gegenwart noch zutrifft. Dieser ökumenische Horizont, den das Leib Christi-Konzept eröffnet, soll zunächst durch einige Zitate näher illustriert werden:

---

16 Vgl. zu dieser Frage Thomas Dienberg / Thomas Eggensperger / Ulrich Engel (Hrsg.), Auf der Suche nach einem neuen Wir. Theologische Beiträge zu Gemeinschaft und Individualisierung, Münster 2016.

> „Die Gemeinde ist als Leib Christi eine Gemeinschaft erlöster [...] Menschen, beherrscht von erlösender, wiederherstellender Liebe [...]. Das böse, brutale und unmenschliche Wesen des Krieges steht im Widerspruch zur neuen Natur des Christen. [...] Deshalb sind wir als Christen nicht berechtigt, Leben zu töten.“[17]

> „Denn wenn es sich bei den gegnerischen Menschen um Christen handelt, ist der Krieg gegen sie der höchste Widerspruch zu dem [...] Bekenntnis, dass wir als Brüder und Jünger gemeinsam den ‚Leib Christi‘ bilden; sind sie keine Christen, ist der Krieg gegen sie die letzte Verleugnung des Missionsbefehls.“[18]

> „In summa: Wie Christus, unser Haupt über uns, gesinnt ist, so sollen in allem die Glieder des Leibes Christi durch ihn gesinnt sein, damit keine Spaltung im Leib ist. Da nun Christus so ist, wie von ihm geschrieben steht, so müssen auch die Glieder so sein, damit sein Leib ganz und gar einig bleibt zu seiner eigenen Besserung und Erbauung.“[19]

Immer da, wo vom Gedanken des Friedens bzw. vor dem Hintergrund der Brutalität des Krieges über christliche Kirche nachgedacht wird, scheint das paulinische Konzept „Leib

---

17 Aus dem aktuellen Glaubensbekenntnis der mennonitischen Brüdergemeinden (s. www. ambd.de) [abgerufen am 11.05.2022].

18 Clarence Baumann, Gewaltlosigkeit als Kennzeichen der Gemeinde, in: Hans-Jürgen Goertz (Hrsg.), Die Mennoniten (Die Kirchen der Welt Bd. 8) Stuttgart 1971, 128–140, hier 137.

19 Aus dem bis heute für verschiedene friedenskirchliche Freikirchen verbindlichen sog. „Schleitheimer Bekenntnis“ von 1527. Vgl. zum Text und zur Geschichte Urs Bernhard Leu / Christian Scheidegger / Michael Sattler, Das Schleitheimer Bekenntnis 1527. Einleitung, Faksimile, Übersetzung und Kommentar, Zug 2004.

Christi“ eine besondere Aufmerksamkeit zu erfahren.[20] Vielleicht müsste in der ökumenischen wie dogmatischen Debatte doch stärker auf den Erfahrungshintergrund unterschiedlicher Theologien geachtet werden! Die Beobachtung, dass ein katholischer Theologe wie Franziskus Maria Stratmann, wenn er sich auf den Weg macht, friedenstheologisch zu denken, – aller konfessionellen Unterschiede zum Trotz – auf theologische Themen und Konzepte stößt, die auch in mennonitischer Theologie ihre Relevanz haben, ist auch deswegen von besonderem Reiz, weil Stratmanns Theologie unbestreitbar klassische, vorkonziliare, also nachtridentinische katholische Theologie ist, eine Theologie, die die Kirche Jesu Christi noch unbekümmert mit der katholischen Kirche gleichsetzen kann und alle anderen Christen ebenso unbekümmert in Sekten beheimatet weiß.[21]

---

20 Indirekt ist dies auch bei Dietrich Bonhoeffer zu beobachten: „Friede soll sein, weil Christus in der Welt ist, d. h. Friede soll sein, weil es eine Kirche Christi gibt, um deretwillen allein die ganze Welt noch lebt. Und diese Kirche Christi lebt zugleich in allen Völkern [...] und die Brüder dieser Kirche sind durch das Gebot des einen Herrn Christus, auf das sie hören, unzertrennlicher verbunden, als alle Bande der Geschichte, des Blutes, der Klassen und der Sprachen Menschen binden können. [...] Sie können nicht die Waffen gegeneinander richten, weil sie wissen, dass sie damit die Waffen auf Christus selbst richteten.“ (Dietrich Bonhoeffer, Rede auf der Konferenz in Fanö, 28.8.1934 [DBW 13, 298–301]).

21 Allerdings kennt Stratmann immerhin diese „Sekten“, auch die Mennoniten. Er zitiert an einer Stelle John Horsch, Die biblische Lehre von der Wehrlosigkeit, Stuttgart 1920, 163, Anm. 119. Diese Broschüre handelt – anders als ihr Titel suggeriert – mitnichten nur von der biblischen Lehre, sondern nimmt die gesamte Kirchengeschichte unter der Perspektive Wehrlosigkeit in den Blick. Hinzu kommen Kapitel eher systematisch theologischer Natur („Der widerchristliche Charakter des Krieges“; Patriotismus-Militarismus-Pazifismus“; „Das Reich Gottes und das Reich der Welt“) und zeit-

Dieser traditionell kirchlich-katholische Dominikaner Stratmann hat trotzdem mit seiner Entfaltung der ethischen Konsequenzen des Corpus Christi mysticum-Konzeptes einen wichtigen Beitrag für einen ökumenischen Dialog geleistet, der gerade erst begonnen hat: „The body of Christ is an important biblical image for an Anabaptist-Mennonite understanding of the church."[22]

Die ethisch-politische Relevanz des Corpus Christi mysticum-Konzeptes, wenn man es wie Stratmann durchbuchstabiert, beschränkt sich zudem nicht auf die Frage von Krieg und Frieden, wie beispielsweise der „Brief von der ökumenischen Konsultation zur Wirtschaft im Dienst des Lebens" vom 15.–19. Juni 2002 zeigt, in dem es unter den weiterführenden Fragen heißt: „Was bedeutet die Einheit der Kirchen als der eine Leib Christi, was bedeuten Taufe, Abendmahl und Amt im Kontext der ökonomischen Globalisierung?"[23] Stratmann würde heute wahrscheinlich von Globalisierung als einem Zersetzungselement im Corpus Christi mysticum sprechen.

Stratmann stünde heute allerdings etwas einsam da in der katholischen Theologie mit seiner Ekklesiologie.[24] In der

---

geschichtliche theologische Reflexionen („Das wehrlose Prinzip im Lichte des jüngsten Kriegs"). Horschs Fazit ist knapp und präzise: „Das bloße Mundbekenntnis, welches wohl äußerlich der Kirche angehören und in den Himmel kommen, aber auf Erden sich nicht von Christo regieren lassen will, wird in den Proben der letzten Zeit nicht bestehen. Es ist notwendig, ein gehorsamer Untertan des Reiches Gottes zu werden." (106) Man kann durchaus sagen, Stratmann hat an dieser einflussreichen Arbeit von John Horsch Maß genommen, als er 1924 „Weltkirche und Weltfriede" schrieb. Was Horsch für die Mennoniten vorgelegt hat, hat Stratmann für die Katholiken geschrieben.

22 „Called Together To Be Peacemaker", Nr. 85.

23 Dokumentiert in: Ökumenischer Informationsdienst (3/2002), 7.

24 Eine direkte Aufnahme seiner Gedanken ist bei Dorothy Day und

nachkonziliaren katholischen Dogmatik ist das von Stratmann mit Pathos und Leidenschaft vertretene Konzept Corpus Christi Mysticum deutlicher weniger angesehen:

> „Enthusiastische u. exzessive Deutungen der paulinischen Metapher (die Kirche, der fortlebende Christus) führten zu einer Zurückhaltung des II. Vatikanums gegenüber dem Begriff „Leib Christi". Er kann weder mit Volk Gottes noch mit Kirche als Grundsakrament [...] noch mit der Communio-Ekklesiologie in überzeugende Verbindung gebracht werden."[25]

Die dogmatische Konstitution „Lumen Gentium" des II. Vatikanums ist in ihrer jetzigen Fassung in der Tat das Resultat der weitgehenden Ablehnung einer ursprünglichen vatikanischen Vorlage, die ganz auf ein katholisch hierarchisch enggeführtes Corpus Christi mysticum-Konzept setzte.[26] Allerdings gibt es in jüngerer Zeit auch Anzeichen für eine gewisse Wende. In einer sehr umfassenden Studie hat Becht zu zeigen versucht, dass es dem Konzil gelang, „von ver-

---

der Catholic Worker Bewegung zu beobachten. Day beruft sich 1934 nicht nur explizit auf die Auslegung der Theorie vom Gerechten Krieg durch „the pacifist Father Franziskus Stratmann, a German Dominican", sondern schreibt in einem Artikel: „If a man hates his neighbor, he is hating Christ [...] This dogma of the Mystical Body precludes all ideas of class war. And it is to promulgate this dogma – to bring it to the man in the street, that the Catholic Worker is dedicated." Zitiert nach: Tom Cornell, The Roots of Dorothy Day's Pacifism. Solidarity, Compassion and a Stubborn Hold on Truth, in: Houston Catholic Worker, Vol XVII (5/1997).

25 Herbert Vorgrimler, Art. Leib (Jesu) Christi, in: Neues Theologisches Wörterbuch, Freiburg/Br. 2000, 384.

26 Michael Becht, Kirche als Leib Christi. Zur Leib Christi Ekklesiologie des 2. Vatikanischen Konzils, in: Theologie und Philosophie 79 (2004), 361–387, hier 362f.

schiedenen problematischen Entwicklungen und Engführungen der neuzeitlichen Leib-Christi-Ekklesiologie Abschied zu nehmen, ohne auf den spezifischen theologischen Vorzug dieses neutestamentlichen Kirchenbildes [...] verzichten zu müssen."[27] Bei dem Fundamentaltheologen Hansjürgen Verweyen ist zwischenzeitlich sogar eine bemerkenswert sozialkritische „Auslegung des Leib-Christi-Motivs" zu beobachten.[28] Die Zeit für eine Neubeachtung dieses ekklesiologischen Konzepts scheint gekommen.[29] Dabei sollte Stratmann wohl auch von systematisch-theologischer Seite aus genauer beachtet werden, nicht zuletzt weil es ihm gelingt, aus diesem Konzept eine – wiederum ökumenisch sehr anschlussfähige – katholisch konturierte Nachfolgeethik zu gewinnen.

---

27 Ebd., 387. Zu beachten ist ansonsten vor allem Sabine Mirbach, „Ihr aber seid Leib Christi". Zur Aktualität des Leib-Christi-Gedankens für eine heutige Pastoral, Regensburg 1998: „Ziel dieser Arbeit ist, die unverminderte Fruchtbarkeit des Leib-Christi-Gedankens für Ekklesiologie und Pastoral zu erweisen." (ebd., 13) Vgl. jetzt auch die kritischen Beiträge: Saskia Wendel / Aurica Nutt / Miriam Leidinger u. a. (Hrsg.), Reading the body of Christ. Eine geschlechtertheologische Relecture, Paderborn 2016; Matthias Remenyi / Saskia Wendel (Hrsg.), Die Kirche als Leib Christi. Geltung und Grenze einer umstrittenen Metapher, Freiburg/Br. 2017.

28 So das Urteil von Ansgar Kreutzer, Communio – Leib Christi – Volk Gottes. Ekklesiologische Leitbilder in der individualisierten Gesellschaft, in: Remenyi / Wendel (Hrsg.), Die Kirche als Leib Christi, 357–391, bes. 377

29 Es klingt wie ein Echo aus Stratmanns Arbeit, wenn Papst Johannes Paul II. in seiner Botschaft zum Weltfriedenstag 2005 formuliert, dass „die Teilhabe an dem einen mystischen Leib Christi in eine besondere Beziehung nicht nur zum Herrn, sondern auch zu den Brüdern stellt. Die Logik der christlichen Liebe, die im Evangelium den Herzschlag des sittlich Guten bestimmt, drängt, konsequent zu Ende gedacht, sogar zur Feindesliebe: ‚Wenn dein Feind Hunger hat, gib ihm zu essen, wenn er Durst hat, gib ihm zu trinken' (Röm 12, 20)."

Christ ist, wer Christus nachfolgt

Bedingt nicht zuletzt durch die Einführung der Erwachsenentaufe, ist mennonitische Gemeinde als ‚Gemeinde der Gläubigen' gekennzeichnet. Die Überzeugung, dass der, der meint, er sei Christ, den Weg gehen kann, den Christus gegangen ist, ist grundlegend:

> „Wir glauben, dass der Heilige Geist in jedem Christen lebt und ihn befähigt, ein Leben der Heiligung zu führen. Er bevollmächtigt den Gläubigen, Christus nachzufolgen und ein wirksamer Zeuge für ihn zu sein [...]. Ein Christ [...] trägt zur Auferbauung des Leibes Christi bei durch sein Reden, seine Gaben, durch Gemeinschaft und Gebet. Dadurch wächst der Gläubige in seiner Christusähnlichkeit, verherrlicht Gott und bezeugt ihn in seinem täglichen Leben."[30]

Stratmann würde in diesem mennonitischen Bekenntnis wenig Fremdes erkennen können, denn auch sein Nachdenken über die Fragen von Krieg und Frieden führt ihn über die Frage nach der mystischen Realität der Kirche hin zur Frage nach dem, was einen Christen sittlich und ethisch ausmacht oder ausmachen sollte. Mühelos verbindet Stratmann das Geheimnis vom mystischen Leibe Christi mit Mt 25,31–46, oder, anders formuliert, für Stratmann steht auch bei diesem berühmten Bild vom Weltgericht nichts anderes im Hintergrund als eben das Geheimnis vom mystischen Leib Christi:

> „Der Erlöser selbst will jeden Liebesdienst, den wir einem Bruder tun, betrachten, als hätten wir ihn ihm selbst ge-

30 Aus dem Glaubensbekenntnis der Mennoniten Brüdergemeinde Bielefeld-Heepen/Oldentrup; https://mb-bielefeld.de (Zugriff: 22.02. 2022).

tan. Die tiefste Begründung für diese Tatsache liegt in dem Geheimnis vom mystischen Leibe Christi. Wenn die Menschen Glieder Christi sind, dann ist ja wirklich das den Gliedern Erwiesene auch ihm selbst erwiesen. Dann ist der hungrige, nackte, gefangene Bruder der hungrige, nackte, gefangene Christus."[31]

Stratmann kann diese ethische Verpflichtung eines Christen auch unter Verwendung des 1924 wohl katholisch eher ungebräuchlichen Wortes „Nachfolge" formulieren. „Christ ist, wer Christus nachfolgt", schreibt er an einer Stelle lapidar, „wenn nicht im Heroischen, so doch im Elementaren." (66) Wie radikal Stratmann elementar definiert, macht folgende Formulierung deutlich:

> „Gewiss ist der Christusgeist, die Demut, die Leutseligkeit, der Verzicht auf jedes Herrenmenschentum, die Liebe bis zur Feindesliebe, die Opferbereitschaft, nicht das Leichteste im menschlichen Leben. Aber es sollte doch nicht vorkommen, dass das christliche Gewissen sich kaum regt, wenn es ihn bei sich und anderen nicht vorfindet." (67)

In Christus gilt nicht „der Schneid des ‚korrekten Katholiken', nicht die reine Weste, die *Haut* des religiösen Menschen, sondern der neue Mensch in Christus, der Christus im Menschen." (67). Stratmann fordert hier nicht eine Hochleistungsethik, eine Heiligkeit mit aller Gewalt, sondern in

---

31 Hier trifft sich Stratmann mit der befreiungstheologischen Leib Christi-Theologie von Papst Franziskus: „Eine arme Kirche für die Armen tut ihren ersten Schritt, indem sie auf den Leib Christi zugeht. Wenn wir auf den Leib Christi zugehen, beginnen wir etwas zu verstehen – zu verstehen, was diese Armut ist: die Armut des Herrn." (Pfingstvigil mit den kirchlichen Bewegungen, 18. Mai 2013, abrufbar unter vatican.va).

seinen Augen zieht er auch hier nur die Konsequenzen aus der kirchlichen Realität des Corpus Christi mysticum. Denn die Gemeinschaft des Corpus Christi mysticum gehe

> „weit hinaus über eine bloße Gemeinschaft der Gedanken, der Lehre, der Nachahmung, des Verdienstes, sie ist vielmehr eine so volle Lebensgemeinschaft, dass Christus sagen kann: ‚Ich bin der Weinstock, ihr seid die Reben' (Joh 15,1) und der Christ: ‚Ich lebe und doch nicht ich lebe, Christus lebt in mir' (Gal 2,20)." (56)

Der neue Mensch entsteht durch die Lebensgemeinschaft mit Christus: „Weil Christus die Wurzel und der Weinstock ist und wir durch den Glauben in ihn eingepflanzt sind, so steigt, ebenso wie der Saft von der Wurzel in die Äste fließt, der Geist Christi von der Wurzel, Christus, in die Äste und Zweige auf und macht sie alle fruchtbar." Diese Aussage ist nun allerdings nicht von Stratmann, sondern von Peter Riedemann, einem der wichtigsten Theologen des hutterischen Zweigs des Täufertums im 16. Jahrhundert.[32]

Die Parallelen zwischen Stratmannscher Liebes- und Nachfolgeethik und täuferisch-mennonitischer Gemeindeethik sind immer wieder neu verblüffend, so verblüffend, wie die pastoraltheologische Findigkeit, mit der Stratmann den Corpus Christi mysticum-Gedanken immer wieder im Sinne konkreter Nachfolge bis hin zur Feindesliebe auszudeuten versteht:

> „Wir sollten die geistige Kommunion mit dem eucharistischen Leibe des Herrn auch auf seinen mystischen Leib

32 Zit. nach Arnold C. Snyder, Weltweites Wachstum – Täuferische Saat, Weisenheim 2003, 42; zu Riedemann vgl. ansonsten Andrea Chudaska, Peter Riedemann. Konfessionsbildendes Täufertum im 16. Jahrhundert (QFRG Bd. 76), Gütersloh 2003.

ausdehnen! […] So wie wir bei der geistigen Kommunion mit dem eucharistischen Leibe des Herrn diesen gleichsam umarmen, so wollen wir bei der geistigen Kommunion mit dem mystischen Leibe Christi diesen mystischen Christus umarmen. […] Dann gibt es keine Feinde mehr." (69f.)

Pazifismus messianischer Gemeinschaft versus Corpus Christi mysticum

Weil Kirche/Gemeinde allein die umfassen soll, die wirklich Christus nachfolgen, entstand die Täuferbewegung. Erwachsenentaufe bedeutet, eine bewusste Entscheidung zu einem Leben als Christ zu treffen. Daher kann mennonitische Theologie seit ihren täuferischen Anfängen Gemeinden ganz anders theologisch gewichten, ihre Ekklesiologie ist wesentlich Gemeindetheologie. „Die Gemeinde ist der Brennpunkt der Herrschaft Christi."[33] Stratmann dagegen spricht stets von Kirche insgesamt, der Kampf verläuft nach ihm nicht zwischen Gemeinde und Welt, sondern

> „zwischen dem mystischen Leibe der Kirche und dem mystischen Leibe der ‚Welt'. Das Ziel der Welt ist, die Kirche zu bezwingen und sich einzuverleiben; das Ziel der Kirche, ein gleiches mit der Welt zu tun, Weltkirche im vollsten Sinne des Wortes zu werden." (371)

Dabei macht sich Stratmann keine Illusionen bezüglich der realen Wirklichkeit von katholischer Kirche. Er sieht die Defizite einer bürgerlichen Volkskirche in aller Schärfe. So spricht

33 So der mennonitische Theologe J. Lawrence Burkholder, in: Hans-Jürgen Goertz (Hrsg.), Die Mennoniten (Die Kirchen der Welt Bd. 8), Stuttgart 1971, 56.

er z. B. von jenen „‚korrekten‘ Katholiken, die alles glauben, was ihnen die Kirche zu glauben vorstellt, und die auch durchweg von der schweren Sünde nichts wissen wollen“, denen aber die „allernächstliegende und allernotwendigste Konsequenz, die die Gliedschaft Christi mit sich zu bringen hätte“, fehle, nämlich „der Christusgeist“. (64) Stratmann spricht von einem „Kirchengeist“, der nicht reiche:

> „Und endlich jene Dame, die Ehrenvorsitzende verschiedener katholischer Vereine ist, katholische Bazare veranstaltet […] eine Zierde der katholischen Gemeinde, wenngleich sie im Hause selbst die Tyrannin ihrer Dienstboten ist und den Arme-Leute-Geruch nicht vertragen kann. Sie ist eine ‚ausgezeichnete Katholikin‘, aber keine Christin.“ (66)

In ähnlicher Weise spricht er vom katholischen Politiker, „der bei jedem Kommers die Papstrede hält […], aber vom Geiste dessen, der gesagt hat ‚Liebet eure Feinde‘ […], nicht einen Hauch verspürt“ hat. (66)

Durch die starke Betonung der Bedeutung der Gemeinde für das christliche Leben des Einzelnen gelingt es mennonitischer Theologie, das Konzept einer entschiedenen Nachfolge ganz anders abzustützen, als es der Dominikaner Stratmann vermag:

> „Weil die Gemeinde nicht eine imaginäre Größe ist, sondern die Gemeinschaft derer, denen man sich anschließt […] von denen man immer wieder im Namen Christi angesprochen wird, weil man also Glied an diesem Leib Christi ist, nur deshalb ist Nachfolge möglich, nur deshalb ist es nicht eine individuelle Einzelleistung.“[34]

34 Heinold Fast, Beiträge zu einer Friedenstheologie, Maxdorf 1982, 43.

Das neue Leben in Christus, von dem auch Stratmann spricht, wird mennonitisch als „Leben in der messianischen Gemeinschaft“[35] verstanden: „Die Existenz einer menschlichen Gemeinschaft, die sich gemeinsam einer neuen und öffentlich Anstoß erregenden, die Feinde liebenden Art zu leben widmet, ist [...] ein neues gesellschaftliches Datum.“[36] Diese Gemeinschaft, die Gemeinde hat die Funktion, „die neue Ordnung des Reiches Gottes zu verkörpern und ihren Gliedern zu helfen, *jetzt schon* nach seinen Regeln zu leben. In der neuen Gemeinschaft wird also zeichenhaft schon gelebt, was Gottes Wille für die ganze Welt ist. In dieser zeichenhaften Existenz ist die Gemeinde Botschafterin des Reiches Gottes.“[37] Dieses zeichenhafte „jetzt schon“ hat vor allem der amerikanische Theologe John Yoder mit dem Stichwort „messianisch“ markiert, er hat darüber hinaus immer wieder betont, dass die zeichenhafte Funktion dieser messianischen Gemeinde/Gemeinschaft wesentlich in der Gewaltfreiheit – mennonitisch-täuferisch traditionell ausgedrückt: der Wehrlosigkeit – besteht. Yoder spricht vom Pazifismus der messianischen Gemeinschaft.

Hier scheiden sich sehr deutlich die Wege.[38] Stratmann ist zutiefst vom Gedanken des Königtums Christi als einer Herr-

---

35 Vgl. dazu Andrea Lange, Die Gestalt der Friedenskirche, Weisenheim 1988, 30ff.

36 John H. Yoder, Nevertheless. Varieties of Religious Pacifism, Scottdale ^{2}1992, 133f. (zitiert nach Mark Thiessen Nation, Zeichen fordern, Weisheit verlangen oder den gekreuzigten Christus predigen – John H. Yoders Beitrag zu einer Friedensethik, in: Hanspeter Jeckers (Hrsg.), Jesus folgen in einer pluralistischen Welt, Weisenheim 2001, 101–123, hier 117).

37 Lange, Die Gestalt der Friedenskirche, 31.

38 Erst mit dem Hirtenwort „Gerechter Friede“ ist katholischerseits, inspiriert durch die exegetischen Arbeiten von Norbert und Gerhard Lohfink (Stichwort: Kontrastgesellschaft), ein ähnlicher Weg einge-

schaft über alle Wirklichkeit, also auch über das Zeitliche und Weltliche geprägt. Die „Souveränität Christi" „ist im vollsten Sinne des Wortes verpflichtende Autorität über jeden einzelnen Akt des staatlichen wie des privaten Lebens. Sie hat es wahrhaft zu beherrschen."[39] Das heißt, Stratmann setzt grundsätzlich auf einen christlichen bzw. katholischen Staat; er hält einen Staat, der in voller Übereinstimmung mit der jesuanischen Ethik handelt, für denkbar. Stratmanns Definition von Pazifismus als die „theoretische und praktische Bestrebung, das internationale Gewaltsystem durch ein internationales Rechtssystem zu überwinden", bzw. als „systematisierter und organisierter Friedenswille, der auch in die Politik eingreift"[40], setzt erkennbar andere Akzente als ein Pazifismus der messianischen Gemeinschaft und ist eher politologisch als theologisch ausgerichtet. Aber diese wohl herkömmlicher katholischer Schultheologie entwachsende Position bekommt im Laufe der Jahre erhebliche Risse. Stratmann ist nicht blind für die reale staatliche Wirklichkeit, die in allen Staatsformen, die er in seinem langen Leben erlebt hat, nicht sehr jesuanisch orientiert war. Er hat in den Jahren

---

schlagen worden; statt vom ‚Pazifismus der messianischen Gemeinschaft' wird von ‚Kirche als Sakrament des Friedens' gesprochen (Vgl. den Überblick bei Thomas R. Elßner, Kirche als Sakrament des Friedens, in: Hans Gerhard Justenhoven / Rolf Schumacher (Hrsg.), „Gerechter Friede" – Weltgemeinschaft in der Verantwortung, Stuttgart 2003, 113–119. Eine zukünftige katholische Friedenstheologie wird diese beiden ekklesiologischen Ansätze, Kirche als Sakrament des Friedens und als Corpus Christi mysticum, zu vereinen haben.

39 Franziskus M. Stratmann OP, Die Heiligen und der Staat. Bd. 1, Frankfurt/M., 1949, 27.

40 Ders., Was will der Pazifismus?, in: Versöhnung und Friede. Heinz Kloppenburg zum 65. Geburtstag, Dortmund 1968, 94.

der Flucht und im Exil viel Zeit, über das Phänomen Staat nachzudenken. 1950 schreibt Stratmann dann:

> „Die Christen sollen mehr und anders lieben als die Heiden, man soll die Jünger Christi gerade an dieser ungewöhnlichen Liebe erkennen. […] Man kann kein Christusjünger sein, ohne nicht auch seine Feinde zu lieben […] die Pflicht, jedem Menschen in jeder Lage wohlzuwollen, kennt keine Ausnahme […]. Christus verlangt durchaus die natürliche Reaktion durch die übernatürliche zu überwinden, er gestattet es in keinem einzigen Fall, in keiner einzigen Sekunde, Böses mit Bösem zu erwidern. […] Überdies hat Gandhi keine ‚weltfremdere' Moral verkündet als Christus in der Bergpredigt. Die Verantwortung liegt lediglich bei der Welt, zu der wir Christen nicht gehören dürfen, wenn sie sie nicht befolgt."[41]

Wenn Stratmann von einer Welt spricht, zu der wir Christen nicht gehören dürfen, wenn sie nicht christlichen Maßstäben folgt, so klingt dies wie ein fernes Echo jener Anfänge im 16. Jahrhundert, die zur täuferischen Gemeindebildung geführt haben. Damals hatte der Augsburger Täufertheologe Hans Denk formuliert:

> „sofern es möglich wäre für eine Obrigkeit auch so zu handeln [also rein nach den Maßstäben der Liebe (Th. N.)], so könnte sie wohl auch christlich in ihrem Stand sein. Dieweil es aber seit je die Welt nicht leiden mag, so soll und mag ein Freund Gottes nicht in die Obrigkeit, sondern muss draußen wachsen […], wenn er Christum für seinen Herren oder Meister halten will."[42]

---

41 Ders., Krieg und Christentum heute, Trier 1950, 179ff.
42 Hans Denck, Von der wahren Liebe (1527), 80.

Immer stärker scheint Stratmann erkannt zu haben, dass die Verhältnisbestimmung zwischen Kirche/Gemeinde und (National-)Staat/Gesellschaft von entscheidender Bedeutung für eine christliche Theologie ist, die sich den Fragen von Krieg und Frieden zuwendet. „Das Volk und namentlich das einfache, arme Volk auf der ganzen Erde will den Krieg nie! Nur der ‚Staat' will ihn. Das Volk verabscheut und hasst den Krieg, während es die anderen Völker, mit denen es Krieg führen muss, nicht hasst."[43]

Deutlichstes Zeichen für die Bedeutung, die der späte Stratmann diesem Problemkomplex zumisst, ist sein mehrbändiges Alterswerk „Die Heiligen und der Staat". Im ersten Band geht er dem Leben Jesu nach und versteht das irdische Leben Jesu als Typos, der sich in der christlichen Geschichte, an den Gliedern des Leibes Christi vielfältig wiederholt. Stratmann schreibt:

> „Es ist ein Faktum, dass im Leben Jesu, worin alles typisch ist, die verantwortlichen Vertreter der Nation und die verantwortlichen Vertreter des Staates das Werk der Finsternis an ihm taten. Die Kinder des Lichtes, manche erst nach mühsamen Kampf, standen auf der anderen Seite."[44]

Mit den Metaphern ‚Kindern des Lichtes' und – staatlichen! – ‚Söhnen der Finsternis' überschreitet Stratmann deutlich die klassische katholische sozialethische Staatstheorie und bewegt sich eher in der Sprach- und Bilderwelt der Johannesoffenbarung. Immer wieder sind solche Grenzüberschreitungen bei Stratmann zu beobachten. Gerade sie machen die

---

43 Franziskus M. Stratmann OP, In der Verbannung. Tagebuchblätter 1940 bis 1947, Frankfurt/M. 1962. 47.

44 Ders., Die Heiligen und der Staat. Bd. 1, Frankfurt/M. 1949, 133.

Lektüre so spannend. Hier schreibt einer, der einerseits aus der katholischen Lehre eindeutige und klare Konzepte und Theorien hat, der andererseits aber in sensibler Weise offen ist für die Wirklichkeit - die Wirklichkeit der Welt und die Wirklichkeit des Evangeliums. So entsteht ein eigenartiges Schwanken zwischen einer vernunftgestützten Argumentation in den Bahnen herkömmlicher katholischer Bellum Iustum-Lehre, einer ekklesiologischen Argumentation und einer biblisch-neutestamentlichen Position.

1924 schon hat er Pazifismus vom Evangelium her so definiert: „Wer immer das Vaterunser mit den Gedanken an alle Menschen und die politischen ‚Feinde' insbesondere betet, wird Pazifist" (361). 1931 verlässt er die Bellum Iustum-Lehre in Richtung Golgota, wenn er formuliert: „Es bedarf der neuen Einsicht, dass die ultima ratio nicht das Schwert, sondern das Kreuz ist."[45] Und 1950 schreibt er:

> „so stellen sich heute viele Gläubige und Ungläubige (die Ungläubigen haben schließlich auch Gespür für das, was elementar christlich ist, und ihr Ärgernis an dem bedenkenlosen Kriegführen der Christen ist groß) - sie stellen sich die Frage, ob der Geist Christi nicht eine Wehrlosigkeit verlange, die zwar in keiner Weise eine Duldung des Unrechts ist, wohl aber - dem Beispiele Christi entsprechend - eine Überwindung ohne Anwendung physischer Gewalt."[46]

Ob 1950 viele Gläubige diese Frage gestellt haben, sei dahingestellt, zumindest ein gläubiger Dominikaner wurde offenkundig von dieser Frage umgetrieben. Äußerst auffallend ist

45 Ders., Krieg gegen Rußland? In: Der Friedenskämpfer 7 (1931) 1–7, hier 6.
46 Ders., Krieg und Christentum heute, Trier 1950, 152.

an dieser Stelle die Vokabel „Wehrlosigkeit“ – sie ist typisch für die täuferische Tradition des 16. Jahrhunderts.[47] Sosehr Stratmann die Frage auch umtreibt, er zögert aus einem bestimmten Grund:

> „Wir haben im Abendlande noch keine Erfahrung im Gebrauch der gewaltlosen Waffe […] und wir wissen, dass die abendländische Christenheit diese Kraft zur Zeit gar nicht aufbrächte, auch wenn sie von der Kirche dazu aufgefordert würde. Das vermöchte erst eine lange Umerziehung.“[48]

Es hat fast den Anschein, dass friedenstheologisch der entscheidende Unterschied zwischen mennonitischer und Stratmannscher Theologie in der unterschiedlichen kirchlichen Beheimatung liegt. Das Konzept ‚Pazifismus der messianischen Gemeinschaft‘ ist nur vor dem Hintergrund freikirchlicher Gemeindeverbünde denkbar; vor dem Hintergrund eines rapide bröckelnden volkskirchlichen Milieus, in dem gemeinschaftliche Unterstützung für eine radikale Nachfolge Jesu nicht gegeben ist, bleibt nur die Einsicht, dass „die abendländische Christenheit diese Kraft zur Zeit gar nicht aufbrächte, auch wenn sie von der Kirche dazu aufgefordert würde“. Ob in der Praxis mennonitischer Gemeinden nicht inzwischen eine sozusagen nach unten nivellierende ökumenische Annäherung stattgefunden hat, ist eine ganz andere, leider vielfach allzu berechtigte Frage. Es klingt fast resignierend, wenn Stratmann schreibt:

---

47 Vgl. Andrea Lange, Die Gestalt der Friedenskirche, Weisenheim 1988, 45f.

48 Franziskus M. Stratmann OP, Krieg und Christentum heute, Trier 1950, 153.

> „Die Tatsache, dass in unserer Kirche ein übernatürlicher Weltorganismus gegeben ist, ein Friedenspotential, das zwar quantitativ, kaum aber qualitativ noch übertroffen werden kann, bleibt bestehen. Freilich, seine Güte ist objektiv. Die subjektive Ausnützung lässt viel zu wünschen übrig.“[49]

Eine erneute Lektüre von Stratmann könnte durchaus helfen, die subjektive Ausnützung in Zukunft wieder deutlich zu steigern. Was ist bei solcher Lektüre von Stratmann zu lernen?

Zu lernen ist: Wer sich auf den Weg zu einer katholischen Friedenstheologie begibt, der erhöht nicht seine staatsbürgerliche Korrektheit. Die Distanz zur Welt wird größer. Das Geheimnis der Kirche realer. Und das Evangelium leuchtet stärker.

Zu lernen ist von Franziskus Maria Stratmann OP, dass es auch katholisch möglich ist, die Friedensfrage ekklesiologisch zu bedenken. Zu lernen ist weiterhin, dass der, der sich auf den Weg zu einer katholischen Friedenstheologie begibt, unweigerlich auf ökumenisch höchst interessante Pfade gerät. Derjenige, der eine Basis, „auf der, wie wir glauben, wenigstens alle römisch-katholischen Christen zustimmen müssen“ suchte, macht ganz nebenbei katholische Theologie in neuen Zusammenhängen ökumenisch anschlussfähig.

---

49 Ders., Krieg und Christentum heute, Trier 1950, 22.

Franziskus M. Stratmann (im weißen Ordenshabit) mit Konferenzteilnehmern (neben ihm ganz links Erzabt Raphael Walzer OSB, Beuron).
Quelle: Archiv der Dominikaner-Provinz Teutonia.

II. Aufsätze von Franziskus M. Stratmann OP

„Meine Artikel sind nicht die Arbeit von wenigen Stunden und nicht Arbeiten, an denen nur der Intellekt beteiligt wäre. Sie sind ein Stück meines Wesens."

Franziskus M. Stratmann, 19.12.1931

Allerheiligen und die Politik

Badischer Beobachter. Hauptorgan der badischen Zentrumspartei 63 (301/1.11.1925) 1–2

Wer seine Religion wahrhaft lebt, nimmt sie auch mit in die Politik. Dem Katholiken liegt das schon deshalb nahe, weil seine Kirche selbst ein wahrer Gottesstaat ist, nicht von dieser Welt, noch für diese, aber überall hineinragend in die irdischen Staaten, so stark oft, dass man nicht weiß, wo die Grenzen des Gottesstaates aufhören und die des weltlichen anfangen. Mag der Unterrichtete aber auch die beiden Rechtssphären genau unterscheiden können, die religiös-sittliche Sphäre der Kirche jedoch schiebt sich ganz und gar hinein in die staatliche und politische, durchdringt und beherrscht sie – der Idee nach. Die letzte, innere Orientierung des Politikers hat ausnahmslos die Religion und die religiöse Moral zu sein. Wenn er Weihnachten, Ostern, Pfingsten, Fronleichnam, Allerheiligen in die Kirche geht, wenn er irgend ein Sonntagsevangelium hört, wenn er betet, beichtet und kommuniziert, kann er nie seine politischen Gedanken und Bestrebungen draußen lassen, sondern muss sie allüberall mit den religiösen verbinden.

Welche politischen Gedanken bietet nun das Allerheiligenfest? Zunächst den der ausgedehntesten und doch innigsten Gemeinschaft. Es enthüllt sich uns die dreifache Kirche: aller Heiligen im Himmel, aller Seelen im Fegfeuer und aller Menschen auf Erden. Diese drei sind eins. Es sind drei abgegrenzte Reiche mit gänzlich verschiedenen Lebensbedingungen und doch sind sie durchwaltet von einem Geist und einem Blut, wie die Teile des menschlichen Leibes. Die drei sind ja selbst ein Leibe mit einem einzigen Haupte, Christus. Sein Blut berührt jedes Glied dieses Leibes und erlöst es, sein Geist jedes Glied und heiligt es. Das ist die Idee, der Glaube. Für diesen Glauben stirbt der Christ. Lebt er auch dafür? Ist ihm dieser Glaube Orientierung in seinem alltäglichen Leben? Sehr oft in seinem religiösen Leben, sehr selten in seinem sonstigen Leben. Dieses sonstige Leben ist eben von seinem religiösen Leben getrennt. Er verehrt alle Heiligen im Himmel, betet für alle armen Seelen im Fegfeuer, und wie steht er zu allen armen und reichen Menschen auf Erden? Hat er den ihm am nächsten stehenden Gliedern am mystischen Leibe Christi, den Menschen gegenüber, das gleiche Gefühl der Verbundenheit wie gegenüber den verklärten und leidenden Gliedern in einer anderen Welt. Ach, wir sollten nach dem Feste Allerheiligen und nach dem Gedenktag Allerseelen am 3. November den Tag Allermenschen feiern! Sollten uns an diesem Tage bewusst werden, dass uns, wenn wir Kommerzienrat sind, der Arbeiter in Christo so nahe steht wie der Bankdirektor, wenn wir Deutsche sind, der Franzose, der Engländer, der Russe so nahe wie der deutsche Landsmann, ohne dass wir dabei die besonderen Rechte und Pflichten unseres Standes und unserer Nation aufgäben. Das Gemeinsame ist weit wesentlicher als das Trennende. Und je höher ein Mensch geistig und sittlich steht, um so mehr erhebt er sich über dieses Trennende. Beweis sind die Heiligen. Gab es einen einzigen, der auf Erden nicht „sozial" dachte? Eine einzigen der Nationalist im heutigen Sinne war? Und erst im Himmel! Was gilt da der Stand, die Nation, die Rasse? Gewiss können wir himmlische Verhältnisse nicht auf die Erde übertragen, aber wir können und müssen uns an ihnen orientieren! Sie geben uns das anzustrebende Ideal und zeigen uns die Richtung unserer Arbeit im sozialen und politischen Leben.

Denn das ist das Zweite, was das Allerheiligenfest uns dringlichst auf die Seele bindet: dass wir, Genossen der Heiligen, die wir sind, selber heilig werden müssen! Die Heiligkeit besteht nicht in Bußübungen und nicht im Wunderwirken, aber in der Liebe! „Wer nicht liebt, bleibt im Tode" – auch in der Sozial- und Weltpolitik. Liebe ist nicht Schwäche, oder eine so peinliche Rücksichtnahme auf die anderen wie die Rücksichtnahme auf sich selbst. Du sollst deinen Nächsten, auch deinen nächsten Stand, auch deine nächste Nation, lieben wie deine eigenen. Was du nicht willst, dass man dir tue, das tue auch keinem anderen. Das allein ist Christentum, das allein eine Orientierung am Gedanken aller Heiligen. Wie bei solcher Politik die Rechtsprechung, das Versicherungswesen, die Steuer- und Zollgesetze aussehen werden, ist leicht abzuschätzen. Und was mag bei solcher Politik noch von Kriegsvorbereitungen übrig bleiben? Wie sehen sich der Krieg und die Kriegspolitik vom Himmel aus an, von der Kirche aller Heiligen und aller Seelen? Wenn für die Gerechtigkeit gekämpft wird, dann ist es ein entzückendes Schauspiel selbst für die Engel. Was heißt aber für die Gerechtigkeit kämpfen?

Es heißt, aus den Motiven, in dem Geiste, für die Ziele kämpfen, die zu lehren und zu befehlen der Sohn Gottes, die Gerechtigkeit selbst, Mensch geworden und am Kreuze gestorben ist! Das bedeutet nicht, dass nicht mehr für die Existenz und das Recht eines rein irdischen Staates gekämpft werden dürfe, denn Christus hat dies alles anerkannt, aber es bedeutet, dass kein Mensch vor dem Sohne Gottes einen Krieg verantworten könnte, der seinem Vaterlande zwar die ganze Welt gewänne, aber seiner Seele Schaden brächte.

Es heißt, dass Motive, Geist, Ziele jeder Kriegserklärung und Kriegshandlung absolut rein sein müssten von jedem Feindeshass, jeder Rachsucht, jeder Habsucht, jedem Hochmut, jeder Sünde. Sie müssten gesegnet werden können von allen Heiligen im Himmel und allen Seelen im Fegfeuer.

Man zeige uns einen solchen Krieg, und wir glauben an seine Gerechtigkeit! Viele von denen, an die wir am Allerseelentage denken, haben den letzten Krieg mitgemacht. Wie denken diese Seelen, die des gefallenen Deutschen und die des gefallenen Franzosen, über etwaige neue Kriegsvorbereitungen ihrer Länder? Ich glaube, sie sind für den Sicherheitspakt! Ich glaube, sie sind der Meinung, dass jedes Opfer gebracht werden müsse, um die physische und moralische Verwüstung eines neuen, noch weit entsetzlicheren Krieges, zu vermeiden, denn sie sind nicht im heidnischen Walhalla, sondern im Purgatorium des wahren Gottes der Liebe und des Friedens. Dieser Gott kennt zwischen Privatmoral und Staatsmoral, zwischen Völkerhass und anderem Hass keinen Unterschied.

Wehe dem christlichen Politiker, der in der Politik das Gebot der Lieben hintansetzte! Feiern wir den Tag Allerheiligen und Allerseelen, indem wir in unseren Herzen und in unseren Parlamenten ein Fest Allermenschen begehen!

Pazifismus – eine verkappte Religion?

Der Friedenskämpfer 4 (2/1926), 1–7

Ein Kaplan in einer großen Stadt Westdeutschlands erzählte mir einmal folgendes ergötzliches Geschehen. Ein junges Mädchen meldete sich zum Eheaufgebot an. „Konfession?" „Ich katholisch, mein Bräutigam Deutsche Friedensgesellschaft". „Wie! Das ist doch keine Konfession!" „Doch, früher war mein Bräutigam protestantisch, jetzt ist er nur noch Deutsche Friedensgesellschaft!" Diese durchaus ernstgemeinte Religionsangabe würde dem vor einiger Zeit verstorbenen Karl Christian Bry wahrscheinlich viel Vergnügen bereitet haben. Er hat nämlich ein Buch geschrieben über „Verkappte Religionen" (Leopold Klett Verlag, Gotha 1925)[1], und zu den verkappten Religionen rechnet er auch die Friedensbewegung. Sein Buch ist recht unterhaltend, enthält sehr feine Beobachtungen, ist voll von geistreichen Gedanken, nur sind sie zu oft *zu* geistreich, überspitzt, und leider so zahlreich, dass sie auf die Dauer snobistisch wirken und schwer genießbar sind. Vielleicht will der Verfasser auch nicht in allem ernst genommen werden und mit seinem nicht übel ausgedachten System verkappter Religionen stellenweise nur spielen. Das hindert aber nicht, dass sein Buch sehr viele Wahrheiten und zwar vielfach unerkannte Wahrheiten ausspricht und

---

1 Karl Christian Bry, Verkappte Religionen. Kritik des kollektiven Wahns, Gotha/Stuttgart 1924 (neu hrsg. mit einem Vorwort von Martin Gregor-Dellin, München 1979).

sehr vielen heutigen Menschen vortrefflich zur Selbstbesinnung dienen kann.

„Verkappt" nennt man das, was sein wahres Wesen gleichsam in einer Tarnkappe verbirgt. Man spricht von „verkappten Polizisten", „verkappten Kriegsschiffen" und meint damit Menschen und Dinge, die in absichtlicher Verkleidung erscheinen, weil sie nicht erkannt sein wollen. Ehe man Karl Christian Brys Buch gelesen hat, würde man deshalb wohl unter „verkappten Religionen" Krypto-Religionen verstehen, Gedanken, Gebräuche und Lebensgewohnheiten, die nach außen nicht als Religion erscheinen, es aber für die Eingeweihten sind. Wie etwa das Urchristentum eine „Arkandisziplin" besaß, einen Geheimkult, der es vor seinen Verfolgern schützen sollte; ein Römer, der dahinter gekommen wäre, hätte mit Recht sagen können: es ist eine verkappte Religion! Bry meint es aber anders. Er meint nicht Krypto-(Geheim-), sondern Pseudo-(Schein-) und Ersatzreligionen! Anschauungen und Bestrebungen, die echten Religionen in manchem ähneln, die das Denken, Fühlen und Wollen zahlreicher Menschen und Menschengruppen mit derselben Kraft in Anspruch nehmen wie die Religion, oft einen glühenden Glauben, eine unerschütterliche Hoffnung und hingebende Liebe erzeugen und doch mit wirklicher Religion nichts zu tun haben. Eigentlicher Religion sind sie nicht nur nicht günstig, sondern gefährlich, weil sie sie verdrängen und sich an ihre Stelle setzen. Solche von Bry genannten verkappten Religionen sind: Antialkoholismus, Esperanto, Antisemitismus, Kommunismus, Faschismus, Pazifismus, Theosophie, Okkultismus, Jugendbewegung und noch manche andere. Sie alle haben nach Bry drei Merkmale. Erstens sind sie *„hinterweltlich"*. Die echte Religion sagt: der letzte Sinn des Lebens liegt *jenseits* des Lebens, *„dieses* Leben ist nicht *das* Leben" (Lacordaire), wir erwarten ein anderes. Auch die verkappte Religion ist mit „diesem Leben" nicht zufrieden, auch sie erwartet ein anderes, besseres, aber nicht nach dem Tode des einzelnen oder nach dem Untergang der Welt, sondern schon bald; diese bessere Welt liegt schon fertig „hinter" der jetzigen (daher „Hinterweltlichkeit"), gleichsam unter der Oberfläche der jetzt bestehenden, sie kann jeden Tag hindurchbrechen, und sie ist schon im Durchbruch begriffen. Und dann haben wir die Erlösung! Wenn einmal die ganze Welt trocken gelegt sein wird, – nein, sagt der andere: wenn einmal alle Menschen Esperanto sprechen – bewahre, sagt der Dritte: wenn erst einmal sämtliche Juden verschwunden sind – wo denkst du hin, sagt der Vierte: wenn der volks- und völkermordende, dreimal verfluchte Kapitalismus mit Stumpf und Stiel ausgerottet ist, und das wird nicht mehr lange dauern, dann ist endlich, endlich Schluss mit der Mehrzahl der Leiden, dann beginnt das Paradies auf Erden! – Das zweite Merkmal der verkappten Religion ist die *Monomanie*, der Wahn der Einseitigkeit. *Eins* ist schuld an allem Übel, und *eins* kann nur die Rettung bringen. Ein Totalabstinent, dem sein Ideal zur Religion geworden ist, sieht allein im Alkohol den Grund der Weltvergiftung und in der Abstinenz davon das alleinige Mittel der Weltentgiftung. Beim Pazifisten sind Krieg und Friede die Gegenpole, von denen der eine den ganzen Fluch, der andere den ganzen Segen der Menschheit ausstrahlt. Eine weitere Eigentümlichkeit: die Gläubigen der verkappten Religionen können gar nicht anders als beständig von ihrem Ideal und ihrem roten Tuche reden. Alles wird von ihrem Steckenpferde angeritten. „Man spreche einmal", meint Bry, „mit einem Menschen, dem etwa der Antisemitismus zur verkappten Religion geworden ist, über das Salzfass auf dem Esstisch, und sein besessener, nach Betätigungen hungernder Geist wird nach zwei Sätzen bei der Äußerung angekommen sein, dass etwa schon die alten Juden beim

Salzhandel aus Phönizien betrogen hätten. Oder dass der Prozentsatz jüdischer Angestellter in den staatlichen Salinen natürlich viel zu hoch sei!" – Mit der Monomanie hängt eng zusammen die *„Elephantiasis"*, das dritte Merkmal der verkappten Religionen. Elephantiasis ist eine hauptsächlich in den Tropen vorkommende Krankheit, bei der dies und jenes Glied des Körpers zu elephantenartiger Unförmigkeit anschwillt, alle Körpersäfte aufsaugt und sie gleichsam zwingt, nur dieses Glied zu ernähren. So gibt es auch Menschen, die an maßloser *geistiger* Übertreibung leiden und auf eine bestimmte Stelle des Gesellschaftslebens alle Kräfte konzentrieren wollen, weil sie hier den Herd aller Krankheit, aber auch aller Gesundung sehen. Trotz so großer zusammenfassender Ideen sind die Angehörigen verkappter Religionen mehr negativ als positiv eingestellt, ihre Bünde sind in der Hauptsache Antibünde, stärker in verneinender Kritik als in aufbauender Arbeit, und leider mehr vom Hass als von der Liebe getrieben. Der Kommunismus beispielsweise lebt mehr vom Hass gegen den Kapitalismus als von positiver Bemühung um wirksame, heute und morgen durchführbare Abhilfe oder gar Liebe und Fürsorge für einen expropriierten, dem Elende verfallenen früheren Kapitalisten.

Kein Zweifel, dass das alles sehr beherzigenswerte Wahrheiten sind. Es sind Beweise dafür, dass der Mensch nun einmal eine metaphysische Veranlagung hat, dass er „hinter" die Dinge kommen, die Quelle des Bösen und die Quelle des Guten entdecken möchte. Auch ein über der sichtbaren Welt bestehendes Ideal braucht der Mensch. Ist es kein religiöses, dann ein pseudoreligiöses. Treibt ihn nicht der religiöse Glaube, dann der schein- oder halbreligiöse Aberglaube. Wirft er die Religion weg, flugs hat er eine Ersatzreligion oder, wie Bry sie nennt, eine verkappte Religion.

***

Ohne Frage trifft die Brysche Kritik auch auf viele Pazifisten zu. Und Bry hätte es sehr leicht gehabt, die Merkmale, die er für das Vorhandensein einer verkappten Religion aufstellt, Punkt für Punkt an diesen Pazifisten nachzuweisen. Das hat er seltsamerweise versäumt. Sein Kapitel über die Weltfriedensbewegung ist auffallend schwach. Schon die Überschrift: „Palmen in den Händen!“ Damit soll also der Pazifismus gemeint sein. Er hätte ebenso gut schreiben können: Knüppel in den Händen! Denn es gibt mindestens ebenso viel Pazifisten, die in leidenschaftlicher Kampfesglut Tag für Tag bereit stehen, um die ihnen entgegenstehende nationalistische und militaristische Welt, wenn auch nicht niederzuknüppeln, so doch in heftigstem Geistes- und Wortkampf oder durch entschlossensten, energiegespanntesten „passiven“ Widerstand zu überwinden, als es Pazifisten gibt, die engelhaften Wesen gleich, balsamtriefend, palmwedelnd über die Erde schweben. Das Kapitel selbst ist „hinterweltlich“, nicht in dem oben erklärten Bryschen Sinne, sondern in dem, den man gewöhnlich mit diesem Worte verbindet, nämlich stark rückständig, schlecht orientiert, ja stellenweise dumm. Der Verfasser wendet sich gegen die Idee der Schiedsgerichtsbarkeit, also gegen Kulturfortschritt, gegen die Preisgabe der Nationen zugunsten der Menschheit (was kein Vernünftiger will), und weiß nicht, dass die von ihm geforderte „Auflehnung gegen den Krieg im Namen des Heldentums“ auf der ganzen Linie des organisierten Pazifismus bereits durchgeführt ist. Eben wir Pazifisten sind es, die den soldatischen Mut, das oft so gedankenlose und feige Kuschen vor einem sinnlosen, menschenunwürdigen, ja verbrecherischen Befehl als eine verkafferte Form des Mutes verachten und die weit echtere, wenn auch nicht das großsprecherische und ausgelaugte

Wort „Heldentum“ für sich in Anspruch nehmende, aber wahrhaft tapfere und charaktervolle *Zivilcourage* an ihre Stelle setzen.

Mit *dieser* Kritik am Pazifismus ist es also nichts. Aber mit der *anderen*, die die Sonde der von Bry bezeichneten *allgemeinen* Merkmale der verkappten Religionen an ihn legt. Die können und sollen uns zur Gewissenserforschung sehr dienlich sein.

Am meisten müssen wir uns hüten vor der Monomanie. Schon im Sprechen. Es ist geschmacklos, bei jeder Unterhaltung auf „sein“ Thema zu kommen. Wer das tut, macht sich und seine Sache lächerlich und unbeliebt und beweist seine auf geistiger Armut beruhende Einseitigkeit. Das monomane Reden kommt aus einem monomanen Denken. Krieg und der ihn erzeugende Militarismus, Nationalismus und Kapitalismus sind ihm die einzigen und die letzten Quellen alles Übels, der außenpolitische Friede ist das höchste gesellschaftliche Gut. Wie flach und beschränkt ist solch ein Denken! Der Krieg ist zwar in Wahrheit die Quelle gewaltiger Übel, aber diese Quelle entspringt wieder einer anderen, tieferen: einer verdorbenen Kultur, und diese wieder einer noch tieferen: einer durch die Erbsünde in der Wurzel verdorbenen Natur. Darum kann der Pazifismus kein alleiniges und letztes Heilmittel sein, sondern nur im Zusammenhang mit anderen Wiederherstellungs-, ja Wiedergeburtskräften sein Ziel erreichen. Und wenn ein Land den militärischen Dauerfrieden hätte, wenn alle Waffen zerbrochen wären, dann wäre noch lange nicht *alles* in Frieden oder, was dasselbe ist, in Ordnung. Es könnten noch grauenvolle Zustände im Innern des Landes und im Innersten der Menschen dieses Landes obwalten.

Wenn es auch schwerlich einen Pazifisten gibt, der das bestreitet, so mag es doch manche geben, die als *Nur*-Pazifisten an die Lösung ihrer Aufgabe herangehen, alles nur aus einem Punkte heraus kurieren wollen, ohne zu wissen, dass der Hebel gleichzeitig an anderen und tieferen Punkten angesetzt werden muss. Es ist durchaus erlaubt und sogar notwendig, sich bei der Reformarbeit zu spezialisieren. Niemandem kann ein Vorwurf gemacht werden, wenn er nur in der Friedensbewegung aktiv mitarbeitet, nicht aber auch in der Antialkohol- oder Bodenreformbewegung. Aber eins muss von allen diesen Reformbewegungen, also auch der Friedensbewegung gefordert werden: dass sie die tiefste und unentbehrlichste aller Besserungskräfte nicht übersehen oder gar verdrängen oder auch nur an eine untergeordnete Stelle setzen: die religiöse! Keine noch so ideale Bestrebung kann die religiöse ersetzen! Alles, was von Gott absieht, baut auf Sand und zerrinnt früher oder später, weil es mit der letzten Quelle und dem letzten Ziele alles Seins und alles Gutseins, Gott, nicht in Verbindung steht.

Hat sich aber irgend eine der großen Erneuerungsbewegungen in den Strom des von Gott ausgehenden und auf Gott hingerichteten Lebens hineingestellt, dann ist sie keine verkappte oder Schein- oder Ersatzreligion, sondern Grundlage oder Teil der echten Religion. Uns beschäftigt hier nur die Friedensbewegung: „Hinterweltlich“ im Sinne Brys ist sie nur, wenn sie in einer zu erstrebenden besseren diesseitigen Welt ein *letztes* Ziel sieht, nicht aber wenn sie sie dennoch als ein hohes Gut betrachtet, das mit aller Kraft erkämpft zu werden verdient. Das Leichtnehmen irdischer Verderbtheit, das Sichabfinden mit einer miserablen, auf brutaler Gewalt aufgebauten Gesellschaftsordnung ist kein Zeichen religiösen Geistes! Es ist ein Zeichen afterreligiösen Geistes! Lieber noch eine Ersatzreligion als eine Afterreligion! Wer die Übel dieser Welt laufen lässt, hat keine Ahnung von religiös-sittlicher Verpflichtung und Verantwortung, er lügt, wenn er das Vaterunser betet! Was das Weltübel des

Krieges betrifft, so kann kein Spott über „Elephantiasis" die Wahrheit erschüttern, dass es eins der allergrößten Übel ist, die die Menschheit kennt, eine Höchststeigerung körperlicher, seelischer, kultureller, wirtschaftlicher und auch religiös-sittlicher Übel. Es ist zwecklos, von irgendwelchen Kriegen der *Vergangenheit* unter diesem Gesichtspunkt zu reden: wir haben es mit dem *modernen* Kriege zu tun, der heute und morgen ausbrechen kann. Wer den leicht nimmt, wer auch nur gleichgültig gegen ihn ist, ist ein sittlich minderwertiger Mensch. Kein Geringerer als Benedikt XV. hat es als unverantwortlich gebrandmarkt, an der vom Kriege zerschundenen Menschheit herzlos wie der Priester und Levit am ausgeraubten Wanderer zwischen Jerusalem und Jericho vorüberzugehen. Handelte es sich auch nur um körperliche Leiden, der religiöse Mensch wäre verpflichtet, sich ihrer zu erbarmen. Es handelt sich aber um mehr. Denn der mit Brand- und Giftbomben von der Luft her geführte Krieg ist auch ein moralisches Übel schlimmster Art. Er hat restlos aufgehört, ein Mittel zur Herstellung besserer Zustände und Gerechtigkeit zu sein, er ist ein unsinniges und darum unsittliches Allruinierungsmittel, er ist wegen der Aufhebung der militärischen Fronten nackter Massenmord an der Zivilbevölkerung, er ist die Elephantiasis, d. i. Verkrüppelung und Zersetzung des ganzen zivilisierten Menschheitskörpers. (Wir denken nicht an isolierte Kleinkriege, sondern an die von zivilisierten Großstaaten geführten Großkriege, die wegen der Verflochtenheit aller Beziehungen, namentlich der wirtschaftlichen, nicht mehr zu isolieren sind.) Ein solches Ungeheuer ungeheuer ernst zu nehmen, ist Vorbedingung für jede Kulturarbeit.

So darf sich der Pazifismus, der dem Kriegsübel systematisch zu Leibe rückt, mindestens als eine höchst erwünschte *Grundlage* der Religion betrachten; er ist indes mehr: ein

Stück der Religion, und zwar der christlichen, weil er an die Stelle der Gewalt die Gerechtigkeit und an die Stelle des Hasses und der Zerstörung die Liebe setzen will. Der *katholische* Pazifismus fügt diesem christlichen Bestreben das „sentire cum ecclesia" hinzu, das Fühlen mit dem Geiste der Kirche, der bald diesen, bald jenen Gedanken der Offenbarung in den Vordergrund rückt, – heute den Einheits- und Friedensgedanken –, das gehorsame Eingehen auf die päpstlichen Friedensmahnungen und das Ernstmachen mit dem Dogma vom mystischen Leibe Christi. Wer diesen Geist besitzt, dem kann man nicht die Narrenkappe einer Scheinreligion aufsetzen, er trägt den Helm des Heiles und die Waffen des Lichtes.

Carl Schmitts „Begriff des Politischen“

Der Friedenskämpfer 4 (5/1928), 1–7 und (6/1928), 1–7

[1. Teil] In eine Zeit, in der alles sich mit Politik beschäftigt, wenn auch nur durch Lesen einer politischen Zeitung oder durch Wählen eines Abgeordneten, sollten alle sich darüber klar sein, was eigentlich die Politik als Politik für eine letzte Aufgabe habe. Würde man die Menschen auf Herz und Nieren untersuchen, was sie bei ihrer politischen Betätigung am unmittelbarsten leite, so würde man wohl bei den meisten feststellen müssen: ihr persönliches Interesse. Nicht zunächst ein Parteiinteresse. Die Partei tritt vielmehr durchaus in den Dienst des Ich: sie soll *meine* Anschauungen vertreten, *meinen* Willen durchsetzen. Bei den heute mehr und mehr aufkommenden Wirtschaftsparteien (zu denen auch solche gehören, die sich nicht so nennen) liegt das auf der Hand. Aber auch da, wo ein höheres Interesse, ja das höchste, das religiöse, die Politik bestimmt, hat man sehr oft vergessen, was der eigentliche Zweck der Politik sei: Gestaltung der *gesamten* (nicht nur irgendwelcher besonderer) staatlichen Angelegenheiten, „Dienst am *Gemeinwohl* und Kampf für das *Gemeinwohl*“ (Ernst Michel).

Ist man zu diesem Standpunkt durch Abstreifung alles Persönlichen und Partikularen vorgedrungen, hat man also dem Politischen seinen Wortsinn wiedergegeben (es kommt vom griechischen politikon = das Staatswesen betreffend), dann hat man weiter zu fragen, *nach welchem vorherrschenden Gesichtspunkt* das staatliche Wohl zu gestalten sei. Für uns katholische Pazifisten, die wir zwar aus religiösem Urgrund und zum Teil mit religiösen Mitteln, aber daneben doch auch mit politischen Mitteln eine Friedensordnung erstreben, ist es von größter Bedeutung, hier klar zu sehen. Wir würden bald erledigt sein, wenn sich unsere Bestrebungen in die Politik, die nun einmal dem Staatswohl unter allen Umständen und mit ihren Mitteln zu dienen hat, nicht einreihen ließen; oder wenn eine spezifisch pazifistische Politik von vornherein dem Wesen des Staates, seiner Behauptung und seiner Entfaltung, zuwiderliefe.

***

Dies wäre der Fall, wenn der „Begriff des Politischen“, den *Carl Schmitt* soeben in einer längeren Abhandlung entwickelt hat, richtig wäre.[1] Wie immer trägt Schmitt auch hier Gedanken vor, die in ihrer Originalität oder doch in ihrer zugespitzten Formulierung geradezu verblüffen. Oder wer ist nicht verblüfft, wenn Schmitt die ganze Politik, sowohl ihre Handlungen wie ihre Motive, in die einzige knappe Formel zusammenfasst: *„Unterscheidung von Freund und Feind“*? So wie gut und böse die Pole des Moralischen; schön und hässlich die des Ästhetischen; nützlich und schädlich die des Ökonomischen sind, so ist die bewusst gesetzte Gruppierung Freund und Feind nach Schmitt diejenige Tatsache und Orientierung, die das ganze politische Handeln zu bestimmen hat! Ferner: das

1 Stratmann zitiert nach: Carl Schmitt, Der Begriff des Politischen, Heft 5: „Probleme der Demokratie“ in der Schriftenreihe „Politische Wissenschaft“ der Deutschen Hochschule für Politik in Berlin und des Instituts für Auswärtige Politik in Hamburg, Berlin-Grunewald, Dr. Walter Rothschild 1928. Ursprünglich ist der Aufsatz 1927 erschienen: Der Begriff des Politischen, in: Archiv für Sozialwissenschaften und Sozialpolitik. Bd. 58 (1927), 1–33.

Politische steht als eigenes Gebiet nicht nur selbständig neben dem Ästhetischen und Ökonomischen und anderen Kategorien des menschlichen Denkens und Handelns, sondern auch neben dem Moralischen.

Das Politische hat keine eigenen Gesetze oder vielmehr nur das eine Grundgesetz des Gegensatzes zwischen Freund und Feind. Wer aber ist der Feind? Nicht der moralisch Böse, auch nicht immer der wirtschaftliche Konkurrent, sondern

> „der Andere, der Fremde. Und es genügt zu seinem Wesen, dass er in einem besonders intensiven Sinne existentiell etwas Anderes und Fremdes ist, so dass er im Konfliktsfalle die Negation der eigenen Art von Existenz bedeutet und deshalb abgewehrt, oder bekämpft wird, um die eigene, seinsmäßige Art von Leben zu bewahren.“

Man wird gleich hier die Frage aufwerfen, ob denn diese Unterscheidung überall so klar zu machen sei, und wenn sie gemacht werde, ob sie moralisch zulässig sei. Darauf antwortet Schmitt:

> „Ob man es für verwerflich hält oder nicht und vielleicht einen atavistischen Rest barbarischer Zeiten darin findet, dass die Menschen sich immer noch nach Freund und Feind unterscheiden, oder hofft, die Unterscheidung werde eines Tages von der Erde verschwinden, ob es vielleicht gut und richtig ist, aus erzieherischen Gründen zu fingieren, dass es überhaupt keinen Feind mehr gibt, alles das kommt hier nicht in Betracht. Hier handelt es sich nicht um Fiktionen und Normativitäten, sondern um die seinsmäßige Wirklichkeit und die reale Möglichkeit dieser Unterscheidung.“

Dem Christen fällt hier das Wort Gottes ein: „Liebet eure Feinde“. Schmitt meint:

„Vom politischen Feind ist (hier) nicht die Rede. Den Feind im politischen Sinne braucht man nicht persönlich zu hassen, und erst in der Sphäre des Privaten hat es einen Sinn, seinen Feind, d. h. seinen Gegner zu lieben. Jene Stelle berührt diesen politischen Gegensatz so wenig, wie sie die Gegensätze von gut und böse oder schön und hässlich aufhebt. Sie besagt keineswegs, dass man die Feinde seines Volkes lieben und gegen sein eigenes Volk unterstützen soll."

Nun darf man freilich unseren Autor nicht so verstehen, als ob jede Einzelheit des politischen Daseins blutige Kriege und jede politische Handlung eine spätere militärische Kampfhandlung bezwecken müsse, so dass ununterbrochen jedes Volk jedem anderen gegenüber vor die Alternative Freund oder Feind gestellt werde; vielmehr könne das politisch Richtige gerade in der Vermeidung des Krieges liegen. Indes ist es für Schmitt doch „mit jeder Politik zu Ende, wenn die reale Möglichkeit von Kriegen überhaupt entfällt." Politik hat sich immer am Ernstfall zu orientieren und der Ernstfall ist der Krieg. „Eine Welt ohne die Möglichkeit eines solchen Kampfes wäre eine Welt ohne die Unterscheidung von Freund und Feind und infolgedessen eine Welt ohne Politik."

Ihre schärfste Ausprägung findet die Freund-Feind-Theorie *natürlich im Kriegsfall*. Der Staat hat nicht nur das Recht, Krieg zu führen, wenn ihm ein anderer Staat von sich aus als Feind entgegentritt, was gleichbedeutend mit dem Recht zum Verteidigungskriege wäre, sondern auch „kraft eigener Entscheidung den Feind zu bestimmen", was auf das Recht zum Angriffskrieg hinausläuft.

Dass Schmitt nicht etwa nur an ein Abwarten einer von außen kommenden Feindseligkeit denkt oder auch nur an eine Feindschaft, die ohne weitere Überlegung gegeben ist, sondern an ein kalkulierendes, kaltes „Bestimmen“ des Feindes, geht aus dem Satz hervor, dass ein menschlicher Verband kein politischer Verband mehr wäre, wenn er auf das Recht verzichtete, „maßgebend darüber zu entscheiden, wen er als Feind betrachtet und behandelt“. Bei dieser Entscheidung und Bestimmung ist durchaus keine ethische oder juristische Norm, nicht die Frage, ob der Krieg legitim oder legal sei oder gar ein ideales Ziel verfolge, maßgebend, sondern einzig und allein der Wille zur „seinsmäßigen Behauptung der eigenen Existenzform gegenüber einer ebenso seinsmäßigen Verneinung dieser Form“. (Es heißt wiederholt „Existenz*form*“ oder „*Art*“, nicht etwa bloß „Existenz“). Die seit Grotius (gest. 1645) außerhalb der katholischen Krieglehre fast allgemein vertretene Meinung, dass die Gerechtigkeit nicht zum Begriff des Krieges gehöre, teilt auch Schmitt. Er leugnet ferner die Möglichkeit einer universalen politischen Einheit. Käme sie zustande, hörte also die Unterscheidung von Freund und Feind in dieser Völkergemeinschaft auf, so gäbe es nur noch Wirtschaft, Moral, Recht, Kunst usw., aber keine Politik und keinen Staat mehr.

Die Unterscheidung in Freund und Feind will zwar nichts über die moralische Qualität des einen oder des anderen aussagen, aber die Schmittsche Theorie braucht doch, um nicht im Abstrakten hängen zu bleiben, sondern mit moralischem Recht und entsprechender Energie diese und jene Menschengruppen als „Feinde bestimmen und behandeln“ zu können, die Voraussetzung, dass der Mensch von Natur „böse“ und negativ zu bewerten sei. „Alle echten politischen Theorien“ fußen auf dieser Bewertung und berühren sich so weit mit dem theologischen Dogma von der Sündhaftigkeit der Welt und der Menschen. Wenn dagegen der Einwand erhoben wird, dass trotzdem nicht die Bestimmung einer Menschengruppe als „feindlich“ und darum zu bekämpfen, zu rechtfertigen sei, sondern nur nach strengem, über den Parteien stehenden „Recht“ vorgenommen werden dürfe, so antwortet Schmitt im Anschluß an Hobbes „mit großer Unbeirrtheit“, dass „die Souveränität des Rechts nur die Souveränität der Menschen bedeutet, die das Recht setzen und anwenden, dass die Herrschaft einer höheren Ordnung eine leere Phrase ist, wenn sie nicht den politischen Sinn hat, dass bestimmte Menschen auf Grund dieser höheren Ordnung über Menschen einer niederen Ordnung herrschen wollen“. Es seien

> „immer konkrete. Menschengruppen, die im Namen des Rechtes oder der Menschheit oder der Ordnung oder des Friedens gegen konkrete andere Menschengruppen kämpfen, und der Theoretiker der reinen Politik kann, wenn er konsequent bei seinem politischen Denken bleibt, auch in dem Vorwurf der Immoralität und des Zynismus immer wieder nur ein politisches Mittel konkret kämpfender Menschen erkennen“.

***

Nicht oft wird heute noch mit soviel „Unbeirrtheit“ und gleichzeitig soviel Geist eine politische Theorie vertreten, die als Praxis allerdings immer noch an der Tagesordnung ist.

Prof. Dr. Carl Schmitt, ihr Verfechter, ist nicht der erste Beste, sondern ein deutscher Gelehrter von so hohem Rang, dass Hugo Ball vor vier Jahren in einer langen Abhandlung über „Carl Schmitts Politische Theologie“ ihn geradezu feierte und von ihm sagte, er gehöre zu den wenigen deutschen Gelehrten, die den professionellen Gefahren eines zeitgenössischen Katheders gewachsen seien; ja dass er nicht anstehe zu behaupten, dass Carl Schmitt „den Typus des neuen deutschen Gelehrten überhaupt erst für sich erobert und inauguriert“ habe.[2] Und Schmitt ist Katholik. 1922 hat er eine nach Inhalt und Form glänzende Schrift „Römischer Katholizismus und politische Form“ geschrieben[3], die dem Leser nicht nur einen erlesenen literarischen Genuss bereitet, sondern ihn auch in seinem katholischen Glauben befestigen kann. Das alles kann uns aber nicht hindern, die neue Arbeit Schmitts über den „Begriff des Politischen“ als im Kerne und in vielen Einzelheiten für verfehlt und bedauerlich zu halten.

Zum Ganzen wird man sagen müssen: der Verfasser zeigt im besten Falle was *ist,* was *war* und was auch vielleicht weiter *sein wird*; er zeigt nicht, was sein *soll.*

Das aber *muss* eine politische Theorie, wenigstens die Theorie eines *Rechts*lehrers. Denn es ist von vornherein anzunehmen, dass die Praxis vom reinen Recht oft abweicht. Nur wenn der Staat als autonom, als auch moralisch souverän, als Quelle und Norm des Rechts, ja der Sittlichkeit betrachtet wird, können politische Praxis und politische Theorie im Sinne von politischer Moral zusammenfallen. Eine solche Auffassung vom Staat und vom Recht ist aber zum mindesten nicht katholisch. Nach katholischen Begriffen widerspricht sie nicht etwa nur dem übernatürlichen Glauben, d. i. dem geoffenbarten Recht, sondern auch der Vernunft oder dem Naturrecht. Die Schmittsche Theorie widerspricht auch dem rein profanen modernen politischen Denken, ja zu einem großen Teil schon dem modernen politischen Handeln. Die im Vergleich zur Vorkriegszeit erstaunlich zunehmende (nicht

---

2 Hugo Ball, Carl Schmitts Politische Theologie, in: ders., Der Künstler und die Zeitkrankheit. Ausgewählte Schriften. Hrsg. und mit einem Nachwort versehen von Hans Burkhard Schlichting, Frankfurt/M. 1988, 303–335 (ursprünglich in: Hochland XXI (Juni 1924).

3 Carl Schmitt, Römischer Katholizismus und politische Form [1923], Stuttgart 2008.

militärische) Vertragspolitik, der Sieg der Schiedsgerichtsbarkeit, die die politischen Spannungen stark lösenden zahlreichen Handels- und Verkehrsabkommen – dies alles ist Beweis dafür, dass die „Freund-Feind-Konstellation“ als oberstes, ja einziges politisches Grundgesetz einfach abgewirtschaftet hat. Es ist bei dem heutigen Ineinander des Völkerlebens einfach nicht mehr wahr, dass der „Andere, der Fremde im Konfliktfalle die Negation der eigenen Art von Existenz“ bedeutet. Natürlich kann man jeden Konfliktsfall durch eine gewisse Art von Politik so schüren und zuspitzen, dass als Ergebnis dieses Treibens der eine Staat wirklich die „Negation“ des anderen will. Aber nach aller Vernunft und allem Gewissen hat die Politik dafür zu sorgen, dass es zu einem so schroffen Gegeneinander nicht kommt! Von Haus aus ist der eine Staat nicht die Verneinung, sondern die *Ergänzung* des anderen! Gibt es beispielsweise in dem Konfliktsfall zwischen Polen und Deutschland keine andere Lösung als „du oder ich“? Ist es keine Politik mehr, wenn man sich auf beiden Seiten die Aufgabe stellt: „du *und* ich“? Schon vom politischen Standpunkt aus ist diese Position schlechthin zu verlangen! Die heutigen Völker verbitten sich in ihren überwältigenden Mehrheitsgruppen, dass ihre Staatsmänner die barbarische Politik „du oder ich“ der schroffen „Negation“ treiben, sie verlangen um ihrer Wirtschaft, ihrer Kultur, ihres Lebens und ihres Gewissens willen die Politik des „du und ich“, der weitestgehenden Kooperation! Abzulehnen wie die Voraussetzung der Freund-Feind-Politik ist auch das Politikmachen selbst, das aus ihr hervorgehen muss. Diese Politik *braucht* ja einen Feind! Schmitt versichert wiederholt, dass es eine echte Politik ohne diesen Aspekt gar nicht gäbe. Jeder Staat muss sich darüber klar werden, wo sein Freund und wo sein Feind sitzt. Er muss also, wie der Jäger mit gespanntem Auge und gespannter Flinte beständig auf dem Anstand stehen. Erzeugt das keine unnatürliche, ungesunde und höchst gefährliche Nervosität? Und zwar auf allen Seiten? Wie der eine Staat sich auf die Feindschaft einrichtet, so muss es ja jeder andere tun, ob er will oder nicht. Oft genug wird einem Staate die Feindschaft eines anderen sehr unerwünscht sein, er möchte und würde sie vermeiden; aber er kann nicht und muss nun selbst zur Feindschaft übergehen. So liegt es in der Konsequenz der Freund-Feind Politik, dass Feinde, die noch gar nicht vorhanden sind, erst geschaffen werden! Nichts anderes folgt aus dem „Recht kraft eigener Entscheidung den Feind zu bestimmen“.

Den Feind kraft eigener Entscheidung zu bestimmen, besagt mehr als eine bloß „seinsmäßige Wirklichkeit“ feindlicher Gegensätze, auf die sich Schmitt immer wieder beruft. Aber wenn auch der feindliche Gegensatz stets mit oder ohne Willen des Staates gegeben wäre, würde er zwar zum *Ausgangspunkt* der Politik gemacht werden müssen, aber nur *um ihn zu überwinden*!

Dass Schmitt dies nicht ins Auge fasst, dass er sich vielmehr mit der „seinsmäßigen Wirklichkeit“ des feindlichen Gegensatzes (gesetzt einmal, dass er immer vorhanden wäre) einfach abfindet, darin sehen wir den Grundfehler seiner Theorie. Hier muss jeder, dem die Politik nicht *„neben* dem Moralischen“, sondern *im* Moralischen steht, von ihm abweichen: er darf nicht auf das *„Sein“,* sondern muss auf das Sollen schwören! Auch das Sollen ist eine politische Wirklichkeit eine geistige freilich, aber ebenso wie die bloß seinsmäßige Wirklichkeit eine *Macht*! Eine Macht, die den segnet, der sich nach ihr richtet, und dem flucht, der ihr zuwider handelt Wer sich am Sollen vergreift, indem er beispielsweise eine Feindschaft, ohne den Versuch zu machen, sie zu beseitigen, einfach beibehält oder gar „bestimmt“, wird sich früher oder später der sehr wirklichen Rache der sittlichen Weltordnung gegenübersehen, in die das Staatenleben genau so unentrinnbar eingespannt ist wie das Einzelleben.

[2. Teil] Es zeigt sich immer wieder, dass alle staatsphilosophischen Irrtümer in religiösen Irrtümern ihren Grund haben.[4] Im Besonderen in der Losreißung der öffentlichen Moral von der Privatmoral, in dem Irrtum, dass zwischen Völkern nicht die gleichen ethischen Gesetze zu gelten hätten wie zwischen den Einzelmenschen. Leider ist auch Carl Schmitt, obwohl er Katholik ist und in seiner Schrift „Römischer Katholizismus und politische Form“ ein so feines Verständnis für die Eigenheiten der Weltkirche gezeigt, in diesem Irrtum befangen. In Frankreich haben die geistigen Führer der „Action Française“ die Trennung von äußerer Form und innerem Gehalt der römischen Kirche bis zur Absurdität getrieben. *Charles Maurras* steht voll Bewunderung vor dem hierarchischen Bau der katholischen Kirche, der sich in der Welt als Bollwerk der Tradition, der Ordnung, der Legitimität erweist, und der darum so vortrefflich zur Konservierung altverbriefter Herrenrechte dienen könnte, aber der Inhalt dieses imponierenden Gerüstes, das Evangelium, ist ihm das Erzeugnis von vier obskuren Juden, mit dem man zum mindesten in der Politik nichts anfangen könne.

Man hat kein Recht, Carl Schmitt einer ähnlichen Trennung von Inhalt und Form im Katholizismus für verdächtig

4 Stratmann scheint hier direkt Bezug zu nehmen auf einen berühmten Satz von Carl Schmitt („Alle prägnanten Begriffe der modernen Staatslehre sind säkularisierte theologische Begriffe“), mit dem Schmitt das dritte Kapitel „Politische Theologie. Vier Kapitel zur Lehre von Souveränität“ (1922) eröffnet.

zu halten. Er hat vielmehr das Bedürfnis, auch das Evangelium für seinen Standpunkt sprechen zu lassen oder wenigstens sich nicht im Gegensatz zu ihm zu befinden. Allein es gelingt ihm nicht. Seine Deutung des Herrenwortes „Liebet eure Feinde“ ist unhaltbar. Es ist ein Irrtum, dass jene Stelle den politischen Gegensatz nicht berühre, sondern nur den privaten. Aus den unmittelbar vorhergehenden und nachfolgenden Worten ist weder das eine noch das andere zu beweisen, aber abgesehen von dem *Geiste* Jesu beweist eine andere berühmte Stelle mit voller Klarheit, dass Jesus *jede* Art von feindlicher Gesinnung unter Menschen verurteilt, die nationale oder politische Feindschaft nicht minder als die persönliche. Wir meinen die Lehre Jesu über den Begriff des „Nächsten“. Sowohl für Juden wie für Heiden waren „Nächste“ nur die Volksgenossen. Jesus erzählte nun, um für alle Zukunft zu veranschaulichen, was *er* unter „Nächsten“ verstehe, die Parabel vom Barmherzigen Samariter. Die Samariter waren die nationalen und politischen Feinde der Juden. Sie wurden mit nationalem, nicht persönlichem Hass gehasst. Aber Jesus lehrte, dass auch sie als „Nächste“ genau wie die Volksgenossen zu „lieben“ seien. Eben weil Jesus sich über die nationale und politische Feindschaft hinwegsetzte, weil sie für ihn nicht existierte (bei aller Vorliebe für sein eigenes Volk und bei aller Verwahrung gegen ausländische Anmaßung, z. B. des römischen Statthalters Pilatus, der aber eine ebenso große und von Jesus ebenso zurückgewiesene einheimische Anmaßung, z. B. die des jüdischen Herodes, parallel lief), weil Jesus auch dem feindlichen Ausländer ein liebendes Herz entgegenbrachte, eben deshalb beschimpfte man ihn gleichsam als Überläufer: „Sagen wir nicht recht, dass du ein Samariter bist, und einen Teufel hast?“ (Die heutigen Nationalisten würden Gelegenheit haben, Jesus zuzuzischen: „Dass du ein Pollak oder dass du ein Boche bist?“). Nein, es ist unmöglich, die Erlaubtheit der politischen Feindschaft im Sinne von politischem Vernichtungswillen – und darauf läuft doch die sich stets am Ernstfall orientierende Schmittsche Freund-Feind-Politik hinaus – vor dem Evangelium zu retten! Zu allem Überfluss haben wir ein Papstwort aus der Zeit der schärfsten politischen Gegensätze, das der Ansicht, „erst in der Sphäre des Privaten hat es einen Sinn, seinen Feind d. h. seinen Gegner zu lieben“, vollends den katholischen Boden entzieht: das Wort Benedikts XV. aus seiner feierlichen Enzyklika „Pacem Dei“: „Das evangelische Gebot der Liebe unter den Einzelwesen ist keineswegs verschieden von dem, das unter Staaten und Völkern zu gelten hat.“[5] Was diese Liebe mit „Unterstützung der Feinde des eigenen Volkes“ zu tun haben soll, ist nicht ersichtlich.

Wie Benedikt haben auch seine Vorgänger auf dem päpstlichen Stuhl sich so deutlich über Wesen, Wege und Ziele christlicher Politik ausgelassen, dass die Unvereinbarkeit des Schmittschen und des katholischen Standpunktes offen am Tage liegt. Viele Seiten könnte man füllen, um das zu belegen. Carl Schmitt ist rückhaltloser Anhänger der *individualistischen* Völkerrechtslehre, nach der der Einzelstaat Ausgangs- und Zielpunkt aller Politik ist, die Päpste dagegen verkünden, wie es auf dem Boden der christlichen, ja schon der theistischen Weltanschauung nicht anders sein kann, die *universalistische* Völkerrechtslehre, die sich von oben und vom Ganzen aus orientiert. Danach ist Gott der gemeinsame Vater aller Menschen und Menschengruppen, also auch der Völker.

---

5 Auch von evangelisch pazifistischer Seite aus wurde damals diese Position geteilt, vgl. nur Friedrich Siegmund-Schultze, Internationale Ethik, in: ZThK 27 (1917), 250–262: „inhaltlich ist eine Unterscheidung zwischen Geboten an Einzelne und an die Allgemeinheit nicht möglich“ (ebd., 260).

Also stehen diese Völker zu einander in geschwisterlichem Verhältnis, woran der Sündenfall nichts geändert hat. Schmitt meint: „Das theologische Grunddogma von der Sündhaftigkeit der Welt und der Menschen führt ebenso wie die Unterscheidung von Freund und Feind zu einer Einteilung der Menschen und macht den unterschiedslosen Optimismus des Menschenbegriffes unmöglich.“ Das ist richtig. Aber es beweist nur, dass zwischen den Menschengruppen sehr tiefliegende Spannungen bestehen, es beweist keineswegs, dass das theologische Dogma uns nun das Recht gäbe, an der Überwindung dieser Spannung zu verzweifeln und einem politischen Pessimismus zu huldigen. Im Gegenteil. Untrennbar von dem theologischen Dogma ist die theologische Moral. Lehrt uns das Dogma, was *ist*, so lehrt uns die Moral, was sein *soll*! Selbst wenn die Sünde, die von Gott gewollte Völkergemeinschaft gänzlich zerstört hätte (was nicht der Fall ist), würde die Erlösung sie als Idee und Aufgabe wiederhergestellt haben. In der Tat hat die Menschheit seit Christi Erlösung und der Sendung des Hl. Geistes die durch nichts dispensierbare sittliche Pflicht, die Gemeinschaft der Liebe und des Friedens auch im Völkerleben unablässig anzustreben. Auf dem Boden eines ethischen und politischen Pessimismus ist das unmöglich. Darum sind diejenigen „politischen Theorien, die den Menschen als böse voraussetzen, d. h. negativ bewerten“, nicht die „echten“, wie Schmitt meint, sondern die falschen. Wahr ist allein die *zwischen* der optimistischen und pessimistischen politischen Theorie liegende *realistische* Theorie, die sowohl mit den guten wie den schlechten Elementen in der Menschheit rechnet, die sie zwar für erlösungs*bedürftig*, aber auch erlösungs- und erziehungs*fähig* hält, und die insofern auf das Positive noch den Akzent legt (also dem Optimismus mehr als dem Pessimismus zuneigt), als der politische Kosmos, nicht das politische Chaos ihre alleinige Arbeitshypothese zu sein hat. In diesem Sinne ist auch der Schmittsche Satz: „Die politische Welt ist ein Pluriversum, kein Universum“, sehr zu beanstanden. Schmitt kann sich ein politisches Universum gar nicht vorstellen: „Sind die verschiedenen Völker- und Menschengruppen der Erde alle so geeint, dass ein Kampf (Krieg) zwischen ihnen real unmöglich wird, [...] so gibt es keine Politik und keinen Staat mehr.“ Als ob es keine Politik mehr wäre, wenn sie neben der Innenpolitik einmal alle ihre außenpolitischen Kräfte auf die Schaffung einer überstaatlichen Rechts-, Wirtschaft-, Verkehrs- und schließlich vielleicht ganz neue Staatenordnung richtete! Es kann gar keinem Zweifel unterliegen, dass der *katholischen* Weltanschauung diese Art Politik besonders naheliegt, und dass sie alle Staatsmänner in diese Richtung weist. *Tischleder* gibt der katholischen Auffassung im Anschluss an die Scholastiker und die letzten Päpste folgenden Ausdruck: „Der Zweck der Welt ist die Ordnung des Universums. Darum hat auch der Staat, der wie der Einzelmensch nur ein Teilglied des Ganzen ist, ebenso wie dieser der Vollkommenheit zu dienen.“[6] Dementsprechend erblickte insbesondere Leo XIII. die Aufgabe des Papsttums darin:

> „die durch die Abkehr vom Christentum und seinen Grundsätzen feindselig voneinander getrennten Völker und Staatengruppen wieder zu einem großen überstaatlichen Völkerbund zusammenzuführen. Leo ist aufs tiefste durchdrungen von dem Gedanken einer gottgewollten Völkerfamilie, die als höhere übergreifende Einheit, wie sie im mittelalterlichen Heiligen Römischen Reich deutscher Nation verwirklicht war, die verschiedenen Staaten

6 Tischleder, Die Staatslehre Leos XIII., M.-Gladbach 1925.

> und Nationen bei aller Wahrung ihrer Selbstständigkeit und Eigenart in einem Menschheitsbund vereinen soll.“ (Tischleder, 386)

Leo XIII. erklärt:

> „Es ist klar, dass die Sache der ganzen bürgerlichen Gesellschaft ihre feste Grundlage verliert, wenn sie sich nicht stützt auf die ewigen Grundsätze der Wahrheit und auf die unveränderlichen Gesetze des Rechtes und der Gerechtigkeit, und wenn nicht aufrichtige Liebe die Willensbestrebungen der Menschen untereinander verbindet und auf diese Weise ihre wechselseitigen Verpflichtungen und Beziehungen gütlich ordnet“. (Alloc. I., 6f.)

Mit dieser Grundeinstellung ist die Schmittsche unvereinbar. Die Freund-Feind-Unterscheidung verlangt beständiges Misstrauen. Leo verwirft dieses Misstrauen.

> „Damit das gegenseitige Misstrauen und die Veranlassungen zu Angriffs- und Verteidigungskriegen schwinden, die heute die Staaten dazu geführt haben, ihre Rüstungen auszugestalten, und damit ein Geist des Friedens sich durch die Völker des Erdkreises verbreite, und sie dazu bringe, sich untereinander als Brüder zu betrachten, ist es erforderlich, dass die christliche Gerechtigkeit volle Geltung in der Welt habe, dass die Grundsätze des Evangeliums wieder zu Ehren kommen, und dass die schwierige Kunst, die Völker zu regieren, zur Hauptgrundlage die Gottesfurcht habe, die der Weisheit Anfang ist“.

Wie direkt gegen Schmitt gemünzt lesen sich Leos Worte:

> „Damit, dass aus dem allgemeinen Völkerrecht die christlichen Sittengebote verwiesen wurden, die doch die wunderbare Kraft haben, alle Völker miteinander zu verbin-

den und gleichsam zu einer einzigen Familie zusammenzufassen, haben die Völker mehr und mehr begonnen, rücksichts- und maßlos nur ihre Sondervorteile zu verfolgen, eifersüchtig einander die Erfolge zu missgönnen und so, wenn nicht offene Feindschaft, so doch unverhohlenen Argwohn gegeneinander zu hegen.“ (Alloc. VIII, 84).

***

Kann man die politische Theorie Carl Schmitts bei gutem Willen im allgemeinen als moralisch indifferent bezeichnen, so öffnet sie doch durch die auch von ihm übernommene moderne Auffassung, „dass *die Gerechtigkeit nicht zum Begriff des Krieges gehört*“, geradezu der moralischen Anarchie das Tor. Es mag außerordentlich schwer sein, die Gerechtigkeit in Völkerkonflikten *nachzuweisen,* aber sie deshalb sogar als Prinzip fahren zu lassen, ist doch ein unerträgliches Beginnen! Nur insofern es immer „gerecht“ sei, „gegen einen wirklichen Feind Krieg zu führen“, könne von „Gerechtigkeit“ als einer Selbstverständlichkeit die Rede sein. Was für Schmitt selbstverständlich ist, ist es für eine ethische Politik keineswegs. Das Recht gegen einen wirklichen Feind Krieg zu führen, ist eben nicht selbstverständlich! Für die vollständig unethische politische Einstellung Schmitts genügt es zur Rechtfertigung eines Krieges, dass ein staatliches „Sein“ gegen ein anderes sich durchzusetzen wünscht. Das aber ist unhaltbar. Ich habe doch nicht das Recht, ein *beliebiges* Sein durch Tötung anderer zu verteidigen oder durchzusetzen, sondern höchstens ein Sein, das *im Recht* ist! Schmitt spürt, dass seine Theorie sich leicht den „Vorwurf der Immoralität und des Zynismus“ zuziehen kann. Es ist klar, dass er subjektiv von diesem Vorwurf freizusprechen ist, weil er eben in der Behauptung des staatlichen Seins, auch um den Preis des Krieges, ein sicheres „Recht“ erblickt. Aber wer das staatliche Sein mit dem staatlichen Recht gleichsetzt, gibt jede höhere moralische Orientierung preis, verfällt dem Staatsgötzentum und damit in der Tat der objektiven Immoralität. Schmitt selbst hält wenigstens seine *Worte* in Zucht. Wohin sie aber führen, zeigt ein Aufsatz *Hermann Hefeles* im „Abendland“ (April 1928), der der Schmittschen Theorie hohes Lob spendet und zustimmend aus ihr folgende Konsequenzen zieht:

> „Ohne den Mut zur Willkür keine Politik (!) […]. *Mit der Willkür aber schließt jede Politik notwendigerweise Unrecht in sich.* (!!) Es ist ein alter Aberglaube unserer liberalen Zeit, dass Politik Recht sein müsse. Politik schafft Recht; sie ist nicht Recht und kommt nicht aus dem Recht.“

Das ist deutlich! Ob man hier nicht doch berechtigt, ja verpflichtet ist, „den Vorwurf der Immoralität und des Zynismus“ zu erheben? Es ist ja ein bewusstes Ausschalten moralischer Gesichtspunkte!

***

Der Katholik kann mit solchen Anschauungen keine Gemeinschaft mehr haben. Sie gehören restlos in die Welt des Unglaubens. Unser Protest dagegen entspringt nicht „einem alten Aberglauben unserer liberalen Zeit“, sondern unserem alten, wahren katholischen Glauben an die Souveränität des Sollens über dem Sein, des Naturrechtes über irgendwelchem „willkürlichem“ Staatsrecht, an die absolute Unterordnung auch der dringendsten Staatsinteressen unter die ewigen Gebote Gottes!

Erfreulicherweise enthält die so unpazifistische Abhandlung Schmitts aber auch etwas, was dem Pazifismus außerordentlich günstig ist. Zunächst könnte man darauf hinweisen, dass die Erklärung, die Gerechtigkeit gehöre nicht zum Begriff des Krieges, falls diese Anschauung in der Politik Gemeingut geworden sein sollte, dem ethischen Pazifismus die Stellungnahme außerordentlich erleichtert. Denn dann würde das Recht und die Pflicht der absoluten Kriegsdienstverweigerung ohne weiteres gegeben sein. *Nur* wenn es feststeht, dass ein Krieg den Forderungen der Gerechtigkeit entspricht, ist es erlaubt, ihn zu dulden und mitzumachen. Im anderen Fall ist der Krieg, welchen Vorteil immer ein Staat von ihm haben sollte, ein himmelschreiendes Verbrechen, das mit allen Mitteln zu sabotieren, die Pflicht jedes anständigen Menschen ist. – Auch Carl Schmitt kennt Grenzen für die Berechtigung des Krieges. Die Grenze liegt für ihn da, wo der Krieg zu einem anderen Zwecke unternommen wird, als zur „seinsmäßigen Behauptung der eigenen Existenzform gegenüber einer ebenso seinsmäßigen Verneinung dieser Form“, ohne Rücksicht auf irgendwelche Gerechtigkeitserwägungen. Andere Begründungen, namentlich solche wirtschaftlicher Art, lehnt er scharf ab.

> „Es gibt kein Programm, keine Norm und keine Zweckhaftigkeit, aus deren Inhalt, mag er noch so richtig, vernünftig oder erhaben sein, ein Verfügungsrecht über das physische Leben anderer Menschen entstehen könnte. Von den Menschen im Ernst zu fordern, dass sie Menschen töten und bereit sind, zu sterben, damit Handel und Industrie der Überlebenden blühe oder die Konsumkraft der Enkel gedeihe, ist grauenhaft und verrückt.“

Sehr gut! Nun aber wissen wir, dass die Wirtschaftskriege heute die Regel sind. Sie mitzumachen, wäre also auch nach Schmitt „grauenhaft und verrückt“. In der Tat: Der Pazifismus findet immer mehr Rechtsanwälte. Auch solche, die ihre Rede anfangen, indem sie ihm fluchen, beschließen sie, wollend oder nicht, indem sie ihn segnen!

Das Problem einer überstaatlichen Polizei

Der Friedenskämpfer 8 (4/1932), 61–65

Durch den französischen Rüstungsverminderungsvorschlag[1] ist der in pazifistischen Kreisen seit langem erörterte Gedanke eines überstaatlichen Heeres von einer Großmacht, die als besonders national und militärisch denkend gilt, in die tagespolitische Diskussion übertragen und zum formellen Antrag erhoben worden. Die Franzosen sind, was niemand bestreitet, durchaus illusionslose Politiker, ihr fast überkonservativer Sinn macht sie kühnen Neuerungen und sprunghaften Entwicklungen abgeneigt, und die Klarheit und Durchsichtigkeit ihres Denkens hat auch noch niemand in Abrede gestellt. Das bedeutet nicht, dass die französische Politik eine im ethischen Sinne ideale Politik sei, denn eine strenge Logik und durchsichtige (wenn auch leicht verschleierte) Offenheit kann noch ganz egoistisch und sogar brutal rücksichtslos sein, aber es bedeutet, dass eine Idee schwerlich noch dem Reiche der Utopie angehört, wenn sie von französischen Staatsmännern im politischen Tageskampf ernsthaft verfochten wird. Der Pazifismus kann das mit Ge-

1 Stratmann scheint sich hier auf die internationale Abrüstungskonferenz des Völkerbunds in Genf im Februar 1932 zu beziehen. Zu den dort eingebrachten französischen Vorschlägen vgl. auch Hans Wehberg, Das Problem einer Internationalen Polizei, in: Die Friedens-Warte 35 (4/1935), 113–131.128 (= www.jstor.org/stable/23798801) [abgerufen am 11.05.2022].

nugtuung verzeichnen. Der französische Antrag auf weitgehende Internationalisierung der militärischen Streitkräfte, gibt ihm einen neuen Beweis für die Anziehungskraft seiner Ideen, freilich auch Gelegenheit, sie neu zu prüfen und vor Missbrauch zu schützen.

Die Richtigkeit der pazifistischen und jetzt auch französischen Forderung hat – wenn auch stillschweigend und wider Willen – jeder bereits zugegeben, der sich immer wieder über die „Ohnmacht des Völkerbundes" aufhielt, z. B. im Kampf zwischen Japan und China. Das Gesetzbuch und das Gericht zur Rechtsprechung über diesen Fall waren vorhanden – in der Völkerbundssatzung und im Völkerbundsrat –, aber die *Macht*, den gefällten Urteilen Nachdruck und Durchführung zu verschaffen, fehlte, weil diese Macht, gerade nach dem Urteil der konservativ denkenden Völkerbundskritiker, nur eine militärische hätte sein können. Der Pazifismus wird dieses „nur" nicht so leicht zugeben, aber grundsätzlich ist seine klassische Schule, – es gibt neuere, vielleicht bessere Schulen – mit der militärischen Exekution gegen einen offensichtlichen Rechtsbrecher einverstanden, weil eine Gewaltanwendung im *Dienste* des Rechtes, im Unterschied zu den willkürlichen Gewaltanwendungen *an Stelle* des Rechtes, eine der sittlichen und staatlichen Weltordnung durchaus entsprechende einwandfreie Handlungsweise wäre, ein gewaltiger Fortschritt gegenüber dem zwischenstaatlichen Faustrecht. Sollte eine solche Völkerbundspolizei dieses Ordnungsziel heute schon erreichen können, so müsste sich die Friedensbewegung aller Länder mit Entschiedenheit für ihr Zustandekommen einsetzen.

***

Die Voraussetzungen dafür scheinen uns aber zurzeit nicht gegeben sein. Zunächst muss gefragt werden, ob die klassisch pazifistische Forderung: wenn schon militärische Gewalt, dann nur im Dienste eines überstaatlichen Rechts- und Urteilspruches – nicht auch heute schon *ohne* eigentliche Völkerbundsarmee durchgeführt werden könnte. Hier meldet sich *Artikel 16* der Völkerbundssatzung. Er lautet:

> 1. Schreitet ein Bundesmitglied entgegen den in den Artikeln 12, 13 und 15 übernommenen Verpflichtungen zum Kriege, so wird es ohne weiteres so angesehen, als hätte es eine Kriegshandlung gegen alle anderen Bundesmitglieder begangen. Diese verpflichten sich, unverzüglich alle Handels- oder Finanzbeziehungen zu ihm abzubrechen, ihren Staatsangehörigen jeden Verkehr mit den Staatsangehörigen des vertragsbrüchigen Staates zu untersagen und alle finanziellen, Handels- und persönlichen Verbindungen zwischen den Staatsangehörigen dieses und denen jedes anderen Staates, gleichviel ob Bundesmitglied oder nicht abzuschneiden.
>
> 2. In diesem Falle ist der Rat verpflichtet, den verschiedenen beteiligten Regierungen vorzuschlagen mit welchen Land-, See- oder Luftstreitkräften jedes Bundesmitglied für sein Teil zu der bewaffneten Macht beizutragen hat, die den Bundesverpflichtungen Achtung zu verschaffen bestimmt ist. *(Folgen noch zwei weitere Bestimmungen über das „gemeinsame Vorgehen)*

Bekanntlich hat China diesen Artikel in seinem Streit mit Japan angerufen. Nichts lag näher und der Schutz des chinesischen Rechtes und damit des Rechtes überhaupt wäre da gewesen, *wenn* die Bundesmitglieder ihre Verpflichtungen erfüllt hätten! Dass sie es nicht getan haben, schafft über die tatsächlichen Verhältnisse im Völkerbund völlige Klarheit. Es fehlt diesem Bunde das, was für ein „gemeinsames Vorgehen" die Grundlage bildet: die Gemeinsamkeit. Die Völkerbundsatzung ist in ihren wichtigsten Bestimmungen der Reife ihrer Untergebenen vorausgeeilt, die Völkerbundsmitglieder haben sich im Jahre 1920 ein Kleid angezogen, das ihnen nicht auf den Leib geschnitten war, und in das sie auch in 12 Jahren noch nicht hineingewachsen sind. Die Satzung zeigt schön, was sein *sollte,* und auch, was sein *könnte,* wenn die derzeitigen Regierungen reif für sie wären. So gut ist diese Satzung, dass sie, wenn sie bloß angewandt würde, eine besondere Völkerbundsarmee entbehrlich machte. Die bestehenden nationalen Streitkräfte *sind* ja schon in ihrer von der Satzung vorgesehenen, von Fall zu Fall zu bewirkenden Vereinigung eine Völkerbundsarmee, wenn sie auch nicht so heißen. Eine noch *bessere* internationale Sicherheitsmacht wären sie, wenn sie als *nationale* Heere, d. h. als Vollzugsorgane unabhängiger Einzelstaaten, zu sein überhaupt aufhörten, wenn sie nicht mehr dutzende von Souveränitäten und souveränen Sonderrechten zu schützen hätten, sondern nur *eine* Souveränität: die Souveränität des Rechtes, das in Wahrheit allein souverän ist: des *überparteilichen* Rechtes!

Die Idee einer von einzelstaatlichen, Sonderzielen losgelösten überstaatlichen Armee steht darum noch höher als die einer bloß im *Nebenamt* als solche fungierende, von Fall zu Fall aus den Beständen der Gliedstaaten zusammengeraffte. Aber das Höhere ist auch entsprechend schwieriger, und darum ist es als eine später zu lösende Aufgabe *zurückzustellen.* Zu einer gut funktionierenden Völkerbundsarmee gehört ein gut funktionierender Völkerbund. Ein solcher ist der jetzige bekanntlich nicht. Er hat sich nicht einmal in lebensgefährlichen Krisen auf Grund schon vorliegender Bindungen einigen können. Wie soll er sich einigen, wenn jedes seiner

Mitglieder, rechtlich völlig ungebunden, vor die Aufgabe gestellt wird, ein neues, überaus schwieriges Werk, wie es die Schaffung einer gemeinsamen Armee ist, im Einvernehmen mit allen zustande zu bringen?

***

Dann sind die Franzosen mit ihrem Plan also doch Illusionisten? Sie sind es nicht in Bezug auf die objektive Zweckmäßigkeit und Durchführbarkeit ihres in allen Einzelheiten dargelegten Projektes. Ihr Vorschlag ist vielmehr eine wohldurchdachte strategische Konstruktion, gewissermaßen ein Mobilmachungsplan zur Erhaltung des Friedens auf militärischer Grundlage, von dem alten Grundsatz „Wenn du den Frieden willst, rüste den Krieg“ deshalb wesentlich verschieden, weil die bisherige Rüstung zum Krieg in vollständiger Unabhängigkeit und Gegensätzlichkeit zu den anderen Staaten geschah, während hier alles in vollständiger Übereinstimmung und Gemeinschaft geschehen soll. Der französische Antrag beschränkt sich auch nicht auf das Militärische. sondern sieht entsprechende politische und völkerrechtliche Maßnahmen vor, wie obligatorische Schiedsgerichtsbarkeit, Definition des Angreifers, und verlangt dabei eine bedeutende nationale Abrüstung, wenn auch nur, um die auf diese Weise freiwerdenden Waffen zu internationalisieren, d, h. dem Völkerbund allein zur Verfügung zu stellen. Was hier vorgeschlagen wird, ist keine Illusion, sondern nur eine Reduktion und Umorganisation des Bestehenden: keine Antithese zu dem Alten, sondern eine Synthese zwischen Altem und Neuem.

Und doch ist der französische Antrag (ebenso wie der deutsche) im *gegenwärtigen Zeitpunkt* aussichtslos, weil die zu seiner Durchführung. erforderlichen *psychologischen Voraussetzungen* nicht gegeben sind. Die Franzosen begehen nicht leicht einen logischen Fehler – auch hier ist alles logisch –, aber psychologisch täuschen sie sich leicht. Nicht weil sie bei ihrem Plan an ihr eigenes Interesse denken – sie dürften es, und alle dürfen und tun es –, aber weil sie, wie alle anderen, diese Interessen noch nicht in der Interessen*gemeinschaft* erblicken, weil man seinen Vorteil noch in der Übervorteilung des anderen sieht, weil nicht einmal Rechtsgleichheit zugestanden wird, weil innerhalb des Völkerbundes noch Sonderbündnisse bestehen, weil bei der letzten völkerbundlichen Reifeprüfung, dem Gerichthalten über Japan und China, es sich zeigte, dass die Richter nicht unbefangen und unabhängig und darum nicht parteilos und darum nicht gerecht waren, weil also die für eine große gemeinsame Aktion notwendige gemeinsame Gesinnung fehlte und fehlt, darum ist es ein psychologischer Fehler, jetzt schon ein gemeinsames Polizeiheer zu fordern. Gewiss: ein noch so gutes Gericht kann nicht Recht schaffen ohne Polizei, aber eine noch so gute Polizei kann auch nicht Recht schaffen ohne ein gutes Gericht. Dieser gute Gerichtshof ist der Völkerbund noch nicht. Er soll deshalb erst selbst ein einheitliches Rechtsbewusstsein entwickeln und dann erst eine einheitliche Rechtsexekutive ins Leben rufen.

In dem Urteil über die Notwendigkeit dieser Exekutive gehen die *pazifistischen Richtungen* auseinander, einig sind sie darin, dass die zwischenstaatliche Vollzugsgewalt den Einzelstaaten entzogen werden soll; einig auch darin, dass, wenn diese Gewalt einem seiner Aufgabe äußerlich und innerlich gewachsenen Völkerbund übertragen wird, möglichst unmilitärische Zwangsmittel angewandt werden sollen. Ob ein militärisches Vorgehen *ganz* vermieden werden kann und soll, wird verschieden beurteilt. Professor Wehberg meint: „(auch) der Exekutivkrieg wird eines Tages überwunden werden." Der religiösen Friedensbewegung, die auf der Offenbarung fußt, dürfte die andere Meinung näher liegen. (Vgl. mein Buch „Weltkirche und Weltfriede“, S. 289 ff.)

Selbst das messianische Friedensreich am Ende der Zeiten wird nach der Darstellung der Propheten nicht ohne gewaltsame Gerichtsvollstreckung, „heiligen Krieg“ (Joel 3,9) gegen die gottesfeindlichen Rechts- und Friedensstörer heraufgeführt und gesichert werden, so dass also ohne eine solche bewaffnete Streitmacht erst nach diesem wirklich allerletzten Exekutivkriege auszukommen wäre. Eine solche Macht erinnert zwar jeden daran, dass im diesseitigen Leben paradiesische Zustände niemals mehr zu erhoffen sind, aber da die bewaffnete Hand allein dem Rechte dient und ihm auch zum Siege verhilft, ist der Gedanke daran noch weniger peinlich als der an eine ordnungshaltende Polizei im heutigen innerstaatlichen Leben. Die Friedensbewegung hat die schwere, aber auch schöne und hoffnungsvolle Aufgabe, einer geordneten und geeinten Völkergemeinschaft den Weg zu bereiten. Eine überstaatliche Polizei ist für diese Gemeinschaft kein Hindernis, sondern eine Stütze, aber sie ist nicht ihre Voraussetzung, sondern ihre Folge. Man kann den zweiten Schritt nicht vor dem ersten tun. Erst muss man das Haus bauen, dann erst kann man den Zaun ziehen und den Wächter anstellen. Erst muss man einen Völkerbund schaffen, der einig ist, dann eine Völkerbundpolizei, die die Einigkeit nach innen und nach außen schützt. Nach außen? Wer ist dann noch draußen? Der, der sich durch Rechtsbruch aus der Rechtsgemeinschaft ausschließt. Der soll den starken Arm des Rechtes zu spüren bekommen und nach Möglichkeit auf den Weg des Rechts zurückgeführt werden.

Krieg gegen Rußland?

Der Friedenskämpfer 7 (1/1931), 1–7 (Verteidigungskrieg) und (2/1931), 17–22 (Interventionskrieg)

I. Verteidigungskrieg

Es ist heute nicht mehr schwer, die Zustimmung aller Vernünftigen zu erhalten, dass der moderne Krieg unsinnig und darum unsittlich und darum unerlaubt sei. Auch die verantwortlichen Staatenlenker haben dieser sich aufdrängenden Einsicht Rechnung tragen müssen, als sie in feierlichen, bindenden Erklärungen jeden Angriffskrieg als „internationales Verbrechen" ächteten. „Mit dem Fluche der Ungesetzlichkeit beladen", sagte Briand in seiner Weiherede zum Kelloggpakt, „ist er der sicheren Missbilligung und der wahrscheinlichen Feindschaft aller Unterzeichner des Vertrages ausgesetzt." Das Vertrauen, dass es nach dieser scharfen Verwerfung nun auch zu keinem Kriege mehr komme, ist aber keineswegs vorhanden. Beweis dafür ist die unentwegt weitergehende Aufrüstung, mag sie auch (schlimm genug) mehr geschäftlichen als politischen Interessen entspringen.

So denkt denn trotz zahlreicher Sicherungsverträge alle Welt nach wie vor an einen „Verteidigungskrieg", und unter diesem Gesichtspunkt werden die Verdikte „unsinnig", „unsittlich" und „unerlaubt" wieder zurückgenommen. Auch die aufrichtigsten Kriegsgegner verfallen wieder in theoretische und praktische Ratlosigkeit, wenn sie sich einen Angriff auf ihr Land mit allen Mitteln des modernen Krieges vorstellen. *„Sollte Deutschland“*, so schreibt mir ein Geistlicher aus England, *„im Falle eines bolschewistischen Angriffs keinen Defensivkrieg führen dürfen? Wäre diese Art Krieg heute auch unerlaubt? Wenn ja, was soll Deutschland in diesem Falle tun?“* Mit dieser und noch einer zweiten Frage, die ich das nächste Mal beantworten will, sucht man vielfach auch katholischerseits die Ideen und Forderungen des modernen katholischen Pazifismus abzutun.

Darauf antworte ich *erstens*: Eine Idee, eine Forderung, eine Bewegung sind noch nicht „abgetan“, wenn sie sich nicht vollständig, ja nicht einmal zum größten Teil durchsetzen lassen. Von vernünftigen und erst recht von religiösen Menschen muss in erster Linie verlangt werden, dass sie eine Wahrheit und ein auf der Wahrheit beruhendes Gebot auch dann stehen lassen, wenn kein Mensch sie befolgt. *Zweitens*: die Wahrheit, dass es eine berechtigte Notwehr gebe, hat weder die katholische noch die nichtkatholische Friedenslehre jemals bestritten. Die pazifistische Literatur geht nur mit einer ganz anderen Gründlichkeit und Gewissenhaftigkeit als die nicht pazifistische an die Frage heran, welche Voraussetzungen und Eigenschaften die Notwehr haben müsse, damit sie vor Vernunft und Gewissen bestehen könne. Nicht bestehen kann eine Verteidigung, die eine bloße Instinkthandlung ist. Der Instinkt reagiert spontan aus Schreck, Angst, Wut, Bewegungen, die sich im Blut und in den Nerven abspielen, im Unterbewusstsein, nicht im klaren Bewusstsein, geschweige denn in der sittlichen Vernunft. Auch Massen und gerade Massen können von diesen Erregungen und Wallungen erfasst werden. Wir sprechen dann von Massen-Psychose; ein Wort, das etwas Pathologisches besagt. Dementsprechend ist dann die Verteidigung. Sie ist, wie der Instinkt, der sie ausgelöst hat, kopflos. Es ist eine Verteidigung um jeden Preis, mit jedem Mittel, in der Regel dem „nächstbesten“.

Diese im Instinkt beginnende spontane und mechanische Verteidigung kann zu einer vernunftgemäßen aufsteigen und dann sittlich einwandfrei sein. Die Militärs werden das auch von jedem Verteidigungskrieg behaupten. In Wirklichkeit sind hier aber die schwersten Bedenken anzumelden. Da ist zunächst die Tatsache, dass noch *jede* militärische Unternehmung der neueren Kriegsgeschichte als Verteidigungsmaßnahme maskiert wurde, woraus für den geistig mündigen Menschen die Pflicht äußersten Misstrauens gegenüber solchen Erklärungen folgt. Sodann ist der große Unterschied zwischen individueller und kollektiver Notwehr im Auge zu behalten, auf den hier nicht näher eingegangen werden kann (vgl. mein Referat über das Wehrproblem auf unserer Frankfurter Tagung). Worauf es hauptsächlich ankommt, ist dies: *dass die Verteidigung eine wirkliche Verteidigung sei*: ein wahrer Schutz der Menschen und des Landes, eine möglichst rasche und wirksame Lahmlegung des feindlichen Angriffs. Was geschieht aber, wenn einfach Gleiches mit Gleichem erwidert wird, so dass schon nach einer halben Stunde Verteidigung und Angriff vollständig ineinander übergegangen sind? Wenn der Verteidiger ebenso viel und noch mehr Güter und Menschen verliert wie der Angreifer, ja zum Schluss total besiegt am Boden liegt? Ist eine solche Verteidigung noch *sinngemäß*? Jeder Mensch und erst recht jede Obrigkeit hat die absolute Pflicht, sinngemäß zu handeln und das *Ende* zu bedenken. Der Einsatz eines so hohen Gutes, wie es das menschliche Leben ist, ist dann erlaubt, wenn er mit moralischer Gewissheit einem noch höheren Gute dient: dem Siege der Gerechtigkeit. Sehe ich voraus, dass nicht das Recht, sondern das Unrecht, nicht das Gute, sondern das Böse triumphiert, so bin ich verpflichtet, die betreffende Handlung zu unterlassen, selbst wenn sie in sich gerecht wäre. Die Luxemburgische Regierung z. B. dürfte es unter keinen Umständen auf einen Verteidigungskrieg gegen Deutschland oder Frankreich ankommen lassen, weil es ausgeschlossen ist, dass sie gegen eine solche Übermacht den Sieg davonträgt, dem Triumph des Unrechts aber nicht das Blutopfer ihrer Untertanen bringen darf. Sie soll sich mit allen sinnvollen Mitteln verteidigen, aber nicht mit dem für sie sinnlosen des Krieges! So evident unsinnig und darum unsittlich wie in diesem Falle ist nicht *jeder* Verteidigungskrieg. Aber die moralische Gewissheit, dass „das Gute gefördert und das Böse vermieden“ werde (Thomas v. Aquin), mit der jeder Krieg, soll er erlaubt sein, angefangen werden muss, kann auch bei einem Verteidigungskrieg zwischen Großstaaten durchaus fehlen.

Die Völker müssen endlich einsehen, dass *der moderne Krieg als wahres Verteidigungsmittel ausscheidet,* eine Erkenntnis, die sich auf die Erfahrung und obendrein auf zahlreiche militärtechnische Fachurteile stützt. Im modernen Krieg gibt es keine Fronten im bisherigen Sinne mehr, keinen Unterschied zwischen Front und Etappe und Hinterland, zwischen Bewaffneten und Unbewaffneten. Der Luftkrieg stößt sofort über die Grenzen und Aufmarschlinien hinweg tief ins Land vor, in die großen Städte und Industriezentren. Wie schützt man sich dagegen? *„Es gibt keinen Luftschutz“*, schreibt Gotthard Sachsenberg, Kommandeur des Kampfgeschwaders gleichen Namens im Weltkrieg, Ritter des Pour le mérite, jetzt Mitarbeiter bei den Junckerswerken, in alarmierenden Artikeln der Vossischen Ztg. und des Berliner Tageblatts.

> „Selbst wenn Abwehrkräfte gesammelt werden, die weit über den Rahmen des für den Kriegsfall vorgesehenen Einsatzes zum Schutz eines Wirtschaftszentrums hinausgehen, selbst dann ist ein ausreichender Luftschutz nicht mehr möglich. Der Beweis dafür ist voll erbracht durch

die Ergebnisse, die die großen Luftangriffsmanöver auf Mailand Herbst 27, auf London und Paris im Spätsommer 28 gezeitigt haben."

Das einzige Verteidigungsmittel sei der Gegenangriff mit Bombenflugzeugen, wodurch aber der Angriff selbst nicht abgewehrt werden könne. *Alles* ist Angriff, alles maßlose Zerstörung! „*Gegen bessere Einsicht werden heute Unsummen für aussichtslose Abwehrmaßnahmen verausgabt.* Alle diese Maßnahmen sind genau so unsinnig als wenn man *Bretterzäune gegen Feuersgefahr* aufführen wollte."

Was also tun, wenn *Sowjet-Russland* wirklich Miene zu einem Angriffskriege gegen den Westen machen sollte? Wiederum muss eine Vorbemerkung gemacht werden. Selbst ein so skrupelloses Regiment wie das bolschewistische wird mit einem Krieg nicht wie mit einem Blitz aus heiterem Himmel daherkommen. Auch da werden Rechts- und Wirtschaftsstreitigkeiten voraufgehen. Bei diesen Auseinandersetzungen ist dann das Äußerste zu tun, um die Kriegsgefahr zu beseitigen, wobei der nationalen Ehre gar nichts vergeben zu werden braucht. Es besteht höchste Wahrscheinlichkeit, dass bei solchem Willen, wenn auch unter Opfern, ein Vergleich zustande kommt. Dies zuvor.

Sollte aber ein militärischer Gewaltakt dennoch erfolgen, dann gibt es zwei Möglichkeiten, ihm zu begegnen. Die erste ist die soeben gekennzeichnete: der sog. Verteidigungskrieg. Die Aussichten, dass er eine wirkliche Verteidigung, ein wahrer Rechtsschutz und Rechtstriumph werde und nicht das Gegenteil, stehen null zu null. So gut wie sicher wird es bei einem Aufeinanderprallen zweier moderner Heereskörper keine Sieger und Besiegte, sondern nur beiderseits Ruinierte geben.

Die andere Möglichkeit ist eine bisher kaum versuchte: Verzicht auf militärische Verteidigung und Rekurs an andere

Verteidigungsgewalten. Ein Beispiel ist der *griechisch-bulgarische Konflikt.* Im Oktober 1925 hatten nach den üblichen Grenzstreitigkeiten griechische Truppen bulgarisches Gebiet besetzt (selbstverständlich, wie es in dem Telegramm an den Völkerbund hieß, als „unbestreitbar legitime Verteidigungsmaßnahme“!). Nun tat der also angegriffene Staat Bulgarien – vielleicht zum ersten Mal in der Weltgeschichte – nicht das, was sonst noch jeder tat: er verteidigte sich nicht militärisch, wofür er ohne Frage ein ebenfalls „unbestreitbar legitimes“ Recht hätte geltend machen können, sondern er überließ die Regelung dem Völkerbund. Dieser warf seine moralische und faktische Macht in die Waagschale, „ermahnte“ zuerst zur Einstellung der Feindseligkeiten, und als das nicht half, „beehrte er sich“, den Angreifer „einzuladen“, binnen 60 Stunden die Truppen zurückzunehmen. Das geschah, die Autorität des Völkerbundes siegte, der schon glimmende Kriegsbrand war ausgelöscht und das Recht, nach Leistung einer Sanktion, wieder hergestellt. Man wird einwenden, bei kleinen Staaten kann der Völkerbund das machen; bei großen und auch dann, wenn ein Mitgliedgroßstaat im Schiedsgericht an dem Fall interessiert ist, wird er sich hüten. Das mag richtig sein, wenigstens solange der Völkerbund immer noch in den Anfängen steckt. Aber hier kommt es auf das *Prinzip* an, auf die Möglichkeit eines neuen Weges, einer neuen besseren Landesverteidigung als der bewaffneten Selbsthilfe. Und im Falle eines russischen Angriffs auf Deutschland kann Deutschland der Unterstützung ganz Westeuropas sicher sein. Sollte dieser antibolschewistische Staatenbund dann nicht in der Lage sein, mit anderen als kriegerischen Mitteln dem Angreiferstaat die Angriffslust ausgehen zu lassen? Könnte Russland etwa den vollständigen *Wirtschaftsboykott*, die absolute Verkehrs- und Handelssperre aushalten?

Bei schon ausgebrochenem Krieg müsste gleichzeitig der sog. *passive Widerstand* seitens der betroffenen Bevölkerung einsetzen. Jede Arbeit und jede Warenlieferung an den Eindringling wäre zu verweigern. Ein überaus schweres, opferschweres Werk, das sicher auch viel Märtyrerblut kosten würde. Aber weit weniger als die kriegerische Verteidigung! Wo kein *militärischer* Widerstand geleistet wird, gibt es überhaupt keinen Krieg, sondern nur eine militärische Okkupation! Auch da werden viele an die Wand gestellt, auch da gibt es also Heldentod fürs Vaterland. Dem Instinktmenschen ist dieses scheinbar wehrlose Sterben zu unheroisch. Aber dem Vernunftmenschen – ganz abgesehen vom Christenmenschen, der hier den wehrlosen Heldentod seines Meisters vor sich sieht – ist klar, dass durch solche Haltung die *größere* sittliche Kraft eingesetzt und dem Vaterland der *größere* Dienst geleistet wird, weil auf diese Weise die heimatliche Erde mit allem, was sie trägt, ganz anders geschont wird.

Doch ist das durchführbar? Ohne Vorbereitung gewiss nicht. So wie die kriegerische Landesverteidigung planmäßig vorbereitet und eingeübt wird, so muss es auch mit der unkriegerischen geschehen. Dazu bedarf es organisatorischer und ethischer Kräfte, die denen der Kriegsvorbereitung wahrlich nicht nachstehen. Es bedarf einer Ausdehnung der militärischen Disziplin auf die gesamte Zivilbevölkerung; es *bedarf ganz neuer Manöver* und einer dem Geiste des Christentums konformen Umprägung des Heldenideals. Es bedarf der neuen Einsicht, dass *die ultima ratio nicht das Schwert, sondern das Kreuz ist!*

Die umgestellte organisatorische Aufgabe hat man treffend als „*Strategie des Friedens*“ bezeichnet. Eine am 18. Oktober des verflossenen Jahres vom National Council for Prevention of War in London abgehaltene Konferenz, die von 300 Delegierten besucht war, hat sich erstmalig mit einer solchen Friedensstrategie befasst, einer Aufgabe, die eigentlich alle Kelloggpakt-Unterzeichner von Staats wegen in Angriff zu nehmen hätten. Inzwischen muss die Friedensbewegung das ihrige dazu tun. Was der Locarnopakt für die Rheinmächte bereits zum Gesetz erhoben hat: dass – von einem „flagranten" Angriff abgesehen – nicht eine der im Streit befindlichen Parteien, sondern der Völkerbund festzustellen habe, ob ein Angriff vorliege; und was der britische Außenminister Chamberlain bei den Verhandlungen über den griechisch-bulgarischen Konflikt als „Schlag ins Gesicht der Zivilisation" bezeichnete, nämlich unter Umgehung der heute schon vorhandenen zwischenstaatlichen Schlichtungsmittel zu militärischen Operationen zu schreiten – das muss in das politische Gewissen der ganzen Kulturwelt übergehen. Selbstverständlich ist der Verzicht auf kriegerische Verteidigung und ihr Ersatz durch moralische und juristische Abwehrmaßnahmen noch keine Garantie für den Sieg des Rechtes, aber der Verteidigungskrieg ist es noch weniger! Je mehr die Kriegstechnik fortschreitet, um so wahrer wird das Wort des holländischen Abgeordneten Albarda bei der Ablehnung der maritimen Aufrüstung seines Landes durch die sozialistische Partei: militärische Landesverteidigung sei gleichbedeutend mit nationalem Selbstmord! Und wenn nun auch der Hl. Vater in seiner Weihnachtsansprache wie sein Vorgänger sich nicht gescheut hat, den Krieg als „Mord und Selbstmord" zu bezeichnen, so wird niemand imstande sein, abgesehen vielleicht vom ersten Aufflammen des Krieges, den Verteidigungskrieg aus dieser Kennzeichnung herauszunehmen, weil Angriff und Verteidigung in unlöslichem Knäuel verschlungen sind.

II. Interventionskrieg?

Die Verteidigung gegen einen ungerechten Angriff – mit all der Vernunft und all der Maßhaltung, die sowohl der eigene Schutz wie der des Gegners erfordert – ist nicht der einzige Titel, auf Grund dessen nach katholischer Moral eine bewaffnete Unternehmung erlaubt ist. Die jeder gerechten Gewaltanwendung zu Grunde liegende Idee ist vielmehr das Eintreten für die sittliche Weltordnung überhaupt. Diese von Gott gewollte und durch klare göttliche Gebote vorgezeichnete sittliche Ordnung wird nicht *nur* durch einen brutalen Einbruch des einen Staates in den anderen verletzt, sondern auch durch andere Verbrechen, die ein Staat als solcher begeht, und die nicht einmal die Rechte anderer Staaten unmittelbar zu berühren brauchen. Legt man die erhabene katholische Auffassung von der Herkunft und der Aufgabe der staatlichen Gewalt zu Grunde, nämlich, dass sie von Gott komme und im Namen Gottes auszuüben sei, dann müssen sich die Staaten für die Gerechtigkeit auf Erden verantwortlich fühlen, müssen über ihre Einhaltung wachen und ihre Verletzung zu sühnen suchen. Das kann so weit gehen, dass sie das Recht und die Pflicht haben, auch da irgendwie einzuschreiten, wo sich das Unrecht nicht gegen sie selbst, sondern einen anderen Staat richtet oder dieser andere das Unrecht verübt. Denn die Völker bilden, wiederum nach katholischer Weltanschauung, schon vor jeder vertraglichen Abmachung eine natürliche Gemeinschaft, die eine Uninteressiertheit des einen am anderen nicht gestattet. Nicht nur der Egoismus, sondern schon der Individualismus, die Loslösung vom Ganzen, ist unkatholisch. Katholisch ist allein der Solidarismus, das Zusammengehörigkeitsbewusstsein mit seiner Verpflichtung zur allumfassenden Gerechtigkeit und Liebe, zum Eintreten des einen für den anderen.

Im Hinblick auf dieses große Miteinander hat *Pius der Neunte* i. J. 1860 das sogenannte *Nichtinterventionsprinzip* ausdrücklich verurteilt. Der Grundsatz, sich in nichts einzumischen, was einen persönlich oder eigenstaatlich nichts angeht, ist eben egoistisch und individualistisch und darum falsch und unmoralisch. Er ist, nebenbei, auch im modernen Völkerrecht verpönt; auch hier kommt die mittelalterliche, allein richtige universalistische Staatstheorie, im Gegensatz zur individualistischen der späteren Epoche, wieder zum Durchbruch, in der Völkerbundsatzung z. B. durch die Bestimmungen über eine gemeinsame Aktion der Völkerbundstaaten gegen einen Rechtsbrecher-Staat.

Die päpstliche Verurteilung, die einige Jahre später in den Syllabus aufgenommen wurde, denkt vor allem an den Fall, wo ein kriegerischer Angriff auf einen im Recht befindlichen Staat stattfindet; die anderen Staaten haben bei einer solchen Verletzung der Rechtsordnung keineswegs das Recht zum untätigen Zuschauen. Dem Sinne nach ist die Nichteinmischung aber auch da gebrandmarkt, wo ein anderes ungesühntes Unrecht im Völkerleben vorliegt.

So versteht man es, wenn heute gerade bei Katholiken und Menschen, die von demselben sittlichen Gefühl beseelt sind, der Gedanke an einen Interventionskrieg gegen Russland auftaucht. Was in Russland nun schon 13 Jahre lang geschieht, schreit zum Himmel. Wehe der Gesellschaft, die dagegen gleichgültig bliebe! Von diesem Geiste ist die zweite Frage in dem englischen Briefe diktiert, den ich im vorigen Artikel erwähnte: die Frage nach der *Erlaubtheit eines kriegerischen Einschreitens gegen Russland* zur Züchtigung und Beseitigung seiner ungeheuerlichen Verbrechen. „Westeuropa hätte (so zitiert der Geistliche einen von ihm ‚sehr geschätzten Professor der Ethik‘) die heiligste Pflicht, mit Waffengewalt gegen Russland vorzugehen. Dass dies nicht geschehe, sei die größte Schmach der abendländischen Kultur der Gegenwart."

Nochmals: in dieser Forderung kann mehr sittliche Qualität liegen als in ihrer gleichgültigen oder entrüsteten Ablehnung. Und doch erscheint mir jener Professor als Typ eines Romantikers, der die Welt im Schimmer einer vorgefassten Ideologie betrachtet, weltfremd im Idealisieren und im Perhorreszieren. Zu einem Sühnekrieg gehören zwei: einer, der im Namen der Gerechtigkeit das Unrecht bestraft, und einer, der *diesem* Richter von Rechts wegen unterworfen ist. Der ganze Schauer der Gerichte Gottes weht uns an, wenn wirklich in Seinem Namen ein Strafgericht über ein großes Verbrechen verhängt wird. Aber der ganze Schauer der Lächerlichkeit und Empörung weht uns an, wenn – um es nochmals in diesen Blättern zu sagen – „Christentum gesagt und Kattun gemeint wird", wenn nicht im Namen Gottes, sondern seines Gegengottes Mammon ein Feldzug zur Rückeroberung kapitalistischer Absatz- und Ausbeutungsgebiete in den Klubsesseln der Großbanken und Industriepaläste beschlossen wird; wenn westeuropäische Ölkönige mit todernster Miene die ihnen von den Religionsgemeinschaften gelieferte Kreuzzugsparole aufnehmen und nun das Blut von Millionen Menschen für das Petroleum von Milliarden Mark einsetzen!

Dies sind – von keinem Wissenden mehr bestritten – die Hintergründe jedes modernen Kriegs, also auch eines von ehrlichen, aber weltfremden Idealisten heilig genannten modernen Sühnekrieges. Nun die Vordergründe. Zum Vergleich denken wir an die Heerscharen des Gottesvolkes im Alten Testament oder die Kreuzfahrer im Mittelalter. Auch über den Ursprung und die Sittlichkeit dieser im Namen der Religion unternommenen Kriege lässt sich sehr viel Ernüchterndes sagen, aber das eine muss man ihnen lassen: das tragende Element war eine wirkliche religiöse Ergriffenheit, ein tiefer

Glaube an eine göttliche Sendung, und dieser Geist kam zum Ausdruck in himmelstürmenden Gebeten, Gelübden, Bußübungen und anderen, an rein religiöse Feiern gemahnenden Vorgängen.

Von da aus tue man einen Blick in die Staaten und Armeen des 20. Jahrhunderts! Nicht nach einem solemnen Gottesdienst, unter Beteiligung der obersten staatlichen und militärischen Behörden, und nicht auf ein Heer in Paradeaufstellung nach dem Kommando „Stillgestanden“ (eine immerhin respekteinflößende, schweigende disziplinierte Soldatenmasse, der man glauben könnte, dass sie vom Geiste der Heerscharen Gottes durchwaltet sei), sondern auf die Heerhaufen in der Kaserne, in den Mannschaftsstuben, wo geflucht und gezotet wird, in die Offizierskasinos, nachdem der Alkohol den inoffiziellen Teil eröffnet hat, in die militärisch konzessionierten und reglementierten Bordelle! Dann einen Blick in das *inaktive* Sühneherr, also in die Kolonnen unserer Nazis und Stahlhelmer, in das Reservekorps unserer Studenten! Und dann stelle man sich diese Heerschar als Werkzeug einer höheren strafenden Gerechtigkeit auf dem Kriegsschauplatz vor und dann das […] Stillhalten? nein, das Losschlagen der Roten Armee, das beiderseitige Stahl-Blut-Gift- und Schlammbad an der Front und in der Heimat, und dann richte man eine Rückfrage an den englischen Professor nach dem *Erfolg* der „heiligsten Pflichterfüllung und der Wiederherstellung der abendländischen Kultur der Gegenwart“.

O diese Professoren! Sie kennen ihre Bücher, aber sie kennen nicht die Wirklichkeit! Und sie kennen nur *ihre* Bücher, aber nicht die, nach denen heute wirklich Politik und Krieg gemacht wird. Leider gibt es auch moralisierende Bücher, die zu kriegerischer Politik anreizen, aber *ein* Moralbuch gibt es, das wie Wasser auf ihr Feuer wirkt, und das ist das

Evangelium Jesu Christi. Dieses Evangelium rät vor jeder Auseinandersetzung mit dem Bruder, also erst recht vor jeder Vorbereitung eines Sühnekrieges, eine gründliche Augenuntersuchung an: ob das Auge auch lauter sei, und ob es nicht selber einen Balken in sich habe. In unserem Fall verlangt es eine demütige Prüfung, mit welchem moralischen Recht der Kapitalismus – und wenn es zu einer kriegerischen Intervention der Westmächte gegen Russland kommt, dann ist aller Wahrscheinlichkeit nach der Kapitalismus der treibende Motor – sich zum Richter und Rächer über den Kommunismus aufwirft; wer am Aufstieg des letzteren schuld war; ob nicht in Russland ein Geschwür aufgebrochen ist, das demselben Körper angehört, dem wir angehören; ob da nicht von einer Solidarität der Schuld gesprochen werden muss, in die wir alle verstrickt sind. Zwar haben sich diese Fragen zuerst die Landsleute der Bolschewiken vorzulegen, die *vor* ihnen in Russland das Heft in der Hand hatten und *vor* ihnen die Knute schwangen, so wie es in echt russischer Demut *Nikolai Berdjajew* in seinem Buche „Ein neues Mittelalter“ tut:

> „Der Bolschewismus hat Fleisch angenommen in Russland und er hat dort gesiegt, weil ich bin was ich bin, weil es in mir keine wirkliche Stärke des Geistes gab – jene Stärke des Glaubens, die Berge versetzen kann. Der Bolschewismus ist *meine* Sünde, *mein* Fehler. Er ist eine Probe, die mir auferlegt ist. Die Leiden, die mir der Bolschewismus verursacht, sind die Sühne für mein Fehlen, meine Sünde, unser gemeinsames Fehlen und unsere gemeinsame Sünde. Alle sind haftbar für alle.“

Natürlich soll diese Pest deshalb nicht einfach hingenommen, vielmehr aufs äußerste bekämpft werden. Aber wie? Christlich! Neutestamentlich, nicht alttestamentlich! Der Geist des

„Aug um Auge, Zahn um Zahn“, der Geist der elementaren Wiedervergeltung steckt auch noch in manchem Jünger Jesu. Die Befürworter eines blutigen Sühnefeldzuges gegen Russland haben ihre Vorläufer schon unter Jesu Gefährten gehabt: in dem noch sehr weltlichen und sanguinischen Simon Petrus, als er für Christus das Schwert zog, und als ihm dies mit dem allgemein gültigen Satz verwiesen wurde, dass die, die das Schwert ergreifen, durch das Schwert umkommen. Und noch klarer in dem Ingrimm des Jakobus und Johannes, als eine Ortschaft der Samariter ihnen und dem Meister die Türen verschlossen hatte, „Herr, sollen wir nicht Feuer vom Himmel herabrufen, dass es sie verzehre?“ Jesus wies sie ab: „Ihr wisst nicht, wes Geistes Kinder ihr seid; der Menschensohn ist nicht gekommen, Seelen zu verderben, sondern zu retten.“

Ist das nicht genau die Antwort, die unseren Professor mit allen, die hinter ihm stehen, klassisch und endgültig erledigt? „Verderben“, größeres, unheilbares Verderben, Verderben bei den zu Züchtigenden und den Züchtigern wäre die Folge einer kriegerischen Aktion gegen Russland! Nicht „Rettung“! Wieder ist es N. Berdjajew, der ausspricht, was jedem Seelen- und Geschichtskenner längst klar ist:

> „Es ist unmöglich, aus einem Gefühl des Nein, des Hasses, der Wut und der Rache zu leben. Es ist unmöglich, Russland mit negativen Stimmungen zu retten. Eben erst hat die Revolution Russland durch ihre Wildheit vergiftet und mit Blut berauscht. Was wird aus dem armen Russland werden, wenn die Gegenrevolution (oder ein Krieg) es durch ein neues Fieber vergiftet und aufs neue mit Blut berauscht? […]

Die Partei der Wut und des Hasses ist eins und unteilbar: sie vereint die Kommunisten und die äußersten Monarchisten. Kein Leben wird geschaffen durch negative Elemente, das Leben erheischt an seinem Ursprung positive Elemente. Unsere Liebe muss stets über unseren Hass siegen. Wir müssen Russland und das russische Volk mehr lieben als es uns möglich ist, die Revolution und die Bolschewiken zu hassen. Eine mächtige Liebe zur russischen Erde, zur russischen Volksseele muss am Anfang unserer Politik stehen. Das allein kann als die normale geistige Einstellung betrachtet werden."

So bleibt denn zwar die Verwerflichkeit des Nichtinterventionsprinzips bestehen. Wir dürfen das erklärte Antichristentum im Osten nicht einfach auf sich beruhen lassen. Aber auch nicht unser teils verschleiertes teils offenes Antichristenturn im Westen. Wir haben beides in rein *christlichem* Geist zu bekämpfen, im Geiste Jesu, nicht der antiken und modernen Donnersöhne.

Dass auch die Kirche nicht an eine *kriegerische* Intervention gegen Russland denkt, ist selbstverständlich. Kardinal *Faulhaber* hat das dem „Stahlhelm" gegenüber ausgesprochen, als dieser ihm seine „Mitarbeit" in der Bekämpfung des Bolschewismus anbot.

> „Die Wege der Kirche und des Stahlhelm trennten sich an dem Punkte, an dem dieser eine Kampforganisation in dem Sinne sein wolle, dass er im äußersten Falle die bolschewistische Gefahr mit Waffengewalt bannen wolle. *Der Kirche gehe jedes gewalttätige Eingreifen in den Gang der Ereignisse gegen das Gewissen*, sie könne nur einen Rettungsversuch mit gesetzlichen Mitteln und mit geistig-sittlichen Waffen machen."

Das ist auch unsere Parole: Einsatz geistiger und religiöser Mittel in *jedem* Falle gegen *jede* ungeistige und unreligiöse Gewaltherrschaft, komme sie vor, wo sie wolle. Gerne wollen wir uns den Gebeten anschließen, die der Hl. Vater für Russland vorgeschrieben hat (nach der hl. Messe) und seiner innigen Anrufung: „Erlöser der Welt, rette Russland!"

Der Nationalsozialismus und wir

Der Friedenskämpfer 8 (7/1932), 125–130

Es gehört Überwindung dazu, mit dem Nationalsozialismus ernsthaft zu streiten. Diskussionslose Ablehnung liegt einem näher als Lust zu einlässlicher Auseinandersetzung; zum mindesten, wenn man einen Blick über das wirft, was die nationalsozialistische Flut an die Oberfläche spült.

Jedoch die Oberfläche ist Oberfläche. Wenn sie so ungewöhnlich schillert, so viel ans Licht bringt, was bisher kaum jemand für möglich gehalten hat, wenn sie so „wallet und siedet und brauset und zischt, wie wenn Wasser mit Feuer sich mengt", und die Menschen zu ebenso leidenschaftlicher Hingebung wie Ablehnung drängt, dann muss diese Bewegung doch sehr tief gehen und ernst genommen werden. Aber worin besteht ihre Tiefe? Nicht in ihrem positiven Programm. Auch da gibt es freilich manches, was der Beachtung wert ist und für eine Reform des staatlichen Lebens fruchtbar gemacht werden kann. Darauf hat auch ein Mann wie Fr. W. Foerster, Hitlers Antipode, hingewiesen:

> „Innenpolitisch ist der Nationalsozialismus der berechtigte Protest gegen die undeutsche Über-Industrialisierung, die für ferne unsichere Weltmärkte produzierte, dafür das deutsche Volk wie Koks verbrauchte, weithin gesunde und einfache Lebensverhältnisse zerstörte und keinerlei Garantie und Verantwortlichkeit für die von den Krisen der Weltwirtschaft betroffenen Arbeitermassen über-

> nahm. Die Art wie bei uns die Industrie durch die Inflation weiteste Volksklassen beraubte und dann durch eine rücksichtslose Rationalisierung Tausende von Mitarbeitern auf die Straße warf, wird vom Ausland mit Recht als einzig dastehend angestaunt und ist zweifellos eine entscheidende Triebkraft für die national-sozialistische Bewegung geworden, auch wenn diese Bewegung die Schuldigen am falschen Orte sucht."

Und weiter:

> „Der heutige Nationalsozialismus ist die Ernüchterung. Er will keine Weltmacht, sondern national begrenzte Wirtschaft, Selbstversorgung, Gleichgewicht zwischen Industrie und Landwirtschaft, intensive Siedlung, Ablösung von der internationalen Finanz – alles begreiflich, aber nicht entfernt so einfach und lebensfähig wie es sich jene Kreise vorstellen. Es nutzt aber nichts, ihren Programmen mit ganz veralteten Problemstellungen zu antworten oder überhaupt kein Problem zu sehen. Es gilt das große Problem ‚Nationalwirtschaft und Weltwirtschaft' in alle Tiefen und Weiten durchzudenken und es gilt vor allem sich klarzumachen, dass alle bisherigen Formeln zu eng sind, um der ganzen Größe, Vielseitigkeit und Schwierigkeit dieses Problems gerecht zu werden."

Aber alles Positive der nationalsozialistischen Bewegung ist mit so viel Negativem belastet, dass auch in diesem Positiven nicht ihre Bedeutung liegen kann. Diese liegt viel mehr darin, dass der Nationalsozialismus über das Parteiliche hinaus eine *Weltanschauung* ist, die wie wenig andere aufs Ganze geht und jedes sich bietende Mittel, ohne Rücksicht auf seinen moralischen Wert oder Unwert, in den Dienst dieses Ganzen stellt. Dabei ist es für den weltanschaulichen Charakter der

Bewegung bezeichnend, dass sie weniger eine ganze, aber doch begrenzte *Sache* anstrebt als den ganzen *Menschen* unbegrenzt mit Beschlag belegt. Hat sie erst den ganzen Menschen, seinen Leib und seine Seele, dann wird sich alles Weitere, wofür sie ihn einsetzt, finden. Goebbels hat einmal gesagt: „Wenn ich die Partei gegründet hätte, würde ich überhaupt kein Programm aufgestellt haben", und ein andermal: „Wir haben hier eine Mission zu erfüllen [...]. In uns brennt es wie ein Opferfeuer [...]. Wir wandeln so, weil ein innerer Dämon uns treibt". Wohin? Niemand weiß es. Denn das „Dritte Reich" ist ein Mythos, ein deutsches Paradies, das wie eine Insel in der Völkerwelt liegt, und darum ein Land Utopia. Aber mit messianischer Zuversicht wird es umfasst, und in dieser Hingabe liegt die Tiefe der nationalsozialistischen Bewegung. Es ist keine objektive, sondern eine subjektive Tiefe: die Menschen, die Menschenmassen haben ihre Seelen wieder bis auf den Grund geöffnet, sie, deren Seelen von dem bisherigen Parteiwesen (mit Ausnahme des kommunistischen, das auch mehr als Partei-, nämlich Weltanschauungssache ist) kaum berührt wurden. Der Nationalsozialismus hat ihnen etwas ganz Neues *nicht nur versprochen, sondern jetzt schon geschenkt*: einen neuen Glauben, eine neue Hoffnung und eine neue Liebe. Diese neuen Kräfte haben ihre Seelen um so tiefer erfasst, je leerer sie waren. Der Glaube, die Hoffnung und die Liebe, die die Väter hatten, waren ihnen ja längst verloren gegangen. Die Religion hat doch bei der ganz überwiegenden Mehrzahl derer, die heute dem Hakenkreuz folgen, kaum eine Rolle gespielt. Aber auch die Nation, das Volkstum, die Rasse hatte ihnen keine der früheren Parteien und Bekenntnisse so gezeigt wie der Nationalsozialismus. Hätte man das nicht schon früher gewusst, dann wäre es jetzt offenbar geworden. Denn nur ein ausgetrocknetes, verdurstetes Land konnte den Regen so in sich hineintrinken, nur ein leeres Gefäß konnte sich so schäumend füllen wie die leeren deutschen Seelen sich gefüllt haben mit dem nationalsozialistischen Evangelium.

Für die Kraft eines Glaubens ist der Inhalt des Glaubens nicht entscheidend. Auch der Irrglaube ist höchster Hingabe fähig. Ja, wenn ein Geglaubtes, Gehofftes und Geliebtes auch die niederen Elemente unter und in den Menschen stark anspricht, kann die Hingabe erst recht leidenschaftlich sein. Und das ist beim Nationalsozialismus der Fall. Er hat natürlich auch höhere Werte zu bieten, aber diese allein würden nicht imstande sein, die Menschen und die Massen derartig zu bezaubern, wie wir es erleben. Im Gegenteil: das Höhere, Edlere zieht immer nur höhere und edlere Seelen an, und diese kommen massenweise nicht vor. Nein, weil der Nationalsozialismus so aufs Ganze geht, dass er Hohes und Niederes, Gutes und Schlechtes, Sinn und Unsinn in sein Drittes Reich hineinpackt, weil man sich als Nationalsozialist schon auf dem Wege dahin förmlich austoben kann, weil dem Hass, der Gewalttat, der Macht- und Raffgier, dem Wortrausch jeden Tag ein Fest gefeiert wird, weil Ziel und Zweck hier jedes Mittel heiligen, weil jeder Gegner Freiwild ist, dessen Ehre und Leben zu zertreten gesinnungstüchtig ist, weil die Gewissen durch nichts anderes gebunden werden als durch den Befehl eines Führers, „des“ Führers, des nationalsozialistischen Messias, der gewiss auch Pflichten auferlegt, aber nur solche, die ins Gelobte Land des nahen Dritten Reiches führen, – darum kann in dieser Bewegung jeder mitschwimmen, der neben den höchsten Idealen (wie er sie versteht) auch die niedrigsten Instinkte zu ihrem Rechte kommen lassen möchte. Hier liegt das Geheimnis der nationalsozialistischen Erfolge, aber auch ihr dämonischer Kern. In seinem Totalitätsanspruch duldet dieses System nicht nur keine irdische Rechtsinstanz neben sich, sondern auch keine überirdische, sofern sie seinen Anschauungen widersprechen sollte. Auch die Religion muss sich vor dem „Sittlichkeits- und Moralgefühl der germanischen Rasse“ ausweisen (Art. 24 des nationalsozialistischen Programms). Dieses „Gefühl“ regelt alles: Dogma, Moral, Kirchenrecht, Staatsrecht, Menschenrecht. Wer dieses Gefühl besitzt, ist auserwählt, Vollbürger des Dritten Reiches; wer nicht: minderwertig.

***

Den höchsten Grad der Minderwertigkeit bilden natürlich neben den Juden wir Pazifisten, zu deutsch „Landesverräter“. Von Rechts wegen sollte uns der Atem bereits bei Entgegennahme des Nazi-*Programms* ausgegangen sein. Jedoch wir leben noch. Es ist möglich, dass unsere Tage gezählt sind, aber bis dahin lasst uns noch über unsere unglückliche Liebe zu den Nazis nachdenken. Wir lieben sie ja wirklich, weil wir Christen sind, und weil wir auch manches an ihnen verstehen, schätzen und bewundern. Wir erleben wieder einmal, dass ein Mensch ohne Ideale nicht leben kann, wenigstens nicht froh und stark leben kann, dass er ohne sie körperlich und geistig verkümmert. Seht die strammen Nazis an, ihre gesunden Körper und ihre leuchtenden Augen! Das kommt nicht *nur* von Körperkultur (die kein Mensch vernachlässigen sollte), sondern auch von der seelischen Spannkraft, die in ihnen lebt. Vergleicht man damit so manchen braven Christen, so wirkt er außerordentlich langweilig, weil er eben bloß „brav“ ist, bedächtig die sogenannte goldene Mittelstraße geht, ohne Bewegtheit, ohne Schwung, ohne anderes Ziel als ein geruhsames Leben und den Himmel. Dass es auch auf Erden ein besseres Reich zu erkämpfen gibt, ein Drittes, Viertes, Fünftes, bis zum Gottesreich der Endzeit, das weiß er nur aus der Biblischen Geschichte, aber nicht auch aus dem Gebote der Stunde und aus innerem Drang! Er und seine Mitspaziergänger sind also von vornherein denen unterlegen, die kräftigere Arme und Beine haben und ein Ziel, das nur im Hinwegschreiten über das Ewig Gestrige und im Trotz gegen die Widerstände erstritten werden kann.

Wir in der Friedensbewegung haben etwas Gemeinsames mit den Nationalsozialisten. Erstens alles, was an ihrem Programm wirklich positiv ist, nicht weil sie es erfunden haben, sondern weil es altes Erbgut deutscher und fremder Kultur ist, wobei gern zugegeben werden kann, dass es vielfach verschüttet war und von den Nazis mit besonderem Nachdruck wieder betont worden ist. Zweitens die Vorstellung von einer besseren Zukunft, einer grundlegenden, tiefgehenden Neuordnung des staatlichen Lebens, über dessen Art wir freilich völlig verschieden denken, schon deshalb, weil wir an keine staatliche Ordnung glauben ohne die zwischen- und überstaatliche Ordnung. Drittens den persönlichen Einsatz. Der ist bei uns, wenn wir Ernst machen mit unserer Idee, noch größer als bei den Nazis (wenigstens heute), weil wir nicht getragen werden von den Wogen einer Massenbewegung, sondern ziemlich einsam, befeindet und belächelt, uns durchsetzen müssen. Vielleicht würden wir aber weniger einsam sein, wenn unser Glaube und unsere sittliche Kraft größer wären, weil dann viele von unseren Kritikern zu Anhängern würden und der Segen von oben nicht ausbleiben könnte. Freilich ist es für immer unmöglich, dass wir so draufgängerisch werden wie die Nazi-Bewegung, die ja auch in allem anderen unsere ausgesprochene Gegenbewegung ist. Uns sind im Sachlichen und im Persönlichen die Grenzen gezogen, die den Hitlerjünger von dem Christusjünger unterscheiden. Wir kennen keine Instinktherrschaft, keine Gewaltherrschaft, keine Bedenkenlosigkeit in den Mitteln. Aber eine solche Bescheidung darf nun nicht wieder zu jener Passivität und Resignation führen, die auf christlicher Seite nur allzu weit verbreitet ist und das Wort von der „Schlafenden Kirche" hervorgerufen hat. Ist der Nationalsozialismus nicht auch ein Gericht über diese „Schlafende Kirche"? Trommelt er nicht Tausende ihrer Schläfer wach, aber nicht mit dem Erfolg, dass er sie um das Kreuz, sondern um das Hakenkreuz schart? Würden sie aber, besonders die Jungen, dem Hitlertum verfallen, wenn ihnen das moderne Christentum nicht so schlapp, so leisetreterisch, so opportunistisch, so rückgratlos vorkäme? Nur ein radikales, heroisches Christentum wird die starken Naturen gewinnen, wobei der Radikalismus und Heroismus sich nicht *nur* auf die Erringung des *jenseitigen* Lebens beschränken darf. Die christliche Friedensbewegung kann diese Anziehungskraft ausüben, wenn nicht auch sie einen schwächlichen Eindruck macht. Schon in ihren Ausdrucksformen muss sie ihn vermeiden. Das ist der Grund, warum wir unser Organ „Friedenskämpfer" genannt haben, und warum manche von uns als Abzeichen nicht einen Ölzweig tragen (der eben einen öligen Eindruck machen würde), sondern ein von zwei Fäusten zerbrochenes Gewehr, das Symbol des Protestes gegen die brutale Bajonettherrschaft. Der Anblick eines solchen Zeichens ruft kein spöttisches Lächeln hervor, sondern gespannte Augen und Gesichtsmuskeln, er sagt dem Beschauer, dass er einen Bekenner vor sich hat, der den umgekehrten Anschauungen huldigt wie der Träger des Hakenkreuzes. Das an seinen vier Ecken geknickte Hakenkreuz ist ein zerbrochenes Kreuz, es wird überwunden durch die Kraft, die hinter dem zerbrochenen Gewehr steht, aber nicht dadurch allein, sondern am vollständigsten durch die Kraft des ungebrochenen, in die Höhe und in die Tiefe, in die Länge und in die Breite weisenden Kreuzes Christi.

Nur durch Bekennertum und Martyrertum kann die darniederliegende Christenheit wieder hochkommen Eingabe an Kardinal Michael Faulhaber

(Erzbischöfliches Archiv München, NL Faulhaber 5570)

Berlin, 10. April 1933

Seiner Eminenz dem Hochwürdigsten Herrn Kardinal Erzbischof Dr. Michael Faulhaber, München

Hochwürdigste Eminenz!
Die beiliegende Denkschrift[1] ist auf Anregung eines Kreises katholischer Pädagogen von einem westfälischen (Laien)-Studienrat verfasst worden und sollte ursprünglich, mit einer Reihe von Unterschriften versehen, allen deutschen Bischöfen zugestellt werden.

Von beidem hat man abgesehen. Der Verfasser, der erfahren hatte, dass ich im März Gelegenheit haben würde, mit Ew. Eminenz zu sprechen, hat mich gebeten bei dieser Unterredung die Denkschrift persönlich vorzulegen. Da mein Vortrag in München verschoben wurde und ich infolgedessen Ew. Eminenz nicht sprechen konnte, hätte ich schon vor 14 Tagen die Denkschrift durch die Post übersenden sollen. Ich konnte mich indes bis heute nicht dazu entschließen, da mir der Inhalt, gemessen an den viel einschneidenderen Vorkommnissen der letzten Wochen, offengestanden zu unbe-

1 Diese Denkschrift ist bis heute nicht identifiziert worden.

deutend erschien, wie ich denn von Anfang an manches an diesen Ausführungen nicht sehr glücklich fand. Wenn ich mir heute trotzdem erlaube, das Schriftstück Ew. Eminenz zu unterbreiten, so veranlasst mich dazu die kurze Kundgebung der Oberhirten der Kölner und Paderborner Kirchenprovinz, die ich heute in der „Kölnischen Volkszeitung" las. Danach werden die Hochwürdigsten Oberhirten „zu einem bedeutend früheren Termin" als sonst in Fulda zusammenkommen, und ein wesentlicher Gegenstand ihrer Beratungen wird die neue politische Lage sein. Als Material für die Beurteilung dieser Lage wird die hier beigefügte Denkschrift immerhin dienlich sein können. Viel wichtiger erscheinen freilich weiten Kreisen die Ereignisse, die sich durch die „nationale Revolution" zugetragen haben. Die Seelen der Gutgesinnten sind durch die nationalsozialistische Gewaltherrschaft aufgewühlt, und ich spreche nichts als eine Tatsache aus, wenn ich sage, dass die bischöfliche Autorität durch die Quasi-Approbation der nationalsozialistischen Bewegung bei zahllosen Katholiken und Nichtkatholiken ins Wanken geraten ist. Ich selbst habe mehrfach Geistlichen und Laien gegenüber den Erlass der Fuldaer Bischofskonferenz von Ende März, der die früheren bischöflichen „Verbote und Warnungen" als „nicht mehr notwendig" bezeichnet, verteidigt, weil dieser Erlass keine Verleugnung der bisherigen Grundsätze enthält und auch gewisse Sicherungen für die Zukunft aufweist. Aber man antwortet mir regelmäßig, dass das Gros der Gläubigen „nichts damit anfangen" könne und „sich nicht mehr auskenne". Die Fuldaer Kundgebung stützt sich auf die *Worte* des jetzigen Herrn Reichskanzlers, das Volk sieht auf die *Taten* seiner Partei, die zum Teil von einer unerhörten Rücksichtslosigkeit allem gegenüber sind, was bisher als recht und billig galt. Insbesondere tritt die Personalpolitik und die Judenverfolgung jedes Rechtsgefühl mit Füßen. Eine barbarische, nie erlebte geistige und materielle *Enteignung* wird gegen Zehntausende Unschuldige, Wehr- und Rechtlose durchgeführt, und keine autoritative Stimme erhebt sich in der Öffentlichkeit dagegen. Man sagt: die Bischöfe haben gegen die Fürstenenteignung protestiert; warum schweigen sie zu dieser weit schlimmeren Enteignung?

Sodann: eine Flut von Hass- und Herzlosigkeit gegen alle, die nicht Parteigänger der Regierungsgruppe sind, wälzt sich durch Deutschland. Furchtbare wirtschaftliche, körperliche und seelische Misshandlungen hauptsächlich gegen Juden und Judenabkömmlinge kommen Tag für Tag vor. Was als „Hetz- und Greuelpropaganda" des Auslandes bezeichnet wird, richtet sich wohl zu 80 % gegen *wahre* Greuel. Jeder Bekannte, mit dem man darüber spricht, kann bestimmte Einzelheiten bezeugen. Ich selbst habe hier im St. Norbert-Krankenhaus, wo ich Hausgeistlicher bin, den nackten Körper eines jüdischen Kaufmanns gesehen, der die grauenhaftesten Spuren der Misshandlung aufwies. Man hat den Herrn, der 4 Jahre lang Frontkämpfer und schwerverwundet war und der dem politischen Leben völlig fernsteht, aus keinem anderen Grunde als weil er Jude ist, am Boykott-Tage in einem SA-Heim stundenlang mit Peitschen und Riemen geschlagen, zusammen mit anderen Juden. Zahlreiche ähnliche Fälle werden von den glaubwürdigsten Menschen erzählt. Ein jüdischer Akademiker sagte mir, er wisse von einigen Ermordungen in seinem Bekanntenkreis.

Der Patient hier im Hause erklärte mir, dass ihm Ermordungen persönlich zwar nicht bekannt seien, wohl aber Todesfälle infolge von Misshandlungen, ebenso einige Selbstmorde. Wertvollste Charaktere, feinste Intelligenzen werden seelisch von einem Berserkertum, das geistig und sittlich tief unter ihnen steht, zertreten. Die Wut dieses Nationalbolschewismus richtet sich nicht gegen eine nachweisbar schlechte

Tat oder Gesinnung, sondern unbesehen gegen die jüdische Rasse. Eine Blasphemie wenn man bedenkt, dass Christus in Ewigkeit dieser Rasse angehört, dass das Christentum nie entstanden wäre ohne das Judentum. Das Sakrament der hl. Taufe, das zahlreiche jüdische Konvertiten auf tiefster Überzeugung empfangen haben, ist diesem deutschen Heiden- und Barbarentum ein Nichts. Aber niemand protestiert wirksam gegen diese unbeschreibliche deutsche und christliche Schmach. Selbst Priester fühlen ihre antisemitischen Instinkte durch dieses sündhafte Treiben befriedigt. Viele Katholiken, darunter nicht zuletzt ich selbst, haben ein ganz besonderes Vertrauen zum Kardinal-Erzbischof von München. Wir wissen, dass ein ungewöhnlicher Mut dazu gehört, jetzt für die Wahrheit Zeugnis abzulegen, aber wir wissen auch, dass nur so Menschlichkeit und Christentum gerettet werden können. Am Opportunismus geht das echte Christentum zugrunde. Nur das Entschiedene, Unbeirrte gewinnt heute Achtung, Gefolgschaft und Begeisterung, wofür gerade der Nationalsozialismus das beste Beispiel ist. Nur durch Bekennertum und Märtyrerturn kann die darniederliegende Christenheit wieder hochkommen. Ich habe das Vertrauen, dass Ew. Eminenz über diesen freimütigen Brief nicht unwillig sein, sondern ihn als das Aufbegehren eines bedrängten christlichen und priesterlichen Gewissens verstehen und billigen werden. Eine schriftliche Antwort erwarte ich nicht. Ich hoffe aber, in absehbarer Zeit den vorgesehenen Vortrag in München, der natürlich von völlig anderer Art als dieser Brief sein müsste, halten und bei dieser Gelegenheit mit Ew. Eminenz sprechen zu können.

In tiefer Ehrfurcht Ew. Eminenz ergebenster

P. Franziskus Stratmann OP

Die Judenfrage als Friedensfrage

Die Erfüllung 2 (3/1936), 98–108

I.

Wer in Zeiten entscheidungsvollen Ringens vom Frieden spricht, belastet sich mit dem Verdacht der Schwäche, der Sentimentalität und der Vernebelung. Es gibt in der Tat eine Friedensbemühung, die diesen Vorwurf verdient. Sie verdient ihn dann, wenn ein Friede geschlossen werden soll auf Kosten der Gerechtigkeit, der Wahrheit und der Klarheit. Besser eine Operation, auf Leben und Tod, aber mit Aussicht auf Heilung, als Schonung unter Belassung der tödlichen Giftstoffe im Körper. Besser also erbitterter Kampf als ein Dulden unmöglicher Zustände und Überdecken unvereinbarer Gegensätze. Bestünde die antisemitische Auffassung zu Recht, dass die Juden wie ein zersetzendes Gift im Körper eines Volkes und der Menschheit wirkten oder auch nur wie eine lästige und schädliche Wucherung, so dürfte man dem Messer des völkischen Chirurgen nicht wehren und nicht eher von Schonung reden, als bis der Infektionsherd unschädlich gemacht wäre. Der Gesichtspunkt, unter dem dies zu geschehen hätte, dürfte allerdings weder der Herrenstandpunkt sein: Ausspielung der Macht des Stärkeren gegen den Schwächeren, noch die Irrlehre, dass nur Angehörige derselben Rasse friedlich und gedeihlich in einem Gemeinwesen miteinander leben könnten. Die Gründe des Vorgehens müssten vielmehr streng rechtliche und sittliche sein. Solche Gründe kann aber der Antisemitismus, mit dem wir es zu tun haben, schlechterdings nicht ins Feld führen. Gott, der Urheber der Welt, ist es, der die verschiedenen Rassen geschaffen hat, und der sie erhält. Er hat ihnen damit auch die Freiheit und das Recht gegeben, ihr Leben da zu fristen, wo seine Vorsehung sie hinleitet und wo sie ohne Verletzung der Rechte anderer die Pflichten des persönlichen und des Gemeinschaftserlebens erfüllen.

Dennoch soll nach Gottes Willen nicht jeder Zustand so bleiben, wie die gegenwärtige Gesellschaftsordnung ihn aufweist. Auch Gott will die Lösung des Judenproblems durch Beseitigung der Juden, aber nicht ihrer „Rasse", sondern ihres Irr- und Unglaubens. Er will ihre Bekehrung zu Christus, ihre Heimkehr zu seinem Vaterherzen, das seit Gottes Menschwerdung eine hypostatische Einheit bildet mit dem Herzen Jesu: „Rassisch" sind die Juden nicht nur nicht benachteiligt, sondern bevorzugt, weil Christus und Maria, alle Apostel, also das ganze Wurzelelement des Christentums aus dem jüdischen Volke stammt, weil „Blut und Boden" des Christentums in alle Ewigkeit jüdisch bleiben. Die damit gegebene Bevorzugung des jüdischen Volkes mag ein Nichtchrist bestreiten; wenn ein Christ es tut, hat er aufgehört, folgerichtig christlich zu denken und zu fühlen.

Weil aber trotzdem ein tiefer geistiger Gegensatz zwischen Judentum und Christentum besteht und dieser Gegensatz nach Gottes Willen überwunden werden soll, kann kein schwächlicher, sentimentaler und vernebelnder Friede zwischen beiden herrschen. Vielmehr gilt auch hier Christi Wort „Glaubt nicht, dass ich gekommen bin, Frieden auf die Erde zu bringen. Ich bin nicht gekommen, den Frieden zu bringen, sondern das Schwert. Ich bin gekommen, den Sohn mit seinem Vater, die Tochter mit ihrer Mutter, die Schwiegertochter mit ihrer Schwiegermutter zu entzweien.“ (Mt 10,34, 35) Diese herben, einschneidenden und geradezu wehtuenden Worte sind sogar eine unmittelbare Aufforderung an die, die in Jesus den Messias erkannt haben, sich von denen, die ihm den Glauben verweigern, zu scheiden, mag das natürliche Gefühl noch so sehr darunter leiden.

Und doch „Friede“? Ja. Aber der *Friede Christi*. Was ist das? Es ist der Friede, der in *seinem* Geiste und in *seinem* Herzen wohnt: ein Friede ruhend auf der ewigen Wahrheit, Gerechtigkeit und Liebe Gottes. Danach ist Gott der Vater aller Menschen, was besagt, dass alle Menschen untereinander Brüder sind; danach haben alle Menschen dieselben sittlichen Gebote zu erfüllen, deren erstes und größtes die Liebe zu ihm und zu den Mitmenschen ist; danach sind auch die, die durch Christi „Schwert“ wegen ihres Unglaubens aus der Gemeinschaft der Gläubigen ausgeschlossen sind und sich der ganzen Schärfe dieser Trennung bewusst werden sollen, durch Christi Kreuz seiner erlösenden Liebe teilhaftig geworden und berufen, sich von seinen Armen ebenfalls umschließen zu lassen und mit den Gläubigen eine Einheit zu bilden. Das war es, was im Geiste Jesu lebte: die von Ewigkeit her bestehende Wahrheit und Tatsache der göttlichen Weltordnung, ihre Wiederherstellung durch Erfüllung aller Gerechtigkeit, nachdem sie durch die Sünde auseinandergefallen war, die Mitteilung dieses Geistes der Gerechtigkeit und Liebe als Verpflichtung an alle Welt auf dem Wege über die Weltkirche. Wer diesen Ordnungsplan in seinem Geiste trägt, der hat zunächst den Frieden des Geistes: ein großartiges und bis in die Einzelheiten klares Weltbild. Zum inneren Frieden gehört es vor allem anderen, richtig, d. h. den Gedanken Gottes gemäß, zu denken, die Weltordnung Gottes klar und ganz im Kopf zu haben, nicht nur bruchstückartig und verworren. Schon dieses Wissen, das sich wie das Licht selbst bezeugt, bewirkt geistigen Frieden. Wer diesen Ordnungsplan auch in seinen Willen und sein Herz übernimmt, indem er auch nach ihm lebt und ihn auch bei anderen durchzuführen trachtet, wer sich darin von der Gnade unterstützt fühlt, der hat auch den *Frieden des Herzens*. Christus, der fleischgewordene Gedanke Gottes und vollkommene Täter des göttlichen Willens, trug diesen Frieden in seiner Vollendung in sich, ungeachtet des wehen Wissens um die Widerstände, die seinem Erlösungs-, Einigungs- und Heiligungswerk bis ans Ende der Zeiten entgegengesetzt würden. Da Christus aber dieses sein Denken und dieses sein Wollen und Fühlen denen, die an seinen Namen glauben, mitgeteilt hat, darum haben seinen Frieden nach dem Maße ihrer Aufnahmefähigkeit und Aufnahmewilligkeit auch die, die mit ihm in mystischer Vereinigung, leben: „Meinen Frieden gebe ich euch, nicht, wie die Welt ihn gibt." (Jo 14,27) Es ist ein Frieden des Erkennens, des Gehorchens, des Vereintseins mit der Liebe Christi, die freudvoll und leidvoll zugleich ist.

II.

Die *Stellung des Christen zur Judenfrage* ist damit vollkommen klar und verpflichtend gegeben. Er muss den Juden den Frieden Christi entgegenbringen; er muss an ihnen ablehnen, was Christus an ihnen ablehnt, an ihnen bejahen, was Christus an ihnen bejaht, muss also das Schwert der Trennung an seinem Kreuzgriff umklammern – es bleibt ein Schwert, sogar der Drohung und des Schreckens – und die Gesinnungen des Gekreuzigten in sich übergehen und von sich ausgehen lassen. Man kann in dieser Gesinnung die Juden mit einem unendlich traurigen Blick umfassen, aber nie mit einem gehässigen oder spöttischen oder hochmütig überlegenen oder auch nur widerstrebenden. Es mag sein, dass da, wo die Rassenunterschiede stark hervortreten, jenes widerstrebende *Gefühl*, das die Andersartigkeit schon in physischer Beziehung hervorruft, unvermeidlich ist. Dieses Gefühl ist in buchstäblichem Sinne natürlich. Aber das physisch Natürliche ist noch nicht das Sittliche. Schon der Naturmensch muss seine physischen Instinkte unter die regelnde Gewalt des Geistes und den Willens bringen, was in zahllosen Fallen geradezu einen *Kampf* gegen die „Natur“ bedingt. Erst recht muss das der Christenmensch tun. Er hat seine Maßstäbe nicht dieser verderbten Natur, sondern der Übernatur zu entnehmen, d. h. der durch die Gnade gereinigten und erhobenen Natur. Das geht so weit, dass einem Christen ein Jude, der ihm „natürlich“ unsympathisch ist, „übernatürlich“ geradezu sympathisch sein kann. Denn dem übernatürlich denkenden und fühlenden Christen ist das sympathisch, was Christus sympathisch ist. Nun aber ist der Jude Christus blutsverwandt, hat darum die besondere Sym-Patheia Christi schon vom gemeinsamen Volke her. Christus hat seinetwegen auch mehr sich gemüht und gelitten als anderer wegen und hält den verlorenen Sohn Israel nicht nur nicht für immer von seinem Herzen fern, sondern holt ihn am Ende der Zeiten mit Sicherheit heim. Wie ist es möglich, dass ein Christ diese Sympatheia des Herzens Jesu mit dem jüdischen Volk nicht teilt, auch dann nicht teilt, wenn er sich die Verehrung des Herzens Jesu, die doch in erster Linie in einem Streben nach Gleichförmigkeit mit ihm besteht, in betonter Weise angelegen sein lässt? Dazu kommt noch die ausdrückliche Erklärung des Herrn, dass auch der Angehörige eines anderen Volkes, selbst wenn dieser als Nationalfeind betrachtet wird, unser Nächster sei, ja uns dann näher stehe als der Volksgenosse, wenn dieser unbarmherzig, der Fremde aber barmherzig ist. In der Parabel, die Jesus zur Veranschaulichung dieser Lehre erzählte, waren es zwei Juden, die im Bewusstsein ihrer nationalen Würde kalt und lieblos an einem zerschundenen, hilfsbedürftigen Wanderer vorübergingen, während ein als volksfremd verachteter Samariter die echte Nächstenliebe an ihm übte. Heute sind die Rollen vertauscht. Heute ist es der Jude, an dem man im Gefühl rassischer Überlegenheit erbarmungslos vorübergeht und nicht nur das, sondern den man in den erbarmungswürdigsten Zustand erst hineinbringt. Heute liegen tausende Juden wie jener Wanderer buchstäblich auf der Straße, zerschunden und zertreten von denen, die sich Christen nennen! Das ist eine ungeheure christliche Schande! Man darf gewiss sein, dass die Rollen abermals vertauscht werden, spätestens beim letzten Gericht, wo das Urteil in der Beurteilung der Werke der Liebe und der Lieblosigkeit gipfeln wird, ganz gleichgültig, ob sie am Volksgenossen oder am Fremden getan worden sind!

Selbstverständlich ist die *antisemitische Moral* um Ausreden und Rechtfertigungen nie verlegen. Man führt gegen die Juden nichts als einen Verteidigungskrieg, man bestraft nur Unrecht, man sorgt nur für Sauberkeit und beugt nur größerem Übel vor. Immer wieder müssen die christlichen Anwälte der auf der Anklagebank sitzenden Juden versichern, dass auch sie die gegen die Juden vorgebrachten Klagen zu würdigen wissen, genau wie sehr viele, ja die meisten Juden es selber tun. Aber was sie im Namen Christi verlangen, ist Wahrheit, Gerechtigkeit und Liebe! Gesetzt einmal, dass es sich bei der jüdischen Minderheit wirklich um ein anderes Volk handelt, das zwischen den Christen lebt, dass ein mindestens latenter Kampfzustand zwischen ihnen besteht, dass man hier also mit den Verhaltungsweisen individueller Nächstenliebe so wenig auszukommen vermag, wie zwischen feindlichen Völkern – was folgt dann aber sogar nach den politischen Grundsätzen derer, die im antisemitischen

„Abwehrkampf" in der vordersten Front stehen? Sind nicht eben sie es, die, wenn sie die politisch Unterlegenen sind, auf das Allerschärfste einen Gewalt- und Unterdrückungsfrieden verurteilen und bekämpfen? Wird ein solcher Friede nicht gerade von ihnen mit beißender Schärfe und tiefster moralischer Entrüstung als jeder wahren Gerechtigkeit und Menschlichkeit hohnsprechend unaufhörlich angeprangert? Ist aber zwischen einem in Versailles oder St. Germain und einem in Nürnberg diktierten Unterdrückungsfrieden im Prinzip irgend ein Unterschied? Bekanntlich werden die Nürnberger Gesetze ausdrücklich als Friedensschluss mit dem jüdischen Volke bezeichnet: nun, nach dieser Abgrenzung aller gegenseitigen Rechte könne das jüdische Volk in Deutschland in Frieden sein Leben fristen; freilich müsse man auch in Zukunft vor dem heimtückischen Feind auf der Hut sein. Also sprach auch Clémenceau, als er zwischen seinem und dem deutschen Volke Frieden stiftete.

Nun ist es gewiss schon eine böse Inkonsequenz und Heuchelei, wenn jemand die gegen ihn gerichteten Gewaltfriedensdiktate als schamlos, verbrecherisch und wahnsinnig bezeichnet, selbst dagegen im Bewusstsein seines Rechtes und seiner Vernunft seinen eigenen Feinden gegenüber genau die gleiche Politik macht. Steht er indes auf dem Standpunkt, dass Recht immer das ist, was dem eigenen Volke nützt, zumal wenn es einem anderen „rassisch" überlegen ist, dann ist zwar jene moralische Entrüstung, mit der er die ihm widerfahrene, vom gleichen Prinzip ausgehende Vergewaltigung verurteilt, immer noch sehr übel und komisch, aber schließlich handelt er nicht gegen seine Weltanschauung, wonach eben die Völker keineswegs gleichwertig und darum auch nicht gleichberechtigt sind, sondern das eigene Volk kraft seiner rassischen und selbstverständlich auch sittlichen Höherwertigkeit zum Herrschen über andere, minderwertigere berufen ist. Wenn jedoch ein *Christ* solche Friedensschlüsse zu tätigen unternimmt, handelt er im Unterschied zu unserem robusten Herrenmenschen außerdem gegen seine eigene Weltanschauung, gegen seine Glaubensüberzeugung. Das Christentum anerkennt zwar ebenfalls eine Verschiedenartigkeit der Völker, die auch geistige und sittliche Wertunterschiede enthalten mag (die Nichtarier sind aber bestimmt nicht minderwertiger als die Arier), es findet es auch in der Ordnung, dass die (durch Kultur, nicht Rasse) höher entwickelten Menschen und Völker die weniger entwickelten führen, aber es verlangt von den höherstehenden die strengste Beobachtung der Gebote, die durch das natürliche und das geoffenbarte Recht jedem Menschen ein menschenwürdiges Dasein und eine menschenwürdige Entwicklung garantieren. Menschenwürdig ist das Dasein aber nicht mehr, wenn z. B. ein Mensch seiner Rasse wegen verachtet und benachteiligt wird. Es ist das auch eine unmittelbare Beleidigung Gottes, der diese Rasse geschaffen hat. Eine flagrante Verletzung der Menschen- und Gottesrechte ist es ferner, wenn ein Mensch oder ein ganzes Volk widerrechtlich enteignet wird, was auch durch Abschneidung einer entsprechenden Erwerbsmöglichkeit geschehen kann.

Ja, der Mensch hat nach Gottes Willen nicht nur Anspruch auf Gerechtigkeit, sondern auch auf Liebe. Dies alles steht freilich in einem Kodex, den die autonomen, d. h. ein anderes als das von ihnen selbst diktierte Gesetz nicht anerkennenden Herrenmenschen in die Ecke geworfen haben. Sie handeln, wenn sie die ihnen zugedachte Vergewaltigung ablehnen, selbst aber andere vergewaltigen, wie gesagt, folgerichtig nach ihrer Weltanschauung. Sie sind das, was sie sind, ganz und ungebrochen und besitzen in dieser Folgerichtigkeit *Charakter*. Unter dem Gesichtswinkel der Geradlinigkeit ist Charakter, auch wenn er schlecht ist, immer besser als Charakterlosigkeit. Auch die Hl. Schrift zieht die Kälte oder die Wärme eines Herzens der Lauheit vor. Nun ist es eben der ganze Jammer, vor dem wir stehen, dass zwar die ihre arische Rasse vergötzenden Antichristen das, was sie sind, *ganz* sind, die in ihrem Kielwasser segelnden „gläubigen" Christen dagegen das, was sie sind, nur *halb* sind. Jene Antichristen haben Charakter, diese Christen nicht. Die christliche Schande unserer Tage besteht darin, dass zahllose Christen ihre Maßstäbe dem Antichristentum entlehnen. Die Antichristen gehen mit Pauken und Trompeten voran, die Christen schleichen mit gedämpftem Trommelklang und vorsichtig flötend hinterher; nur wenn sie ihr Minderwertigkeitskomplex besonders plagt, suchen sie ihre Vordermänner noch zu übertönen. Kerle sind die vorne, Waschlappen sind die hinten! Christliches Denken und Handeln gilt auch diesen Christen als schwächlich, als mit den harten Notwendigkeiten des Lebens nicht ganz vereinbar. Sie sind darum zwar keine „erklärten" Antisemiten, aber doch „in gewisser Hinsicht auch" Antisemiten, wie sie überhaupt alles „auch" sind: „auch" national, wenn auch nicht „so ganz" wie die anderen, „auch freidenkend" usw. Um gerecht zu sein, muss man zugeben, dass die anderen es wahrlich leichter haben, das, was sie sind, ganz zu sein. Denn dazu brauchen sie nur ihren Instinkten zu folgen, ihrem Blut und ihren Muskeln. Während wir Christen, um ganze Christen zu sein, unsere Instinkte, unser Blut, unsere Muskeln und auch unser Hirn in Zucht nehmen und es unter die Botmäßigkeit der vom Lichte Gottes erleuchteten Vernunft und seiner Gebote bringen müssen. Aber es bleibt uns, wenn wir unseres Namens würdig sein wollen – im anderen Fall wäre es besser, den Christennamen abzulegen –, nichts anderes übrig. Und nachdem wir uns einmal zu einer Ganzheit durchgerungen hätten, die der der Gegenseite würdig wäre, würden wir und die Welt schon merken, dass die wahre Überlegenheit, auch die politische, auf unserer Seite ist.

III.

Wie der einzelne Christ dem einzelnen Juden gegenüber die sogenannte Judenfrage zu lösen hat, ist vollkommen klar und einfach. Er hat ihm mit peinlichster Gerechtigkeit und herzlicher Liebe zu begegnen. Von dem Augenblick an, wo er das tut, wird die Judenfrage zwischen ihnen nicht mehr bestehen. Schwieriger ist es, den Konflikt *im Bereich des Staatlichen und Politischen* zu bereinigen. Hier müssten die Friedensverhandlungen nach jenen Grundsätzen aufgenommen werden, die die Gegner eines Gewaltfriedens mit Recht als menschlich – wir Christen fügen hinzu: auch als christlich – proklamieren. Man muss sich verständigen, und zur Verständigung gehört, dass man ins Gespräch miteinander kommt, dass also auch die Besiegten – das sind in diesem Falle die Juden – zu Wort kommen. Man sollte ihnen keine fertigen Gesetze vorlegen, an denen sie in keiner Weise mitgearbeitet haben, sondern sie mitberaten lassen. Man darf gewiss sein, dass die jüdische Minderheit für vernünftige und gerechte Ansprüche der christlichen Mehrheit Verständnis haben wird. Sehr beachtenswert scheint uns ein soeben erschienener Artikel „Oberschlesiens Judenfrage. Ein offenes Wort vom christlichen Standpunkt" in der Wochenzeitung „Der Deutsche in Polen" (III, 24) zu sein, der die auch in Polnisch-Schlesien vorhandenen Schwierigkeiten sachlich vorlegt und gesteht, ein fertiges Rezept zu ihrer Lösung nicht zu besitzen, vielmehr „die Entspannung nur von der gleichzeitigen Anwendung einer ganzen Reihe von Mitteln zu erwarten". Unter den konkreten Vorschlägen, die wir da lesen, findet sich auch dieser:

> „Selbstverständlich darf denjenigen Juden, die in ihrer nichtjüdischen Umgebung aufgehen wollen, die Möglichkeit dazu nicht versperrt werden. Das versteht sich schon aus religiösen Gründen für jedermann, der die Missionspflicht anerkennt. Die Gefahr, dass Scheinbekehrungen aus Gründen des äußeren Vorteils erfolgen, ist heute geringer als früher, da die Antisemiten den Rassegedanken verfechten und der Konvertit im allgemeinen an sozialem Halt mehr aufgibt, als er zu gewinnen hoffen kann."

Wir meinen, dass besonders der betont christliche Ständestaat Österreich berufen und befähigt wäre, mit den Juden einen wahrhaft christlichen Frieden zu machen.

Letzte Autorität für uns Christen muss immer die Offenbarung sein, die sowohl über *den Ursprung als auch das Ende der Judenfrage* Klarstes aussagt. Entstanden ist diese unselige Wunde am Menschheitskörper durch den Selbstausschluß Israels vom Reiche des Messias, der sein Volk mit unendlicher Liebe umworben hatte, um ihm nicht nur alle Segnungen der langen Heilsgeschichte zu erhalten, sondern sie auch noch überreich zu vermehren. Anstatt ihn aufzunehmen, lieferte das verblendete Volk seinen größten Sohn ans Kreuz und rief obendrein noch ausdrücklich den Fluch auf sich selbst herab mit den grausigen Worten: „Sein Blut komme über uns und unsere Kinder!" (Mt 27,25) Es war Erlöserblut, das in seinen Adern floss, und das in der Tat die ganze Welt erlöste, aber – nur die Menschen guten Willens! Wer es zurückweist und missbraucht, den reinigt und belebt es nicht, sondern den verhärtet und richtet es! So ist es heute noch bei der unwürdigen Kommunion eines Christen mit diesem Blut, und so war es damals in der Entscheidungsstunde des ganzen jüdischen Volkes. Die kecke Herausforderung des heiligsten Blutes hat sich in einen Fluch verwandelt, der durch alle Jahrhunderte mit Händen zu greifen war und in unseren Tagen in besonders unheimlicher Weise wieder hervortritt.

So lange jedoch ein Mensch oder ein Volk noch atmet, ist sein Schicksal nicht endgültig besiegelt. Es bleiben die Keime des höheren Lebens in ihm, und wären sie auch gänzlich abgestorben, so könnte Gottes Gnade sie dennoch wieder beleben. Das jüdische Volk hat viele wertvollste Bestandteile der wahren Religion theoretisch und praktisch bewahrt. Zu ihnen gehört nicht in letzter Linie die Sehnsucht nach Gottes heiligem Frieden. Unter dem Stichwort „Friede“ heißt es im „Jüdischen Lexikon“:

> „In die hebräische Grußformel ist das Wort Friede eingegangen, die ‚Verfolgung‘ des Friedens ist ein hohes Lob für die Menschen, die Segnung mit Frieden die heiße Bitte zu Gott. Erkundigt sich der biblische Mensch nach dem Wohlbefinden, so fragt er ‚haschalom‘, ist Friede? [...] Überall bedeutet Friede ein positives Gut, nicht ein Nichtsein des Streites, sondern die Versöhnung. Besonders sei hervorgehoben der eigentliche Sinn der oft gebrauchten Wendung ‚mipne darche schalom‘, wegen der Wege des Friedens. Sie hat nicht die Bedeutung des deutschen ‚um des lieben Friedens willen‘, sondern: ‚um den wahren Frieden, die Einheit und Liebesgesinnung zu vertiefen‘“.

Und wie wir Christen bewahren die Juden den Glauben an den kommenden messianischen Frieden, wenn sie ihn auch oft missverstehen. Das „Jüdische Lexikon“ sagt darüber:

> „Als Dauerzustand eines wohlgeordneten, gerecht regierten Landes sowie als die Harmonie aller sich gegenseitig mit Recht und Menschlichkeit behandelnden Völker wird der ewige Friede das wichtigste Kennzeichen des messia-

> nischen Gottesreiches. Im gerechten Ausgleich der einander widerstreitenden einzelmenschlichen Interessen und Neigungen wird er gleicherweise in Bibel und Talmud als der sichtbare Ausdruck sittlich religiösen Geistes und als Voraussetzung alles menschlichen Gedeihens empfunden."[1]

Hier wird der messianische Friede in allzu fleischlicher Weise verstanden. Denn er ist nicht das Ruhen des Streites und der Waffen in einem Staatenbund der Erde, sondern der vollkommene Friede Gottes, den sich die Welt nicht geben kann. Er kommt nicht „aus einem gerechten Ausgleich der widerstreitenden Interessen", sondern aus dem Licht und der Liebe Gottes, die bei der Wiederkunft Christi den Kosmos verwandeln und verklären wird. Ein Völkerfriede, wie ihn die Verfasser des „jüdischen Lexikons" erwarten, ist nur der Schatten jener „omnium rerum tranquillitas ordinis", jenes Ruhens aller Dinge in der heiligen Ordnung Gottes, wie sie der kommende Äon bringen wird. Ein solcher Völkerfriede kann (und soll!) zeitweilig Wirklichkeit sein, aber er ist, und dauerte er auch Jahrhunderte, nicht das ewige, nie endende Friedensreich des Messias.

Die durch Jahrtausende überlieferte und genährte Friedenssehnsucht des jüdischen Volkes mag nun der Grund sein, warum die religiös, kulturell und politisch orientierte *Friedensbewegung* so viele Anhänger unter den Juden hat. Auch im religiös entwurzelten jüdischen Pazifisten, deren es viele gibt, scheint dieser Hauch aus der Bibel nachzuschwingen. Wenn irdisches Wohlergehen in diesem Pazifismus die Haupttriebkraft bildet, dann ist es eben eine Verflachung des

---

1 „Jüdisches Lexikon". Ein enzyklopädisches Handbuch des jüdischen Wissens in vier Bänden, Berlin 1930, Jüdischer Verlag.

biblischen Friedensgedankens, vor der den Christen besonders die Friedenslehre des Neuen Testaments bewahrt. Aber Ruhe und Frieden auch auf Erden zu suchen, ist dem Geiste der Bibel, auch des Neuen Testaments, in gar keiner Weise entgegen. Es ist vielmehr eine Verkümmerung und Verstümmelung auch des christlichen Glaubens, wenn das kommende messianische Friedensreich in den Gedanken eines Christen überhaupt keinen Platz hat, und wenn er nicht bemüht ist, schon diese Erde im Geist des Friedens zu gestalten. Paulus spricht von einer schließlichen Vereinigung im *Glauben*, dass nämlich zuerst „die Vollzahl der Heiden (in das Reich Christi) eintreten, alsdann ganz Israel gerettet werden wird" (Röm 11,25, 26). Dass die Einheit im Glauben die Verständigung auch in anderen Dingen gewaltig erleichtert und fördert, so dass für den „Frieden Christi im Reiche Christi" in dieser „einen Herde unter einem Hirten" eine ganz andere, weit günstigere Grundlage geschaffen wäre, als sie heute gegeben ist, wird niemand bestreiten. Diese Aussicht müsste aber auch unserem politischen Denken und Handeln eine letzte Ausrichtung geben. Vielleicht sind die Wege bis zur Vereinigung von Christen, Heiden und Juden in der *einen* Kirche Christi noch weit (vollständig wird sie nie sein, weil auch am Ende der Tage von der Freiheit und der Gnade sich zu bekehren, nicht jeder Gebrauch machen wird), aber die Vereinigung im ganzen ist sicher, und was später kommen soll, muss heute schon vorbereitet werden, auch durch eine bestimmte politische Wegrichtung. Wer den „Frieden Christi im Reiche Christi" als Aufgabe und Zukunftsgabe vor Augen hat, ist niemals darüber im unklaren, welche Weltpolitik letzten Endes die richtige ist und welche nicht, was Abweg, was Zickzackweg und was gerader Weg ist.

Der gerade Weg ist der Weg der Propheten, Apostel und Missionare, die durch Wort und Beispiel die Irrenden für

Christus zu gewinnen suchen. Wo die Bekehrung nicht gelingt, da muss dennoch ein würdiges Nachbarverhältnis gefunden und gepflegt werden. Gewiss sollen wir nach der Weisung Pauli in erster Linie den Glaubensgenossen Gutes tun, aber der Geist des Evangeliums verlangt eine ganz allgemeine, ganz Ausschluss lose Menschenliebe, mit Einschluss sogar der Feinde. Was immer an der Behauptung einer Verdrängung der Christen durch „jüdische Anmaßung“ in früherer Zeit wahr gewesen sein mag – heute befinden sich die Juden wahrlich derart in der Defensive, dass von einer Gefahr von ihrer Seite guten Glaubens niemand mehr sprechen kann. Wohl ist es immer gefährlich, Menschen vollends zu entwürdigen, zu treten und zu knebeln, denn gegen solche Vergewaltigung setzt die unausrottbare menschliche Natur, von der die menschliche Würde nicht zu trennen ist, ihre Reaktionskräfte ein! Was heute auf dem Spiele steht, ist aber nicht nur die jüdische Würde und Ehre – die kann durch Vergewaltigung nur äußerlich, nicht innerlich besudelt werden –, sondern auch die christliche! Wie soll ein die Wahrheit suchender Jude sich heute von der Überlegenheit der christlichen Religion überzeugen können, wenn er sich an Christi Wort hält: „An ihren Früchten sollt ihr sie erkennen?“ Zwar ist es ein völlig ausgehöhltes und korruptes Christentum, das für die heutige Judenverfolgung die Verantwortung trägt, ist doch der Gebrauch des christlichen Namens nur Schein, ja Betrug, aber immerhin ist diese Entartung von unechten „Vertretern“ des echten Christentums ausgegangen. Wir schämen uns ihrer in tiefster Seele! Wir können den Schaden des Ärgernisses nur dadurch wieder gutmachen, dass wenigstens die echten Christen sich wieder mehr auf ihr erstes und größtes Gebot besinnen, auch den Juden gegenüber, und ihm zu einem stärkeren Durchbruch im öffentlichen Leben verhelfen.

„Keiner verirrt sich so weit weg, dass er nicht zurückfinden kann zu Dir, Du, der nicht bloß ist wie eine Quelle, die sich finden lässt, Du, der ist wie eine Quelle, die selber den Dürstenden sucht, den Verirrten, was man noch nie von einer Quelle gehört hat.“ (Kierkegaard)

Thesen zum Gerechten und Ungerechten Krieg

Atomare Kampfmittel und christliche Ethik. Diskussionsbeiträge deutscher Katholiken, München 1960, 34–39

1. Die politischen und militärischen Entscheidungen jeder Zeit unterliegen den überzeitlichen Normen des Naturrechtes und des christlichen Sittengesetzes. Im Konfliktsfall haben das Naturrecht und das Gebot Christi den Vorrang über das Staatsgesetz.

2. Jeder Staat hat das Recht und die Pflicht, seine Bürger gegen jedes von innen oder außen kommende Unrecht zu verteidigen, mit Einschluss der bewaffneten Verteidigung, wenn eine andere nicht mehr möglich sein sollte. Aber auch die Verteidigung bleibt, um gerecht zu sein, an die Normen der natürlichen und christlichen Moral gebunden.

3. Um gerecht zu sein, muss nicht nur der Verteidigungsgrund gerecht sein, sondern auch die Form der Verteidigung. Im zweiten Weltkrieg führten die Alliierten einen in der Ursache gerechten Verteidigungskrieg gegen Hitler-Deutschland. Aber ihre Sache wurde ungerecht in dem Maße, als ihre Verteidigung zum „totalen" Krieg wurde, das heißt keinen Unterschied mehr machte zwischen militärischen Kämpfern und Objekten einerseits und Zivilbevölkerung und deren Eigentum andererseits. Nichtkämpfer und zivile Werte wurden nicht zufällig und ungewollt in die Kampfhandlung hineingerissen, sondern planmäßig (directa intentione) der Vernichtung ausgesetzt.

4. Der Einwand, heute wirke auch die Zivilbevölkerung durch Bereitstellung des Materials und andere indirekte Unterstützung am Kriege mit, entspricht nur in sehr geringem Maße der Wahrheit. Bei dem weitaus größten Teile der Frauen, Greise und Kinder kann von Mitwirkung keine Rede sein. Und auch die indirekt Mitwirkenden sind im völkerrechtlichen Sinn keine Kombattanten. Im moraltheologischen Sinne sind sie „Unschuldige“, deren Tötung unter keinen Umständen direkt beabsichtigt werden darf.

5. Es wird gesagt, dass diese „direkte Absicht“ auch nicht bestehe. Die Tötung oder Verstümmelung unschuldiger Zivilpersonen erfolge nur als zwar vorhergesehene, aber nicht direkt gewollte Nebenwirkung.

Dagegen ist zweierlei festzustellen: Es ist sicher, dass es im zweiten Weltkrieg die direkte Absicht der amerikanischen Luftwaffe war, Terror und Vernichtung in das Herz der gegnerischen Nation zu tragen, schuldlose Personen zu töten oder zu verstümmeln, um den Widerstand der Überlebenden zu brechen.[1]

Es ist praktisch ausgeschlossen, dass nicht scholastisch geschulte Militärs bei ihren Befehlen, atomare Waffen anzuwenden, die ihrer Natur nach das ganze in ihrem Explosionsradius liegende Gebiet mit den sich dort aufhaltenden Menschen vernichten oder verseuchen, diese „direkte Absicht“ nicht haben, sondern sie nur als unbeabsichtigte, nicht gewollte, nur zugelassene Nebenwirkung in Betracht ziehen, dass sie also auf diese Weise ihr Gewissen beruhigen. Sie be-

---

1 Offizieller Bericht der Luftwaffe, Abteilung Deutschland, mitgeteilt von dem amerikanischen katholischen Theologen John C. Ford anläßlich einer Diskussion in der Caroll-Universität, abgedruckt in „Der Christ in der Welt“, Januar-Februar 1959.

ruhigen es vielmehr mit dem massiven moralfreien „C'est la guerre“: im Krieg ist alles erlaubt, was die Niederlage des Feindes so total wie möglich herbeiführt.

An zweiter Stelle ist zu fragen, ob diejenigen, die ihr Gewissen mit der Unterscheidung zwischen „direkt“ gewollter Hauptwirkung und nicht direkt gewollter Nebenwirkung zu salvieren suchen und darum die Vernichtungswerkzeuge bedienen, faktisch zu dieser Unterscheidung fähig sind. Kann der Mensch so auseinandergetrennt werden, dass er sagt: Mein Kopf, mein Herz, mein Wille wollen nicht, aber meine Hand will? Kann die Tat – in diesem Fall die Tötung von Millionen Unschuldiger – der Gesinnung eines und desselben Menschen so widersprechen, dass die Gesinnung für die Tat nicht verantwortlich ist, also der faktisch tötende Mensch seine Hände in Unschuld waschen kann? Vom „gesunden Menschenverstand“ wird diese Entschuldigung für unannehmbar gehalten. Da die genannte, als rein formalistisch empfundene Unterscheidung wohl nur von Moraltheologen vertreten wird, hat sie viele Laien in eine Vertrauenskrise gegen diese hineingeführt. Dies um so mehr, als weithin bekannt ist, dass dieselben Moralisten die Tötung der Leibesfrucht (unschuldigen Lebens) im Mutterschoß aufs strengste verbieten, auch wenn nur durch diesen ärztlichen Eingriff das Leben der Mutter zu retten ist.

6. Eine weitere Bedingung für einen gerechten Krieg mit Einschluss der gerechten Verteidigung ist die „begründete Wahrscheinlichkeit des Erfolges“: die zu erwartenden Schäden dürfen den angestrebten Nutzen nicht übersteigen. Im Falle der militärisch erfolgreichen Verteidigung hat der Angreifer materiell zwar den größeren Schaden, aber – bei beiderseitiger und nahezu gleich starker atomarer Kriegsführung erleidet auch der Verteidiger einen Schaden, der sein Land und

seine Bevölkerung in einem ungleich schlimmeren Zustand zurücklässt, als er vor der Verteidigung gewesen ist. Dies gilt schon für das Vorhandensein von Atom-Raketenbasen. Ihre Lage inmitten dichtbesiedelter Räume ist dem Gegner bekannt, sie werden daher sein erstes Angriffsziel sein und die Bevölkerung, statt sie zu schützen, der Vernichtung preisgeben.

7. Die Unerlaubtheit, Atombomben einzusetzen, die in ihrer Wirkung unkontrollierbar sind, gilt auch dann, wenn der Gegner sich ihrer bedient. Der Zweck heiligt nicht die Mittel. Wenn zugegeben wird, dass die unkontrollierbaren Vernichtungsmittel „in sich schlecht" sind (was unter den katholischen Moralisten auch die sagen, die die sogenannten taktischen Atomwaffen [Raketen] für erlaubt zu halten geneigt sind), dann werden die „ihrer Natur nach" schlechten Mittel dieser Natur nicht entkleidet, wenn sie zum Zweck der Verteidigung benutzt werden. Man darf Unrecht nicht mit Unrecht vergelten. Papst Pius XII. erklärte vor den Teilnehmern des 6. Internationalen Kongresses der Militärärzte: „Wenn die durch den Krieg verursachten Schäden mit denen des erduldeten Unrechts nicht zu vergleichen sind, kann die Pflicht bestehen, das Unrecht zu ertragen." (20. Oktober 1954) Dazu aber sind die maßgebenden Militärs und Politiker nicht bereit. Sie haben vor aller Welt erklärt, dass sie die schon massenhaft bereitliegenden Superbomben einzusetzen entschlossen sind.

8. Ein realistisches Denken muss mit einem so uneingeschränkten Atombombenkrieg rechnen, dass eine wirksame Verteidigung dagegen auch mit dem gleichen Mittel nicht möglich ist. Gerade solche Verteidigung würde aller Wahrscheinlichkeit nach nur verdoppelte Vernichtung auch auf

der eigenen Seite bedeuten. Ausschlaggebend aber ist, dass unkontrollierbare Vernichtungsmittel moralisch verwerflich sind. Auch Pius XII. sagte, wenn sich deren Wirkung „völlig der Kontrolle entzieht, würde es sich nicht mehr um Verteidigung [...] und um den Schutz von legitimen Gütern handeln, sondern um die reine und einfache Vernichtung alles menschlichen Lebens im Bereiche ihres Aktionsradius." Sie seien daher „unmoralisch und aus keinem Grunde erlaubt (n'est permis à aucun titre)." (30. September 1954)

Dafür, dass bei einem relativen Siege des westlichen Verteidigers über den östlichen Angreifer das im Westen meist genannte Ziel – Unschädlichmachung des atheistischen Bolschewismus – erreicht werde, besteht nicht die geringste Gewähr. Das Wahrscheinlichere ist, dass das entstandene Chaos noch mehr Menschen vom Gottesglauben abwendig macht und die Moral noch tiefer zerrüttet.

9. Die Auffassung, die Beziehungen der Staaten untereinander seien ausschließlich nach dem Natur- und Völkerrecht zu gestalten, nicht auch nach der spezifisch christlichen Ethik, widerspricht der von der Kirche gelehrten Allgemeingültigkeit dieser Ethik. „Das evangelische Gebot der Liebe unter den einzelnen Menschen ist keineswegs verschieden von dem, das unter Staaten und Völkern zu gelten hat." (Benedikt XV., „Pacem Die" vom 23. Mai 1920)

Schlussbemerkung

Die Grenze, bis zu welcher die Mehrzahl der christlichen Moralisten die Entwicklung des Militarismus seit der Einführung der allgemeinen Wehrpflicht glaubte gewähren lassen zu dürfen, ist erreicht. Schon bald nach dem ersten Weltkrieg sprach Kardinal Faulhaber die Erwartung aus, die Moraltheologie werde nun eine „neue Sprache“ sprechen. Von einzelnen ist es geschehen. Aber erst nach dem zweiten Weltkrieg meldeten sich hochangesehene kirchliche Persönlichkeiten in diesem Sinne zum Wort. Am entschiedensten wohl Alfredo Ottaviani, damals Assessor beim Hl. Officium, einige Jahre später von Pius XII. zum Kardinal erhoben. In der 3. Auflage seines Werkes „Institutiones Juris publici ecclesiastici“ (Rom 1947) ist der Paragraph 86 überschrieben: „Bellum omnino interdicendum“ (Der Krieg ist völlig zu verbieten). Ottaviani stützt seine Beweisführung auf den, wie er sagt, nicht nur quantitativen, sondern wesentlichen Unterschied, der zwischen den früheren Waffengängen der Söldner- und Freiwilligenheere und dem modernen totalen Kriege bestehe. Die allgemeine Wehrpflicht nennt er „maxima injuria“. Im heutigen Kriege „liegen niemals die Bedingungen vor, die ihn theoretisch zu einem gerechten und erlaubten machen“. „Keinen noch so wichtigen Grund gibt es, der so viel Übeln, Gemetzeln, Zerstörungen, einer solchen Vernichtung moralischer und religiöser Werte proportioniert wäre.“ „Praktisch also ist es nie mehr erlaubt, einen Krieg zu erklären; nicht einmal ein Verteidigungskrieg ist zu führen, wenn nicht die rechtmäßige Autorität, die darüber zu entscheiden hat, mit der Sicherheit des Sieges auch sichere Bürgschaften dafür hat, dass das durch den Verteidigungskrieg dem Volk erwachsende Gut die ungeheuren Übel überwiegt, die eben diesem Volk und der ganzen Welt aus dem Kriege entstehen.“ Der Magister S. Palatii („Theologe des Papstes“) Mariano Cordovani fasste im „Osservatore Romano“ vom 15. Oktober 1947 die Ausführungen Ottavianis folgendermaßen zusammen:

> „In der modernen Gesellschaft erscheint der Krieg nicht mehr als ehrenhafte Verteidigung eines ungerecht angegrif-

fenen Volkes oder als Wiederherstellung eines verletzten Rechtes; infolge der veränderten Verhältnisse erweist er sich vielmehr als Mord an Unschuldigen und als Verbrechen an der Menschheit. Das Recht, sich zu verteidigen oder verletzte Rechte wiederherzustellen, wird nicht in Abrede gestellt; es wird aber behauptet, dass der moderne Krieg kein Mittel mehr im Dienste der Gerechtigkeit ist, und dass es daher nötig ist, ihn durch neue Formen zu ersetzen, die zweckentsprechender sind und weniger Unheil anrichten. Der Unterschied zwischen den Kriegen von ehedem und dem modernen Krieg ist nicht bloß quantitativ, es ist ein Unterschied „in substantia rei, circa quam principia juridica adstruuntur“ (ein Unterschied im Wesen der Sache, für die die Rechtsprinzipien gemeint sind).“

Abschließend sei die Erklärung erwähnt, die die „Ständige Kommission der französischen Kardinale und Erzbischöfe“ zu Paris am 14. Juni 1950 erlassen und der Presse übergeben hat:

„[…] An euch alle, an eure Priester und Bischöfe, stellt man heute mit allem Nachdruck die Frage, ob wir die Anwendung dieser Atombombe verurteilen. Für die Jünger Christi bedeutet eine solche Frage ein Ärgernis, das sie empört. Jeder, der echtes Empfinden für Menschlichkeit besitzt, kann, wie Papst Pius XII. bereits vor zwei Jahren sagte, die Verwendung aller modernen Waffen nur verurteilen, die ohne Unterschied Kämpfer und Zivilbevölkerung treffen und blindlings den Tod über Räume verbreiten, die täglich größer werden, je mehr die wissenschaftliche Macht des Menschen zunimmt. Wir für unseren Teil verurteilen diese Waffen mit allen unseren Kräften, wie wir auch während des letzten Krieges nicht gezögert haben, die Massenbombenangriffe zu verurteilen, die sich gegen militärische Objekte richteten, zugleich aber Greise, Frauen und Kinder trafen. Wir sind überzeugt, dass die Menschheit den Geist schändet, den Gott ihr gegeben hat, wenn sie eine Wissenschaft, die für das Gute so fruchtbar sein könnte, zum Bösen wendet [...].“[2]

2 Vgl. Herder-Korrespondenz. Vierter Jahrgang 1949/50, Freiburg/Br., 507.

Katholische Nachbarschaft – Vom Friedensbund Deutscher Katholiken

Hermann Delfs (Hrsg.), Aktiver Friede. Gedenkschrift für Friedrich Siegmund–Schultze (1885–1969) Soest 1972, 31–34

Wie dem evangelischen Sozialpädagogen Siegmund-Schultze der katholische Sozialpolitiker Carl Sonnenschein verwandt war, musste dem führenden Mann des Internationalen Versöhnungsbundes auch der „Friedensbund Deutscher Katholiken" innerlich nahestehen. Dieser Bund entstand, wie wohl alle organisierten Friedensbestrebungen, als Reaktion auf ein Kriegsgeschehen, das die Zeitgenossen erleben mussten. Es war der Erste Weltkrieg, der den Menschen des zweiten Jahrzehnts unseres Jahrhunderts erschütternd zum Bewusstsein brachte, welch ein physisches, moralisches und gesellschaftliches Übel der Krieg sei, ein Übel, das von einem Krieg zum anderen größere Ausmaße annahm.

Sollte das unwidersprochen weitergehen? Die allermeisten Menschen widersprechen zwar, aber sie resignieren vor diesem Geschehen, weil sie meinen Widerstand sei hier umsonst. Was wohl jedes Mitglied einer kriegsgegnerischen Vereinigung oft zu hören bekommt, ist die Bemerkung: „Kriege hat es immer gegeben und wird es immer geben." Mit diesem „Punktum" glauben die „Realisten" die Verstiegenheiten der „Utopisten" erledigen zu sollen. Diese Schlussfolgerung ist kaum mehr wert als diese: „Sünde hat es immer gegeben und wird es immer geben, also finden wir uns damit ab." Das meint man zwar nicht, aber man sagt: Im zivilen Leben könnten zahlreiche Sünden mit Erfolg bekämpft und auf diese Weise vermieden werden, doch gegenüber dem Kriege sei die Situation eine andere. In der Tat: Krieg ist nicht so wesenhaft Sünde wie Gotteshass oder Mord oder Unzucht, aber es gibt keinen Krieg ohne sündhafte Wurzeln, unmoralische Begleit- und Folgeerscheinungen. Mit Schiller kann man sagen: „Der Krieg hat auch seine Ehre“, doch gibt es kein menschliches Geschehen, in welchem sich von Anfang bis zum Ende die Sünden so häufen wie durch einen Krieg. Der in drei Kriegen siegreiche Otto von Bismarck nannte sogar jeden „siegreichen Krieg ein Übel, das die Staatskunst den Völkern zu ersparen bemüht sein müsse.“

Nur die Staatskunst? Es sollte nicht erst der Stärkung des demokratischen Bewusstseins bedürfen, um allen Menschen guten Willens das Gefühl der Mitverantwortung auch am Ablauf der politischen Entwicklungen zu geben, insbesondere auf dem Gebiet der zwischenstaatlichen Verhältnisse. Mehr als andere müssten schon im Vorfeld der Kriege die Christen den Spannungen unter den Völkern entgegenwirken, weil es sich hier um Christi „erstes und größtes Gebot“ handelt. Am nachdrücklichsten geschieht das durch Zusammenschluss in Vereinigungen, die die Sorge um Entspannung und Frieden zum Daseinszweck haben, wie es beim „Internationalen Versöhnungsbund“ der Fall ist und wie es sich der „Friedensbund Deutscher Katholiken“ (FDK) zur Aufgabe gemacht hatte.

Der heute nicht mehr bestehende FDK war kein kirchlicher Verein, das heißt, er wurde nicht wie eine Pfarr- oder Bistumsvereinigung kirchenamtlich geleitet und unterstand keiner entsprechenden Beaufsichtigung. Aber er orientierte sich an kirchlich gültigen Moralprinzipien, die im ganzen überzeitlich sind, ihre Ausprägung indes durch die jeweiligen Zeitverhältnisse erhalten. In der Lebenszeit des FDK regierten in Rom die Päpste Pius X., Benedikt XV. und Pius XI. Sie erlebten den Ersten Weltkrieg, und so war es ihres Amtes, dass sie durch Belehrungen und Weisungen an die katholischen Gläubigen zu seinem schrecklichen Geschehen Stellung nahmen. Pius X. erlebte den Ausbruch dieses Krieges. Man kann sagen, dass diese Katastrophe, die er längst hatte kommen sehen, ihm das Herz brach. Er starb drei Wochen nach dem ersten Waffengang. Ihm folgte im Amt Benedikt XV., und er war es, der neben seinen unablässigen diplomatischen Bemühungen um Beilegung des Konfliktes die Grundsätze aussprach, die im wesentlichen die des FDK wurden. Dieser Papst konnte als Vertreter des klassischen Pazifismus gelten, denn er glaubte an die Möglichkeit und Dringlichkeit, das internationale Gewaltsystem durch ein internationales Rechtssystem zu ersetzen mit der dazu gehörigen Einrichtung eines alle Staaten verpflichtenden Schiedsgerichtes. Auch schlug er zur Entmilitarisierung des staatsbürgerlichen Denkens die Abschaffung der allgemeinen Wehrpflicht vor. Das Friedenswirken dieses Papstes war in seiner Gesamtheit so, dass die Deutsche Friedensgesellschaft ihm zweimal ein herzliches Dankschreiben übersandte und die Türken ihm sogar ein Denkmal errichteten.[1]

---

1 Stratmann hat Recht: „Schon seit 1921 etwa gibt es vor der lateinischen Heilig-Geist-Kathedrale im Stadtteil Harbiye ein Denkmal für […] Benedikt XV. (1914–1922). […] [Er] erinnert […] an die vielfältigen humanitären Hilfsleistungen dieses Papstes für die Notleidenden – und an die unermüdlichen, letztlich vergeblichen diplomatischen Bemühungen, die kämpfenden Mächte Europas zu einem Frieden zu bewegen. Im Westen sind die Initiativen Benedikts XV. schon bald historischem Vergessen anheimgefallen. Hier am Bosporus […] erinnert bis heute die Inschrift des Denkmals an den ‚großen Papst der Welttragödie Benedikt XV. – dem Wohltäter der Völker ohne Unterschied der Nationalität und Religion, zum Zeichen der Dankbarkeit des Orients (1914–1919)'". (www.katholisch.de/artikel/3540-schillernde-stadt) [abgerufen am 12.04.2022].

Die Katholiken der kriegführenden Länder selbst unterschieden sich in der Zeit des Ersten Weltkrieges im großen und ganzen nicht von den Mitgliedern anderer Gruppen. Als ein erster Versuch, den Friedensgedanken unter den deutschen und österreichischen Christen beider Konfessionen zu verlebendigen, kann das von dem deutschen Priester Dr. Max Josef Metzger gegründete „Friedenswerk vom Weißen Kreuz" gelten, doch verschwand es bald, um einem stärkeren Unternehmen Platz zu machen, dem „Friedensbund Deutscher Katholiken" mit einer Geschäftsstelle in den Räumen der vielbeachteten Rhein-Mainischen Volkszeitung in Frankfurt a. M. Mit gewollter Ablehnung einer bloß friedfertigen Gesinnung wurde eine Monatsschrift mit dem herausfordernden Namen „Der Friedenskämpfer" gegründet. Als Schriftleiter stellte sich Walter Dirks zur Verfügung. Generalsekretär des Bundes wurde Paulus Lenz. Es entstanden viele Ortsgruppen mit entsprechender Vortragstätigkeit. Starke Beachtung fanden die in größeren Städten abgehaltenen Jahresversammlungen mit Gottesdiensten und prominenten Rednern. So einmal in Frankfurt/M., wo der österreichische Bundeskanzler Dr. Ignaz Seipel am Morgen in der Frauenfriedenskirche die hl. Messe zelebrierte und abends vor einem großen Publikum über das damals noch ungewöhnliche Thema „Der Weg nach Europa" einen Vortrag hielt. Auf der Tagung in Hildesheim hielt Prinz Max von Sachsen (Bruder des letzten Königs von Sachsen), Priester und Theologieprofessor, den Hauptvortrag.

Der FDK legte immer Wert darauf, mit dem deutschen Episkopat in Übereinstimmung zu handeln. Mehrere Bischöfe gehörten zu seinen Mitgliedern. Man war also kirchlich und moraltheologisch korrekt, aber radikaler als es die meisten Christen auf dem Gebiet der nationalen und internationalen Politik waren und noch sind. In ihrem Denken und Empfinden nimmt das Vaterländische, wenn nicht theoretisch, so doch praktisch den ersten Platz ein, besonders in Konfliktsfällen mit anderen Völkern und Staaten. Den klarsten Ausdruck findet diese Haltung in dem englischen „Recht oder Unrecht - mein Vaterland“ - ein schlechthin unmoralischer Satz, dem Sinne nach scharf abgelehnt schon von Jesus Christus selbst, obwohl er bei aller Liebe zur ganzen Menschheit ein seinem Volk eng verbundener Jude war. Auch die meisten christlichen Gläubigen sind der Meinung, sein Erstes und Größtes Gebot der Liebe gelte nicht in gleicher Weise gegenüber anderen Staaten und deren Gliedern wie gegenüber dem eigenen. Hier hat der Papst des Ersten Weltkrieges Benedikt XV. deutlich gesprochen, und seine Formulierung ist ein Leitwort des FDK geworden: „Das Gebot der Liebe ist zwischen den Staaten dasselbe wie zwischen den einzelnen Menschen.“ Natürlich sind die Formen verschieden. Abgelehnt wird aber entschieden eine doppelte Moral oder auch nur eine Beschränkung auf „Gerechtigkeit“.

An Radikalität in der Sache hat es der FDK nicht fehlen lassen. Er konnte sich dabei stützen nicht nur auf bedeutendste Kirchenväter und Schriftsteller der Frühkirche, sondern auch auf namhafte Theologen der Gegenwart. Zwei davon seien angeführt: Der heutige Kardinal Ottaviani schrieb in der 3. Auflage seines Werkes „Institutiones juris publici ecclesiastici“ ein Kapitel mit der Überschrift „Bellum omnino interdicendum“ (Der Krieg ist ganz zu verbieten), und der Magister Sacri Palatii Mariano Cordovani (von Amts wegen als „Theologe des Papstes“ bezeichnet) in einem Artikel des „Osservatore Romano“ vom 15. Oktober 1947 in Würdigung des genannten Werkes Ottavianis:

> „In der modernen Gesellschaft erscheint der Krieg nicht mehr als ehrenhafte Verteidigung eines ungerecht ange-

> griffenen Volkes oder als Wiederherstellung eines verletzten Rechtes; infolge der veränderten Verhältnisse erweist er sich vielmehr als Mord an Unschuldigen und als Verbrechen an der Menschheit. Das Recht, sich zu verteidigen, oder die Wiederherstellung verletzten Rechtes wird nicht in Abrede gestellt; es wird aber behauptet, dass der moderne Krieg kein Mittel mehr im Dienste der Gerechtigkeit ist und dass es daher nötig ist, ihn durch neue Formen zu ersetzen, die zweckentsprechender sind und weniger Unheil anrichten. Der Unterschied zwischen den Kriegen ehedem und dem modernen Krieg ist nicht bloß ein quantitativer, es ist ein Unterschied ‚in substantia rei, circa quam principia adstruuntur' (ein Unterschied im Wesen der Sache, für die die Rechtsprinzipien angefügt werden)."

Es ist leicht zu erraten, was eine Vereinigung mit solchen Gedanken, was also der FDK in den Augen der nationalsozialistischen Machthaber bedeutete. Im Juli 1933 wurde er verboten, mehrere seiner führenden Leute wurden in Haft genommen, einfache Mitglieder, die Beamte waren, aus dem Beamtenstand entfernt. Dr. Metzger wurde nicht sofort, sondern erst zehn Jahre später, dafür um so grausamer, vor den Volksgerichtshof gestellt und zum Tode verurteilt. Fünf Monate verbrachte er in Ketten, seelisch völlig ungetrübt, ja, wie er in seinem Briefe schrieb, frohen Herzens. Was hatte er getan? Er hatte, wie es wahrheitsgemäß in der Urteilsbegründung steht, einer Schwedin, die sich ihm als Helferin angeboten hatte, aber eine Agentin der Gestapo war, ein Schreiben an den evangelischen Erzbischof Eidem (Metzger kannte ihn aus der gemeinsamen Una-Sancta Bewegung) in die Hand gegeben, das die Bitte enthielt, sich nach Abschluß des schon verlorenen Krieges um der Menschlichkeit willen für eine erträgliche Behandlung der Besiegten einzusetzen. Dieses Schreiben übergab die inzwischen deutsch gewordene Schwedin der Gestapo. Bei der Urteilsverkündung vor dem Volksgerichtshof hatte sein Vorsitzender Freisler den Angeklagten mit den Worten angebrüllt, seine Tat sei so abartig und verbrecherisch, dass er als Pestbeule ausgemerzt werden müsse. Sein Haupt fiel am 17. April 1944 im Brandenburger Zuchthaus unter dem Fallbeil.

Nach der erzwungenen Auflösung des FDK wurde seinen Mitgliedern empfohlen, sich der internationalen katholischen „Pax Christi-Bewegung" anzuschließen, die während des Krieges in Frankreich gegründet worden war. Dieser Anschluss wurde von vielen bedauert, weil die damalige „Pax Christi" ihnen für einen energischen Kampf zu leise zu treten schien. Doch das ist anders geworden. Die Pax Christi schreckt nun vor einer gelegentlich deutlichen Sprache nicht zurück, wie es auch der FDK nicht tat und – Christus selbst! „Ich bin nicht gekommen, den Frieden zu bringen, sondern das Schwert", hatte er einmal gesagt.

Also doch das Schwert? Ja, aber nicht das materielle, blutvergießende Schwert der Gewalt, mit dem Petrus ihm bei der Gefangennahme am Ölberg zu Hilfe kommen wollte und das der Herr zurückwies, sondern das geistige Schwert der Trennung von allem Falschen und Bösen. Es wäre schlimm, wenn Christen in ihrem Kampf für den Frieden auch das Schwert des geistigen Kampfes in die Scheide steckten aus falscher, schwächlicher Sanftmut. Sanftmut ist eine „virtus", eine Kraft und eine Tugend, nach Thomas von Aquin als beherrschende Kraft der Leidenschaft des Zornes beigesellt, nicht entgegengesetzt.

Büste von Franziskus M. Stratmann (Claus Isenhöfer, 1948).
Quelle: Archiv der Dominikaner-Provinz Teutonia.

Mitarbeitende

Carsten Barwasser OP, Dr. theol., Lehrbeauftragter für Dogmatik und Fundamentaltheologie an der Vinzenz Pallotti University Vallendar.

Elias H. Füllenbach OP, Dipl.-Theol., Leiter des Instituts zur Erforschung der Geschichte des Dominikanerordens im deutschen Sprachraum (IGDom), Provinzarchivar, Vorstandsmitglied des Deutschen Koordinierungsrats der Gesellschaften für Christlich-Jüdische Zusammenarbeit, katholisches Mitglied der Fachgruppe „Christen und Juden" der Evangelischen Kirche im Rheinland.

Thomas Heath OP, PhD, † 13. Januar 2005 in Kisumu (Kenia), urspr. Dominikaner-Provinz St. Joseph (USA), u. a. Lehre am St. Mary's College Notre Dame (USA).

Ingrid v. Heiseler, Studium der Germanistik, Theologie und Pädagogik, freie Übersetzerin.

Laurentius Höhn OP, Dipl.-Theol., Novizenmeister der deutschsprachigen Dominikaner in Worms, Mitglied bei Pax Christi, Redaktionsbeirat der „Ordenskorrespondenz".

Thomas Nauerth, Dr. theol. habil., apl. Prof. für Religionspädagogik am Institut für Katholische Theologie an der Universität Osnabrück; Mitglied im Internationalen Versöhnungsbund/Deutscher Zweig und im Ökumenischen Institut für Friedenstheologie / Ecumenical Institute of Peace Theology; Redakteur der Homepage www.friedenstheologie.de und www.bibeldidaktik.uni-osnabrueck.de.

Egon Spiegel, Dr. theol. habil., Prof. h. c., Dipl. Theol. Dipl. Pol., ausgebildeter Pastoralreferent, Professor für Praktische Theologie: Religionspädagogik und Pastoraltheologie an der Universität Vechta, Visiting Professor der Uniwersytet Warmińsko-Mazurski, Olsztyn, Polen, sowie Advisory Professor am UNESCO Chair on Peace Studies at Nanjing University, P. R. China, und Distinguished Researcher des Institute of Nanjing Massacre History and International Peace in Nanjing.